**ROBERT [illegible]**

# THE STRANGE CASE OF DR JEKYLL AND MR HYDE

## L'ÉTRANGE CAS DU DR JEKYLL ET DE MR HYDE

Traduction et notes de Georges HERMET
Professeur agrégé d'anglais

## Langues pour tous

Collection dirigée par Jean-Pierre Berman, Michel Marcheteau et Michel Savio

# ANGLAIS Série bilingue

Niveaux : ❑ facile ❑❑ moyen ❑❑❑ avancé

### Littérature anglaise et irlandaise

- **Carroll (Lewis)** ❑
  Alice au pays des merveilles
- **Cleland (John)** ❑❑❑
  Fanny Hill
- **Conan Doyle** ❑
  Nouvelles (6 volumes)
- **Dickens (Charles)** ❑❑
  David Copperfield
  Un conte de Noël
- **Fleming (Ian)** ❑❑
  James Bond en embuscade
- **Greene (Graham)** ❑❑
  Nouvelles
- **Jerome K. Jerome** ❑❑
  Trois hommes dans un bateau
- **Kipling (Rudyard)** ❑
  Le livre de la jungle (extraits)
- **Mansfield (Katherine)** ❑❑❑
  Nouvelles
- **Masterton (Graham)** ❑❑
  Nouvelles
- **Maugham (Somerset)** ❑
  Nouvelles brèves
- **Stevenson (Robert Louis)** ❑❑
  L'étrange cas du Dr Jekyll et de Mr Hyde
- **Wilde (Oscar)**
  Nouvelles ❑
  Il importe d'être constant ❑
- **Woodhouse (P.G.)**
  Jeeves, occupez-vous de ça ! ❑❑

### Ouvrages thématiques

- **L'humour anglo-saxon** ❑
- **Science fiction** ❑❑
- **300 blagues britanniques et américaines** ❑❑

### Littérature américaine

- **Bradbury (Ray)** ❑❑
  Nouvelles
- **Hammett (Dashiell)** ❑❑
  Meurtres à Chinatown
- **Highsmith (Patricia)** ❑❑
  Crimes presque parfaits
- **Hitchcock (Alfred)** ❑❑
  Voulez-vous tuer avec moi ?
- **King (Stephen)** ❑❑
  Nouvelles
- **James (Henry)** ❑❑❑
  Le tour d'écrou
- **London (Jack)** ❑❑
  Histoires du grand Nord
  Contes des mers du Sud
- **Fitzgerald (Scott)** ❑❑❑
  Un diamant gros comme le Ritz
  L'étrange histoire de Benjamin Button ❑

### Anthologies

- **Nouvelles US/GB** ❑❑ **(2 vol.)**
- **Les grands maîtres du fantastique** ❑❑
- **Nouvelles américaines classiques** ❑❑
- **Nouvelles anglaises classiques** ❑❑

Autres langues disponibles dans les séries de la collection
**Langues pour tous**

ALLEMAND · AMÉRICAIN · ARABE · CHINOIS · ESPAGNOL · FRANÇAIS · GREC · HÉBREU
ITALIEN · JAPONAIS · LATIN · NÉERLANDAIS · OCCITAN · POLONAIS · PORTUGAIS
RUSSE · TCHÈQUE · TURC · VIETNAMIEN

# Sommaire

# Prononciation

Elle est donnée dans la nouvelle transcription – Alphabet Phonétique International modifié – adoptée par A.C. GIMSON dans la 14e édition de l'*English Pronouncing Dictionary* de Daniel JONES (Dent, London).

## Sons voyelles

[ɪ] **pit**, un peu comme le *i* de *site*
[æ] **flat**, un peu comme le *a* de *patte*
[ɒ] ou [ɔ] **not**, un peu comme le *o* de *botte*
[ʊ] ou [u] **put**, un peu comme le *ou* de *coup*
[e] **lend**, un peu comme le è de *très*
[ʌ] **but**, entre le *a* de *patte* et le *eu* de *neuf*
[ə] jamais accentué, un peu comme le *e* de *le*

## Voyelles longues

[iː] **meet**, [miːt] cf. *i* de *mie*
[ɑː] **farm**, [fɑːm] cf. *a* de *larme*
[ɔː] **board**, [bɔːd] cf. *o* de *gorge*
[uː] **cool**, [kuːl] cf. *ou* de *mou*
[ɜː] ou [əː] **firm**, [fəːm] cf *e* de *peur*

## Semi-voyelle

[j] **due**, [djuː], un peu comme *diou*...

## Diphtongues (voyelles doubles)

[aɪ] **my**, [maɪ], cf. *aïe !*
[ɔɪ] **boy**, cf. *oyez !*
[eɪ] **blame**, [bleɪm], cf. *eille* dans *bouteille*
[aʊ] **now**, [naʊ] cf. *aou* dans
[əʊ] ou [əu] **no**, [nəʊ], cf. *e* + *ou*
[ɪə], **here**, [hɪə], cf. *i* + *e*
[eə] **dare** [deə], cf. *é* + *e*
[ʊə] ou [uə] **tour**, [tʊə], cf. *caoutchouc ou* + *e*

## Consonnes

[θ] **thin**, [θɪn], cf. *s* sifflé (langue entre les dents)
[ð] **that**, [ðæt], cf. *z* zézayé (langue entre les dents)
[ʃ] **she**, [ʃiː], cf. *ch* de *chute*
[ŋ] **bring**, [brɪŋ], cf. *ng* dans *ping-pong*
[ʒ] **measure**, ['meʒə], cf. le *j* de *jeu*
[h] le *h* se prononce ; il est nettement expiré

## Accentuation

– accent unique ou principal comme dant MOTHER ['mʌðə]
– accent secondaire, comme dans PHOTOGRAPHIC [ˌfəutə'græfɪk]


ISBN : 978-2-266-17003-1

# Comment utiliser la série « Bilingue » ?

Les ouvrages de la série « Bilingue » permettent aux lecteurs :

• d'avoir accès aux versions originales de textes célèbres, et d'en apprécier, dans les détails, la forme et le fond, en l'occurrence, ici, un roman de R.L. Stevenson ;

• d'améliorer leur connaissance de l'anglais, en particulier dans le domaine du vocabulaire dont l'acquisition est facilitée par l'intérêt même du récit, et le fait que mots et expressions apparaissent en situation dans un contexte, ce qui aide à bien cerner leur sens.

Cette série constitue donc une véritable méthode d'auto-enseignement, dont le contenu est le suivant :

• page de gauche, le texte en anglais ;

• page de droite, la traduction française ;

• bas des pages de gauche et de droite, une série de notes explicatives (vocabulaire, grammaire, rappels historiques, etc.).

Les notes de bas de page et la liste récapitulative à la fin de l'ouvrage aident le lecteur à distinguer les mots et expressions idiomatiques d'un usage courant et qu'il lui faut mémoriser, de ce qui peut être trop exclusivement lié aux événements et à l'art de l'auteur.

Il est conseillé au lecteur de lire d'abord l'anglais, de se reporter aux notes et de ne passer qu'ensuite à la traduction ; sauf, bien entendu, s'il éprouve de trop grandes difficultés à suivre le texte dans ses détails, auquel cas il lui faut se concentrer davantage sur la traduction, pour revenir finalement au texte anglais, en s'assurant bien qu'il en a maintenant maîtriser le sens.

## Signes et principales abréviations utilisés dans les notes

| | | | |
|---|---|---|---|
| ≠ | contraire de | *fig.* | figuré |
| ⚠ | attention à... | *invar.* | invariable |
| ▲ | faux ami | *litt.* | littéralement |
| *abr.* | abréviation | *pr.* | pronom |
| *adj.* | adjectif | *qqch.* | quelque chose |
| *adv.* | adverbe | *qqun.* | quelqu'un |
| *c.-à-d.* | c'est-à-dire | *sb* | *somebody* |
| *fam.* | familier | *syn.* | synonyme |

Georges HERMET, professeur agrégé d'anglais. Depuis ses débuts dans la carrière (octobre 1940), a enseigné principalement dans toutes les classes préparatoires aux Grandes Écoles, d'abord au lycée Bugeaud à Alger (1940-1942), puis au lycée Masséna à Nice (1974-1978). Professeur à HECJF (École des Hautes Études Commerciales pour Jeunes Filles) de 1949 à 1972. Membre du jury du Capes de lettres modernes de 1965 à 1972. Auteur d'un dictionnaire bilingue pour l'Afrique francophone et réviseur d'un dictionnaire de base anglais-français, français-anglais, chez Larousse. Pendant la guerre, officier interprète à l'État-major Eisenhower, puis officier prêt-bail à la Résidence de Tunisie.

# Chronologie de R.L. Stevenson

Robert Louis Stevenson est né le 13 novembre 1850 à Edimbourg, fils unique de Thomas Stevenson, ingénieur des Travaux publics, et d'Isabella Balfour, tous deux calvinistes convaincus.

1866 après des études rendues difficiles par son mauvais état de santé, il entre à l'université d'Edimbourg. Il se destine bientôt au barreau. Il entre en conflit déclaré avec ses parents dont il rejette et la religion et la respectabilité bourgeoise. Il commence à écrire dès l'âge de 16 ans.

1873 vers la fin de l'année, il commence à souffrir de troubles respiratoires ; on l'envoie faire un séjour sur la Côte d'Azur.

1873-1874 il écrit des « Essais » pour la revue *Portfolio* et pour la *Fortnightly*, puis une contribution à l'étude de l'œuvre de V. Hugo dans *The Cornhill*, éditée par Leslie Stephen.

1875 en juillet, il se fait inscrire au barreau d'Ecosse, mais n'exercera jamais ; il passe son temps à voyager, la plupart du temps en France.

1876 au cours d'un séjour à Fontainebleau, il fait la connaissance d'une Américaine, Mrs Fanny Vandegrift Osbourne, séparée de son mari. C'est la naissance d'un amour partagé.

1878-1879 il publie *An Inland Voyage* et *Travels with a donkey in the Cevennes*, relations de ses voyages en France. Mrs Osbourne rentre en Californie où Stevenson va bientôt la rejoindre. Malade et à court d'argent, il connaît des jours difficiles.

1880 il épouse Fanny qui a divorcé de son premier mari. Son père, qui tout d'abord avait été hostile à cette union, lui vient en aide financièrement. Le couple regagne l'Ecosse.

1884 Stevenson, atteint de tuberculose pulmonaire, fait un séjour à Davos en Suisse, puis il rentre en Ecosse et malgré sa maladie se remet à écrire. *Treasure Island*, qu'il publie alors, est une œuvre de grand talent qui présente un récit passionnant d'aventures exotiques et obtient un grand succès auprès des jeunes et des adultes. La même année il publie *Virginibus Puerisque*, sa première collection d'essais, dont la plupart avaient paru dans *Cornhill*.

1882 il rentre en Ecosse où il écrit deux de ses plus belles nouvelles *Thrawn Janet* et *The merry men* ; sa santé l'oblige à partir pour le Midi de la France. Il connaît alors, malgré de fréquentes rechutes, une période de bonheur et de travail productif.

1885 il revoit son *Prince Otto*, publie *A. Child's Garden of Verses* et commence *The Black Arrow*. Il s'installe à Bournemouth et se lie d'amitié avec Henry James.

1886 il écrit *Kidnapped* et *The Strange Case of Dr Jekyll and Mr Hyde* qui connaît immédiatement un immense succès.

1887 en août il part pour l'Amérique et s'installe dans les Adirondacks où il entreprend *The Master of Ballantrae* qu'il achèvera en 1889.

1888 en juin il quitte San Francisco sur un yacht qu'il a loué pour un voyage de plaisir et de santé. En fait, il devait passer le reste de ses jours dans les mers du Sud (îles Marquises, Tahiti, Honolulu, Samoa).

1892 depuis cette année jusqu'à sa mort, il écrit avec bonheur et intérêt la partie de son œuvre qui a trait aux mers du Sud : *In the South Seas*, *The Ebb Tide* et *The Beach of Falesá*. Il revient au folklore écossais avec *Catriona* et *The Weir of Hermiston* qu'il n'eut pas le temps de terminer avant sa mort et qui parut en 1896. C'est là, sans doute, le chef-d'œuvre de Stevenson.

1894 il meurt le 3 décembre à Samoa, d'une hémorragie cérébrale. Grâce à ses lettres qui furent éditées par Sidney Colvin en 1899, nous pouvons entrevoir sa véritable personnalité : ni un débauché (Mr Hyde), ni un ange, ni un optimiste à tous crins, mais un écrivain sensible et intelligent qui ne se faisait pas d'illusions sur la vie, et profitait au mieux d'un monde dont il ne prétendait pas avoir la clé.

# Préface

La sévère éducation calviniste imposée au jeune Stevenson, ainsi que le mode de vie de la société victorienne, avec ses contraintes et ses hypocrisies, ont amené l'auteur à analyser dans ce récit la dualité essentielle de l'âme humaine. Il va nous montrer l'opposition en chacun de nous entre les aspirations de l'homme civilisé vers le bien et les instincts primitifs et sauvages que la société du temps ne pouvait accepter.

Le héros du roman, dont Stevenson, par un trait génial de son imagination, fait un homme de science, précurseur des tendances de la médecine psychanalytique moderne, saura diagnostiquer son cas, dissocier les deux éléments de sa personnalité, et, par l'artifice des poudres chimiques, créer deux personnages distincts : le praticien distingué, estimé de la haute société, et le monstre abject et dépravé. Malheureusement, en croyant, par ce stratagème scientifique, se libérer de ses cruelles angoisses, Jekyll tombera sous la domination absolue de Hyde qui finira par le détruire.

Si l'on ajoute le talent de l'écrivain dans sa description du cadre londonien, dans la construction d'un récit bien mené et plein de suspense, on peut comprendre le succès rencontré par l'auteur, philosophe averti, homme de science progressiste et conteur habile.

# The strange Case of Dr Jekyll and Mr Hyde

To
Katharine de Mattos[1]

It's ill to loose[2] the bands that God decreed to bind ;
Still will we be[3] the children of the heather and the wind ;
Far away from home, O it's still for you and me
That the broom[4] is blowing bonnie[5] in the north countrie.

---

1. Katharine de Mattos, née Stevenson, était la cousine de R. L. Stevenson pour laquelle celui-ci avait beaucoup d'affection. Son mariage avec de Mattos fut une union malheureuse, ce qui explique ces quelques vers ; ils expriment poétiquement un conseil de résignation et une consolation de la part de l'écrivain.
2. **to loose** [lus] **:** verbe rare poétiquement employé pour **to loosen,** *défaire* ; **loose** [lus], adj. : *défait, lâche.*

# *L'étrange cas du Dr Jekyll et de Mr Hyde*

A
Katharine de Mattos

Gardons nous de défaire les liens que, selon sa loi, Dieu a noués ;
Nous serons à jamais les enfants de la lande et du vent ;
Ô, c'est pour toi comme pour moi, exilés de notre terre natale,
Que le genêt, si beau, toujours fleurit au Pays Nordique.

---

3. **still will we be :** combinaison de l'inversion **we will still be** et de la forme poétique **will** marquant la force du destin.
4. **broom :** arbrisseaux à fleurs jaune d'or odorantes caractéristiques, avec la bruyère, de la lande écossaise.
5. **bonnie :** orth. poétique pour **bonny**, adj. d'origine écossaise, employé plutôt pour les personnes ; *beau, joli.* A la fin du même vers, nous retrouvons cette orthographe avec **countrie**, avec, en plus, la nécessité de la rime.

## Story of the Door

Mr Utterson the lawyer[1] was a man of a rugged countenance[2] that was never lighted by a smile ; cold, scanty[3] and embarrassed in discourse ; backward in sentiment ; lean, long, dusty[4], dreary, and yet somehow[5] lovable. At friendly meetings, and when the wine was to his taste, something eminently human beaconed[6] from his eye ; something indeed which never found its way into[7] his talk, but which spoke not only in these silent symbols of the after-dinner face, but more often and loudly in the acts of his life. He was austere with himself ; drank gin when he was alone, to mortify a taste for vintages[8] ; and though he enjoyed the theatre, had not crossed the doors of one for twenty years. But he had an approved[9] tolerance for others ; sometimes wondering, almost with envy, at the high pressure of spirits involved in their misdeeds ; and in any extremity inclined to help rather than to reprove. "I incline to Cain's heresy[10]", he used to say quaintly : "I let my brother go to the devil in his own way." In this character it was frequently his fortune to be the last reputable acquaintance and the last good influence in the lives of down-going men. And to such as these, so long as they came about his chambers, he never marked a shade of change in his demeanour.

No doubt the feat[11] was easy to Mr Utterson ; for he was undemonstrative at the best, and even his friendships seemed to be founded in a similar catholicity of good-nature.

---

1. **lawyer** [lɔːjər] **:** m. à m., *homme de loi* ; en fait, ici, d'après les activités décrites par Stevenson dans son roman (par ex. l'affaire du testament de Jekyll), ce serait plutôt un *notaire* dont il s'agirait (**solicitor**, en anglais).
2. **countenance ▲ :** (expression du) *visage* ; *contenance* : bearing, attitude.
3. **scanty :** *insuffisant en quantité* (de paroles).
4. **dusty : as dry as dust**, *aussi desséché que la poussière : manquant d'intérêt.*
5. **somehow :** adv. dérivé de **some**, *d'une façon ou d'une autre.*
6. **beaconed** [biːkənd] **:** de **beacon**, *signal, feu d'alarme* allumé pour avertir d'un danger.
7. **into :** prép. qui donne l'idée d'une pénétration, *se frayer un chemin jusqu'à, à l'intérieur de.*

Maître Utterson, notaire, dont le visage, aux traits irréguliers, n'était jamais éclairé par le moindre sourire, était un homme froid, chiche de ses paroles, emprunté dans sa conversation, réservé dans ses sentiments, maigre, long, terne, morose, et malgré tout sympathique. Au cours de réunions entre amis, et lorsque le vin était à son goût, une flamme éminemment humaine s'allumait dans ses prunelles, quelque chose en fait qu'il n'arrivait pas à faire passer dans sa conversation, mais qui se traduisait, non seulement dans ces jeux muets de physionomie après le dîner, mais plus souvent et de manière plus éloquente dans les actes de sa vie. Il se montrait austère envers lui-même, buvait du gin lorsqu'il était seul, exercice de mortification contre son penchant pour les grands vins ; et bien qu'il aimât aller au théâtre, il n'avait pas franchi les portes d'un seul de ces établissements depuis vingt ans. Mais vis-à-vis des autres, il faisait preuve d'une tolérance voulue, s'étonnant parfois, avec une nuance d'envie, de la grande énergie qu'ils dépensaient à mal faire ; et dans les pires situations, il était enclin à leur venir en aide plutôt qu'à les condamner. Il déclarait souvent, avec originalité : « Je me sens assez porté vers l'hérésie des caïnistes, et laisse mon frère se damner à son gré. » Dans cette disposition, il avait fréquemment l'occasion d'être la dernière relation honorable et l'ultime bonne influence dans la vie de ces hommes qui glissaient sur une pente fatale. Et à ceux-là même, à condition qu'ils viennent le trouver dans son étude, il ne faisait jamais sentir l'ombre d'un changement dans son comportement.

Il n'est pas douteux qu'une telle prouesse ne coûtait guère à Mr Utterson ; car même dans ses meilleurs moments, il était peu démonstratif, et ses amitiés elles-mêmes semblaient fondées sur une identique largeur de vues fort accommodante.

---

8. **vintages :** *vendanges, année de belle récolte*, d'où *grand vin, grand cru* ; cf. **vintage car**, *vieille voiture de collection*.
9. **approved :** sous-entendu **by himself** ; voudrait presque dire qu'il s'opposait à cette tolérance.
10. **Caïn's** [keinz] **heresy :** les caïnites appartenaient à une secte hérétique (au IIe siècle après J.-C.) qui avait de la sympathie pour Caïn, Esaü et autres personnages pervers de l'Ancien Testament ; Stevenson a voulu sans doute renforcer l'idée de sa tolérance voulue envers les méchants.
11. **feat :** *haut fait* dû à l'habileté, au courage ou à la force du héros.

It is the mark of a modest man to accept his friendly circle ready made from the hands of opportunity; and that was the lawyer's way. His friends were those of his own blood[1], or those whom he had known the longest; his affections, like ivy, were the growth of time, they implied no aptness in the object. Hence[2], no doubt, the bond that united him to Mr Richard Enfield, his distant kinsman[3], the well-known man about town. It was a nut to crack[4] for many, what these two could see in each other, or what subject they could find in common. It was reported by those who encountered them in their Sunday walks, that they said nothing, looked singularly dull, and would hail[5] with obvious relief the appearance of a friend. For all that[6], the two men put the greatest store by these excursions, counted them the chief jewel of each week, and not only set aside occasions of pleasure, but even resisted the calls of business, that they might[7] enjoy them uninterrupted.

It chanced[8] on one of these rambles that their way led them down a by street in a busy quarter of London. The street was small and what is called quiet, but it drove a thriving trade on the week-days. The inhabitants were all doing well[9], it seemed, and all emulously hoping to do better still, and laying out[10] the surplus of their gains in coquetry; so that the shop fronts stood along that thoroughfare with an air of invitation, like rows of smiling saleswomen.

---

1. **of his own blood :** m. à m. *de son propre sang*; *de sa propre famille.*
2. **hence :** adv., de style soutenu, 3 sens : 1) (ici) *pour cette raison*; 2) *à partir de maintenant*; 3) *de ce lieu.*
3. **kinsman :** dérivé de **kin** (nom plur.), *les gens de la même famille.*
4. **it was a nut to crack :** m. à m. *c'était une noix à casser*, exprime la difficulté d'une tâche.
5. **to hail :** 1) *héler*; 2) (ici) *accueillir avec joie.*
6. **for all that :** **in spite of all that**, *malgré tout cela.*
7. **might :** auxiliaire du subjonctif passé ; ne pas confondre avec la forme défective.
8. **chanced :** idée de *hasard* (et non de *bonne fortune*) ; **by chance**, *par hasard*; ne pas confondre avec **luck**, *chance, veine.*

C'est le propre de l'homme raisonnable que d'accepter, sans discuter, la société des amis que le hasard place sur sa route ; et c'était bien là la façon de faire de notre notaire. Parmi ses amis figuraient des parents, ou des gens qu'il connaissait depuis très longtemps ; son attachement, comme celui du lierre, grandissait avec le temps, sans que cela impliquât une affinité quelconque avec l'objet de son amitié. De là venait, à coup sûr, le lien qui l'unissait à Mr Richard Enfield, parent éloigné, homme bien connu du Tout-Londres. Pour un grand nombre de gens il était difficile de comprendre ce que chacun pouvait bien trouver chez l'autre et quels sujets d'intérêt ils pouvaient avoir en commun. Ceux qui les croisaient dans leurs promenades dominicales racontaient qu'ils n'échangeaient pas une seule parole, qu'ils paraissaient s'ennuyer ferme, et qu'ils accueillaient avec un soulagement évident l'arrivée d'un ami. Cela dit, ces deux hommes faisaient grand cas de ces sorties, les tenaient pour le plus beau fleuron de leur semaine, et afin d'en jouir pleinement, non seulement écartaient d'autres occasions de se distraire, mais encore résistaient aux sollicitations de leur profession.

Au cours de l'une de ces promenades, le hasard les conduisit jusqu'à une petite rue dans l'un des quartiers animés de Londres. Cette ruelle avait l'air tranquille, mais, les jours de semaine, était le théâtre d'une activité commerciale prospère. Ses habitants semblaient tous faire de bonnes affaires, et, espérant par une saine émulation réussir mieux encore, dépensaient une partie de leurs bénéfices à embellir leurs magasins dont les devantures, telles deux rangées de souriantes vendeuses, s'alignaient tout le long de la rue, comme pour inviter le chaland.

---

9. **to do well :** m. à m. *faire bien* ; **to do big business**, *faire de bonnes affaires.*
10. **to lay (laid, laid) out :** tr., ici équivaut à **to spend money (the surplus of their gains)**, *dépenser de l'argent.*

Even on Sunday[1], when it veiled its more florid charms[2] and lay[3] comparatively empty of passage, the street shone out in contrast to its dingy[4] neighbourhood, like a fire in a forest ; and with its freshly painted shutters, well-polished brasses, and general cleanliness and gaiety of note, instantly caught and pleased the eye of the passenger[5].

Two doors from one[6] corner, on the left hand going east, the line was broken by the entry[7] of a court ; and just at that point, a certain sinister block of building thrust forward its gable on the street. It was two storeys high[8] ; showed no window, nothing but a door on the lower storey and a blind forehead[9] of discoloured wall on the upper ; and bore in every feature the marks of prolonged and sordid negligence. The door, which was equipped with neither bell nor[10] knocker, was blistered and distained. Tramps slouched into the recess and struck matches on the panels ; children kept shop upon the steps ; the schoolboy had tried his knife on the mouldings ; and for close on a generation no one had appeared to drive away these random visitors or to repair their ravages.

Mr Enfield and the lawyer were on the other side of the by street ; but when they came abreast[11] of the entry, the former[12] lifted up his cane and pointed.

"Did you ever remark that door ?" he asked ; and when his companion had replied in the affirmative, "It is connected in my mind," added he, "with a very odd story."

---

1. **on Sunday :** la préposition **on** introduit une date, un moment précis ; ici, on attendait plutôt **on Sundays** puisqu'il s'agit du *dimanche* en général.
2. **its more florid charms :** notez le comparatif rendu en français par un superlatif.
3. **lay :** passé de **to lie, lay, lain**, verbe intransitif, *être couché*, (ici) *se trouver*.
4. **dingy** ['dindʒi] = **very dirty** : *très sale*.
5. **passenger :** ici, il ne s'agit pas d'un *voyageur* par avion ou bateau, mais d'un *piéton*, **a pedestrian** ou **passer-by**.
6. **one :** insiste sur un coin de la rue particulier.
7. **entry :** lieu par où l'on entre, surtout lorsqu'il s'agit d'un passage ; cf. **no entry**, *défense d'entrer* ; ou, dans une rue, *sens interdit*.
8. **two storeys high :** en Angleterre on compte le rez-de-chaussée pour un étage.

Même le dimanche, alors que, relativement peu fréquentée, elle dissimulait les plus voyants de ses charmes, cette venelle, par contraste avec le voisinage sordide, rutilait comme un feu dans une forêt ; et avec ses volets fraîchement repeints, ses cuivres soigneusement astiqués, la propreté et l'éclat qui régnaient partout, elle attirait et flattait immédiatement le regard du passant.

Deux portes après le coin de la rue, sur la gauche en se dirigeant vers l'est, l'alignement des maisons était interrompu par l'entrée d'une cour intérieure ; à cet endroit précisément, un certain bâtiment d'aspect sinistre projetait son pignon sur la rue. C'était une maison d'un étage où ne s'ouvrait aucune fenêtre, mais avec une porte seulement au rez-de-chaussée, et avec l'avancée aveugle d'un mur décoloré au premier ; chaque détail de cette construction portait les marques d'une négligence sordide et prolongée. La porte, sans sonnette ni heurtoir, était toute lépreuse et délavée. Des vagabonds se traînaient jusqu'à son embrasure où ils grattaient des allumettes sur ses panneaux ; des enfants jouaient à la marchande sur ses marches ; l'écolier en avait, de son canif, tailladé les moulures ; et, durant presque une génération, personne n'était venu chasser ces visiteurs occasionnels ni effacer leurs dégâts.

Mr Enfield et le notaire marchaient le long du trottoir d'en face, mais lorsqu'ils arrivèrent à la hauteur de l'entrée, le premier leva sa canne pour montrer la porte.

« Avez-vous jamais remarqué cette porte ? » demanda-t-il ; et lorsque son compagnon lui eut donné une réponse affirmative, il poursuivit : « Elle est associée dans mon esprit à une histoire fort étrange. »

---

9. **forehead** ['forid] **:** *front.*
10. **neither** ['naiðə] **... nor... :** conj. de corrélation ; négative lorsque le verbe est à la forme affirmative : **it was equipped with neither bell nor knocker**. Si, le verbe était négatif, nous trouverions **either... or...** ; **it was not equipped with either bell or knocker**.
11. **abreast :** adv., *sur la même ligne* ; au sens figuré : **to keep (be) abreast of the times**, *être de son temps, à la page.*
12. **the former :** forme comparative dans une énumération de deux personnes ou choses ; s'emploie comme démonstratif, au singulier et au pluriel, en corrélation avec **the latter**. **The former** se réfère au premier nommé, **the latter** au second : **I met Mr Jones and Mr Fox ; the former (Jones) is a teacher, the latter (Fox) a postman**, *j'ai rencontré M. Jones et M. Fox ; le premier (l'un) est instituteur, le second (l'autre) facteur.*

"Indeed !" said Mr Utterson, with a slight[1] change of voice, "and what was that ?"

"Well, it was this way," returned Mr Enfield : "I was coming home from some place at the end of the world, about three o'clock of a black winter morning, and my way lay through a part of town where there was literally[2] nothing to be seen but lamps. Street after street, and all the folks[3] asleep — street after street, all lighted up[4] as if for a procession, and all as empty as a church — till at last I got into that state of mind when a man listens and listens[5] and begins to long for the sight of a policeman. All at once, I saw two figures : one a little man who was stumping along[6] eastward at a good walk, and the other a girl of maybe eight or ten who was running as hard as she was able down a cross-street[7]. Well, sir, the two ran into one another[8] naturally enough at the corner ; and then came the horrible part of the thing ; for the man trampled calmly over the child's body and left her screaming on the ground. It sounds nothing to hear, but it was hellish to see. It wasn't like a man ; it was like some damned Juggernaut[9]. I gave a view halloa[10], took to my heels, collared my gentleman, and brought him back to where there was already quite a group about the screaming child. He was perfectly cool and made no resistance, but gave me one look[11], so ugly that it brought out the sweat on me like running. The people who had turned out were the girl's own family ; and pretty soon the doctor, for whom she had been sent, put in his appearance.

---

1. **slight :** *pas très important, peu sérieux.*
2. **literally :** *strictement, sans exagération* de la part de l'auteur.
3. **folks :** nom plur. (l'orthographe **folks** est plutôt américaine) ; **the folk** (ou **folks**) **here are friendly**, *les gens ici sont sympathiques* ; **my folks**, *ma famille, les miens.*
4. **lighted up : up** renforce l'idée du verbe : *éclairées brillamment.*
5. *écoute et écoute.*
6. **to stump along :** *marcher d'un pas lourd* ; cf. **the stump** (argot), *la jambe.*
7. **cross-street :** *rue* (généralement moins importante), qui en *coupe* une autre à angle droit.
8. **one another :** synonyme, **each other** ; expression invariable marquant la réciprocité.

« Vraiment ! » dit Mr Utterson, d'une voix légèrement altérée, « et de quoi s'agissait-il ? »

« Ma foi, voilà ce qui s'est passé, répliqua Mr Enfield : Je revenais de quelque endroit perdu au bout du monde, vers trois heures d'un obscur matin d'hiver, et mon chemin traversait une partie de la ville où il n'y avait absolument rien à voir que des réverbères. Rue après rue, et rien que des gens endormis — rue après rue, toutes illuminées comme pour une procession, et toutes aussi désertes qu'une église — jusqu'au moment où je finis par me sentir dans l'état d'esprit d'un homme qui tend une oreille inquiète et commence à souhaiter voir apparaître un agent de police. Tout à coup j'aperçus deux silhouettes : l'une, celle d'un homme de petite taille qui se dirigeait vers l'est, foulant le sol à bonne allure, et l'autre, celle d'une fillette de huit à dix ans qui, de toute la vitesse de ses jambes, dévalait une rue transversale. Ma foi, monsieur, comme on pouvait bien s'y attendre, ces deux-là se heurtèrent au coin de la rue, et c'est alors que s'ensuivit le côté atroce de la scène ; car l'homme piétina calmement le corps de l'enfant et la laissa hurlant à terre. Le récit peut ne pas éveiller d'écho, mais le spectacle, lui, était infernal. Cela n'avait rien d'humain mais ressemblait plutôt à quelque diabolique Djaggernat. Je poussai un cri d'alarme, pris mes jambes à mon cou, empoignai l'individu au collet et le ramenai à l'endroit où déjà un attroupement important s'était amassé autour de l'enfant qui poussait des cris. Notre homme gardait tout son sang-froid et il n'opposa aucune résistance, mais l'unique regard qu'il me lança était si menaçant que j'en fus baigné de sueur comme après une longue course. Les gens qui étaient sortis de chez eux étaient la propre famille de la fillette ; et le docteur, qu'on l'avait envoyée chercher, ne tarda pas à se joindre à eux.

---

9. **Juggernaut** [ˈdʒʌgənɔːt] **:** vient de l'hindi « Jaggannath » ; l'une des appellations du dieu Krishna. La statue du dieu était tirée sur un énorme chariot sous les roues duquel certains adorateurs se faisaient écraser volontairement.

10. **view halloa** (ou **halloo**) [həˈlou(ə)] **:** terme de chasse indiquant le cri ou la fanfare marquant la « vue » du renard.

11. **one look : one** remplace l'article indéfini **a** pour insister sur le caractère unique de la chose.

Well, the child was not much the worse [1], more frightened, according to the Sawbones [2]; and there you might have supposed would be an end to it. But there was one curious circumstance. I had taken a loathing to my gentleman at first sight. So had [3] the child's family, which [4] was only natural. But the doctor's case was what struck me. He was the usual cut-and-dry [5] apothecary [6], of no particular age and colour, with a strong Edinburgh accent, and about as emotional as a bagpipe [7]. Well, sir, he was like the rest of us : every time he looked at my prisoner, I saw that Sawbones turned sick and white with the desire to kill him. I knew what was in his mind, just as he knew what was in mine ; and killing being out of the question, we did the next best [8]. We told the man we could and would make such a scandal out of this, as [9] should make his name stink from one end of London to the other. If he had any friends or any credit, we undertook that he should lose them. And all the time, as we were pitching it in red hot [10], we were keeping the women off him as best we could, for they were as wild as harpies. I never saw a circle of such hateful faces ; and there was the man in the middle, with a kind of black sneering coolness — frightened too, I could see that — but carrying it off [11], sir, really like Satan. "If you choose to make capital out of this accident," said he, "I am naturally helpless. No gentleman but [12] wishes to avoid a scene," says he. "Name your figure. [13]"

---

1. **not much the worse :** sous-entendu **than before**, *pas beaucoup plus mal (qu'auparavant).*
2. **sawbones :** en argot médical, *chirurgien* (celui qui scie les os) ; puis, étendu à toute la profession, *carabin, toubib.*
3. **so had** = **had also (taken a loathing)** ; l'inversion est obligatoire lorsque l'adverbe est placé en tête de phrase.
4. **which :** reprise du membre de phrase précédent, *ce qui, chose qui* ; le relatif est alors précédé d'une virgule.
5. **cut-and-dry :** l'expression est ordinairement **cut-and-dried**, c.-à.-d. *tout préparé, de routine.*
6. **apothecary** [ə'pɔθəkəri] **:** correspond d'ordinaire à un *pharmacien*, non un médecin.
7. m. à m. *aussi émotionnable qu'une cornemuse.*
8. m. à m. *la meilleure (chose) suivante.*

En fait, d'après le toubib, l'enfant n'était pas trop mal en point, elle en serait quitte pour la peur ; et vous auriez pu penser que l'affaire s'arrêterait là. Mais il se produisit un phénomène étrange. Au premier coup d'œil j'avais conçu une grande répulsion à l'égard du bonhomme ; c'était le cas aussi de la famille de l'enfant, ce qui, pour elle, était bien naturel. Mais c'est le comportement du docteur qui me frappa tout particulièrement. Ce dernier était le type du praticien classique, sans âge ni caractère distinctifs, parlant avec un fort accent d'Edimbourg, et aussi facile à émouvoir qu'un sac de farine. Eh bien, monsieur, il était comme nous tous : chaque fois que son regard tombait sur mon prisonnier, je voyais que le toubib était malade et blême de l'envie de le tuer. Je savais ce qu'il avait à l'esprit, tout comme il devinait la pensée qui m'habitait ; et comme il n'était pas question de mettre notre homme à mort, nous avons adopté la solution de remplacement qui nous paraissait la meilleure. Nous l'avons informé que nous pouvions faire, et ferions sûrement, un tel scandale à propos de cet incident, que son nom serait certainement voué à l'opprobre d'un bout de la capitale à l'autre ; et que, s'il avait amis ou crédit, nous ferions en sorte qu'il les perdît. Et pendant que nous le retournions ainsi sur des charbons ardents, nous faisions de notre mieux pour écarter de lui les femmes déchaînées comme des harpies. Je n'ai jamais vu un cercle de visages aussi haineux ; et l'homme était là, au centre, affichant une odieuse et sarcastique impassibilité — effrayé, en réalité, je m'en rendais bien compte — maïs essayant de se dépêtrer de là, monsieur, comme le diable en personne. "Si vous voulez tirer profit de cet accident, dit-il, naturellement je ne puis m'y opposer. Il n'est gentleman qui ne souhaite éviter un esclandre, dit-il. Fixez vous-même la somme."

---

9. **such a scandal... as**=such a scandal that it should (conditionnel d'insistance) make...
10. **pitching it red hot : to pitch in,** *attaquer avec violence* ; **red hot :** évocation d'une sorte de torture sur des braises ardentes.
11. **to carry off :** to succeed in a difficult situation, *se sortir d'une mauvaise passe.*
12. **no gentleman but : no... but** (négatif) =2 négations qui s'annulent, *n'importe quel gentleman souhaiterait...*
13. **figure :** 1^er^ sens, *silhouette* ; **the figure of a man,** *la silhouette d'un homme* ; 2^e^ sens (ici), *chiffre* : **171 is a three-figure number,** *171 est un nombre de trois chiffres.*

Well, we screwed him up[1] to a hundred pounds for the child's family ; he would have clearly liked to stick out[2] ; but there was something about the lot of us that meant mischief, and at last he struck[3]. The next thing was to get the money ; and where do you think he carried us but to that place with the door ? — whipped out a key, went in, and presently[4] came back with the matter of ten pounds in gold and a cheque for the balance[5] on Coutts's[6], drawn payable to bearer, and signed with a name that I can't mention, though it's one of the points of my story, but it was a name at least very well known and often printed. The figure was stiff[7] ; but the signature was good for more than that, if it was only genuine. I took the liberty of pointing out to my gentleman that the whole business looked apocryphal[8] ; and that a man does not, in real life, walk into a cellar door at four in the morning and come out of it with another man's cheque for close upon a hundred pounds. But he was quite easy and sneering. "Set your mind at rest," says he ; "I will stay with you till the banks open, and cash the cheque myself." So we all set off, the doctor, and the child's father, and our friend and myself, and passed the rest of the night in my chambers ; and next day, when we had breakfasted, went in a body to the bank. I gave in the cheque myself, and said I had every reason to believe it was a forgery[9]. Not a bit of[10] it. The cheque was genuine[11]."

"Tut-tut[12] !" said Mr Utterson.

---

1. **to screw sb up :** *obliger qqun par la menace à faire qqch.*
2. **to stick out :** *se montrer intraitable, ne pas céder.*
3. **he struck :** de to strike, struck, struck (ou stricken, employé seulement dans la formation des adjectifs composés) ; cf. to strike a bargain, *conclure, faire un marché,* c.-à-d. *accepter* au terme d'une négociation.
4. **presently :** *bientôt* ; *à présent* : at present, now.
5. **balance :** ici, *le reste de l'argent dû.*
6. **Coutts's :** banque fondée par Th. Coutts au XVIIIe siècle et située sur le Strand à Londres. Elle existe toujours et, comme par le passé, est encore l'établissement financier d'une certaine aristocratie. Stevenson veut montrer que le Dr Jekyll appartenait à la haute bourgeoisie.
7. **stiff :** ici, *importante, élevée* ; le chèque était de 90 livres, somme très importante à cette époque.

En fait, nous lui extorquâmes cent livres au bénéfice de la famille de l'enfant ; il était évident qu'il aurait bien voulu refuser, mais il sentit que nous étions tous bien décidés à lui causer des ennuis, et il finit par accepter notre marché. Ensuite, le problème était d'encaisser l'argent ; et où pensez-vous qu'il nous mena, sinon à cette maison même, devant la porte de laquelle il sortit précipitamment une clé de sa poche, et entra, pour revenir bientôt avec quelque dix livres en or, et, pour le reste, un chèque au porteur tiré sur la banque Coutts, et signé d'un nom que je ne puis révéler, bien que ce soit l'un des points essentiels de mon histoire, un nom qui est, en tout cas, très connu et souvent imprimé. C'était un gros chèque ; mais la signature, à condition qu'elle fût authentique, aurait garanti le paiement d'une somme bien plus élevée. Je pris la liberté de faire remarquer à notre triste sire que toute cette affaire paraissait fort louche, car ce n'est pas tous les jours qu'un homme franchit la porte d'une cave à quatre heures du matin, pour en ressortir avec un chèque de près de cent livres, signé par une autre personne. Mais il se montra tout à fait à l'aise et sarcastique. "Ne vous mettez pas martel en tête, dit-il ; je vais rester avec vous jusqu'à l'heure d'ouverture des banques et je toucherai le chèque moi-même."

Nous nous mîmes donc tous en route, le docteur, le père de la fillette, notre "ami" et moi-même, et passâmes le reste de la nuit chez moi ; le lendemain, après avoir pris notre petit déjeuner, nous nous rendîmes tous ensemble à la banque. Je présentai moi-même le chèque, tout en disant que j'avais de bonnes raisons de penser que c'était un faux. Pas le moins du monde. Le chèque était authentique. »

« Allons donc ! » fit Mr Utterson.

---

8. **apocryphal** [əˈpɔkrəfəl] : *douteux, probablement faux* ; (not genuine).
9. **forgery** : document, chèque ou tableau copié et que l'on fait passer pour l'original.
10. **not a bit of it** : *pas la moindre parcelle de cela.*
11. **genuine** : le contraire de **apocryphal**, **forgery**, etc., *vrai, réel.*
12. **tut-tut** : interjection employée d'ordinaire pour exprimer la désapprobation, une légère contrariété ; ici, il s'agit d'étonnement.

"I see you feel as I do," said Mr Enfield. "Yes, it's a bad story. For my man was a fellow that nobody could have to do with, a really damnable man ; and the person that drew the cheque is the very[1] pink of the proprieties[2], celebrated too, and (what makes it worse) one of your fellows who do what they call good. Blackmail[3], I suppose ; an honest man paying through the nose[4] for some of the capers[5] of his youth. Blackmail House is what I call that place with the door, in consequence. Though even that, you know, is far from explaining all," he added ; and with the words fell into a vein of musing.

From this he was recalled by Mr Utterson asking rather suddenly : "And you don't know if the drawer of the cheque lives there ?"

"A likely[6] place, isn't it ?" returned Mr Enfield. "But I happen to have noticed his address ; he lives in some square[7] or other."

"And you never asked about — the place with the door ?" said Mr Utterson.

"No, sir : I had a delicacy[8]," was the reply. "I feel very strongly about[9] putting questions ; it partakes too much of the style of the day of judgment. You start a question, and it's like starting a stone. You sit quietly on the top of a hill ; and away[10] the stone goes, starting others ; and presently some bland old bird (the last you would have thought of[11]) is knocked on the head in his own back garden, and the family have to change their[12] name. No, sir, I make it a rule of mine : the more it looks like Queer Street[13], the less I ask."

---

1. **the very pink : very** est adj. devant un nom, *même* : the very man I wanted to see, *celui-là même que je voulais voir.*
2. **the very pink of the properties : pink** a ici le sens de *modèle, crème* ; **properties**, *objets de grande valeur* ; *la crème même de toutes les valeurs.*
3. **blackmail :** *chantage* qui se fait par *lettres* **(mail)** ; *de sinistre effet* **(black)**.
4. **to pay through the nose :** (argot) *payer en rechignant des sommes exagérées.*
5. **capers** ['keipəz] **:** sens premier, *entrechats, cabrioles* ; d'où *fantaisies, sottises.*
6. **likely :** *qui semble convenir, approprié* ; évidemment Mr Enfield le dit sur le mode ironique.
7. **square :** ici, les immeubles qui entourent un jardin, souvent privé, dans un quartier chic.

« Je vois que vous partagez mon sentiment, dit Mr Enfield. Oui, c'est vraiment une sale histoire, car cet individu était le genre d'homme avec qui personne ne voudrait avoir de rapports, un être absolument odieux ; or, la personne qui a tiré le chèque est la fine fleur de la bonne société, célèbre par-dessus le marché, et (ce qui rend l'affaire bien pire) l'un de ces hommes qui font autour d'eux ce qu'on appelle le bien. Je suppose qu'il s'agit de chantage : un honnête homme que l'on fait cracher à cause de quelques erreurs de jeunesse. "La maison du chantage", c'est ainsi que, par conséquent, j'appelle la maison à la fameuse porte. Et encore, savez-vous, même cela n'explique pas tout, et de loin ! » ajouta-t-il ; après quoi il se laissa aller à une longue rêverie dont il fut tiré par Mr Utterson qui lui demanda assez abruptement : « Et vous ne savez pas si le tireur du chèque habite ici ? »

« Un endroit rêvé, n'est-ce pas ? répliqua Mr Enfield. Mais il se trouve que j'ai noté son adresse ; il habite un beau quartier. »

« Et vous n'avez jamais posé de questions concernant la maison à la porte ? » dit Mr Utterson.

« Non, monsieur : j'ai été pris de scrupules, répondit Mr Enfield. Je répugne à poser des questions ; cela ressemble trop au style du "Jugement Dernier". Vous lancez une question, et c'est comme si vous lanciez une pierre. Vous êtes assis tranquillement sur la crête d'une colline, et voilà votre pierre qui se met à rouler, en fait voler d'autres, et bientôt un aimable vieux bonhomme (le dernier auquel vous auriez pu penser) les reçoit toutes sur la tête dans son propre jardin, derrière sa maison, et votre famille se voit forcée de changer de nom. Non, monsieur, je m'en fais une règle de conduite : plus les gens ont l'air d'être dans de mauvais draps et moins je pose de questions. »

---

8. **a delicacy** [ˈdelikəsi] **:** *une délicatesse exagérée* dans sa conduite vis-à-vis d'autrui.
9. **to feel strongly about :** *ressentir une vive émotion* qui (ici) vous pousse à refuser une certaine action ; **about** est l'équivalent de against.
10. **away the stone goes :** l'inversion donne au style une vivacité correspondant à la scène décrite.
11. **the last you would have thought of :** the last of whom you would have thought **(to think of :** *penser à***)** ; le relatif disparaît et la préposition **of** est rejetée à la fin du membre de phrase.
12. **the family have... their name :** certains noms, représentant un groupe d'individus, sont accordés au pluriel. Autres exemples : police, committee, etc.
13. **Queer street :** (argot) *la rue bizarre*, *la drôle de rue*, celle où les gens ont des ennuis, surtout d'argent.

"A very good rule, too," said the lawyer.

"But I have studied the place for myself," continued Mr Enfield. "It seems scarcely a house. There is no other door, and nobody goes in or out of that one, but[1], once in a great while, the gentleman of my adventure. There are three windows looking on[2] the court on the first floor ; none[3] below ; the windows are always shut, but they're clean. And then there is a chimney, which is generally smoking ; so somebody must[4] live there. And yet it's not so sure ; for the buildings are so packed together about[5] that court, that it's hard to say where one ends and another begins."

The pair walked on[6] again for a while in silence ; and then — "Enfield," said Mr Utterson, "that's a good rule of yours."

"Yes, I think it is," returned Enfield.

"But for all that[7]," continued the lawyer, "there's one[8] point I want to ask : I want to ask the name of that man who walked over the child."

"Well," said Mr Enfield, "I can't see what harm it would do. It was a man of the name of Hyde."

"Hm," said Mr Utterson. "What sort of a man is he[9] to see ?"

"He is not easy to describe. There is something wrong with his appearance ; something displeasing, something downright[10] detestable. I never saw a man I so[11] disliked, and yet I scarce know why.

---

1. **but** = except.
2. **looking on** = opening on.
3. **none :** pronom indéfini négatif ; mis pour **no windows below**.
4. **must :** défectif ; ici, indique la probabilité.
5. **about** = around, *autour de*.
6. **walked on** = continued to walk, *continuèrent à marcher*.
7. **but for all that :** cf. p. 14, note 6.
8. **there's one point : one** remplace l'article indéfini lorsqu'on veut insister : a) sur le caractère unique de la chose (cf. p. 18, note 11) ; b) sur son caractère spécial, particulier (ici).

« Excellent principe, d'ailleurs », reconnut le notaire.

« Mais j'ai examiné l'endroit pour ma propre satisfaction, poursuivit Mr Enfield. Cela ne ressemble guère à une maison. Il n'y a pas d'autre porte, et personne n'emprunte celle-ci pour entrer ou sortir, à l'exception, à de rares intervalles, du personnage de mon aventure. Il y a, au premier, trois fenêtres donnant sur la cour intérieure ; aucune au-dessous ; les fenêtres sont toujours fermées, mais elles sont propres. En outre, il y a une cheminée, qui, en général, fume ; par conséquent quelqu'un doit habiter là. Et encore, ce n'est pas si sûr, car les constructions sont si entassées tout autour de cette cour qu'il est difficile de dire où l'une s'arrête et où l'autre commence. »

Nos deux amis continuèrent d'avancer en silence pendant un moment ; puis Mr Utterson dit : « Enfield, c'est une bonne règle que vous avez adoptée là. »

« Certes, j'en suis persuadé », répliqua Enfield.

« Mais malgré cela, poursuivit le notaire, je voudrais vous interroger sur un point particulier : je voudrais connaître le nom de l'homme qui a foulé l'enfant aux pieds. »

« Mon Dieu, dit Mr Enfield, je ne vois pas que cette révélation puisse avoir des conséquences fâcheuses. L'homme s'appelait Hyde. »

« Hum, dit Utterson. Sous quel aspect se présente-t-il ? »

« Il n'est pas facile de le décrire. Il y a quelque chose d'insolite dans son apparence, quelque chose de désagréable, quelque chose de franchement haïssable. Je n'ai jamais vu d'homme que j'aie autant détesté, et pourtant je ne sais pas trop pourquoi.

---

9. **what sort of a man is he ? :** expression idiomatique où l'article indéfini anglais peut être omis en français : *quelle sorte d'homme est-il ?*
10. **downright :** adv. = thoroughly : *tout à fait.*
11. **I so disliked :** I disliked so much.

He must be deformed somewhere[1]; he gives a strong feeling of deformity, although I couldn't specify the point. He's an extraordinary-looking man, and yet I really can name nothing out of the way. No, sir ; I can make no hand of it[2] ; I can't describe him. And it's not want of memory ; for I declare I can see him this moment."

Mr Utterson again walked some way in silence, and obviously under a weight of consideration[3]. "You are sure he used a key ?" he inquired[4] at last.

"My dear sir..." began Enfield, surprised out of himself[5].

"Yes, I know," said Utterson ; "I know it must seem strange. The fact is, if I do not ask you the name of the other party[6], it is because I know it already. You see, Richard, your tale has gone home[7]. If you have been inexact in any point, you had better correct it[8]."

"I think you might have warned me," returned the other, with a touch of sullenness. "But I have been pedantically[9] exact, as you call it. The fellow had a key ; and, what's more, he has it still. I saw him use it, not a week ago."

Mr Utterson sighed deeply, but said never a word[10] ; and the young man presently resumed[11]. "Here is another lesson to say nothing," said he. "I am ashamed of my long tongue. Let us make a bargain never to refer to this again."

"With all my heart," said the lawyer. "I shake hands on that[12], Richard."

---

1. m. à m. *il doit être déformé quelque part.*
2. **I can make no hand of it :** I am not in a position to do it, *je ne suis pas capable de...*
3. **consideration :** de to consider = to think about ; *réflexion, méditations.*
4. **he inquired :** lorsque la proposition principale suit une citation, les auteurs adoptent, en général, le principe habituel de ce que l'on appelle le **normal order**, c.-à-d. le sujet avant le verbe (ici) ; mais il est plus courant maintenant de faire l'inversion pour mettre le verbe en relief ; cf. ligne suivante : **said Utterson**. On remarquera que Stevenson préfère la forme avec inversion.
5. **out of himself :** m. à m. *que l'on fait sortir de lui-même* (**himself** : pronom réfléchi objet, 3e personne du singulier, masculin).
6. **party :** l'une des deux personnes impliquées dans une action commune ; ici, il s'agit du signataire du chèque, le Dr Jekyll.

Il doit avoir une difformité cachée et laisse une forte impression de monstruosité, encore que, sur ce point, je ne saurais donner plus de précisions. C'est un homme d'aspect extraordinaire, sans que je puisse vraiment déterminer de quelle anomalie il s'agit. Non, mon cher, je ne suis réellement pas capable d'en faire la description. Et ce n'est pas faute de mémoire, car, je vous assure qu'à l'heure actuelle, je l'ai encore devant les yeux. »

Mr Utterson fit encore quelques pas sans parler, de toute évidence accablé sous le poids de ses réflexions. « Vous êtes sûr qu'il s'est servi d'une clé ? » finit-il par demander.

« Mon cher monsieur... », commença Enfield interloqué.

« Oui, je sais, dit Utterson, je sais que cela peut paraître étrange. Le fait est que, si je ne vous demande pas le nom de l'autre personne, c'est parce que je le connais déjà. Voyez-vous, Richard, votre histoire m'a touché au vif. Au cas où vous auriez commis la moindre inexactitude dans quelque détail que ce soit, mieux vaudrait la corriger. »

« Je pense que vous auriez pu me prévenir », répliqua son ami, avec une pointe de mauvaise humeur. « Mais j'ai été minutieusement exact pour reprendre le terme que vous avez employé. L'individu avait une clé, bien plus, il l'a encore. Je l'ai vu s'en servir, il y a moins d'une semaine. »

Mr Utterson poussa un profond soupir sans proférer un seul mot ; et le jeune homme d'enchaîner aussitôt : « Que cette nouvelle leçon m'apprenne à me taire, dit-il. J'ai honte d'avoir la langue si déliée. Convenons de ne plus jamais faire allusion à cette histoire. »

« De tout cœur, dit le notaire. Marché conclu, Richard ! »

---

7. **your tale has gone home :** l'expression s'emploie en parlant d'un projectile, balle ou flèche, qui n'a pas manqué son but : *atteindre le point désiré, faire mouche.*
8. **you had better correct it :** expression défective qui n'existe qu'au prétérit, à sens de conditionnel présent ; on l'emploie généralement à la forme contractée **(you'd better)** ; *vous feriez mieux de la corriger.*
9. **pedantically :** marque l'obéissance aveugle aux formes et aux règles, ici, à la vérité du récit.
10. **but said never a word :** forme particulière dans laquelle l'adv. **never** n'est pas à sa place normale devant le verbe, afin que toute sa force porte plutôt sur le complément.
11. **to resume ▲ :** *reprendre après une interruption. Résumer :* **to sum up.**
12. m. à m. *je vous serre la main, là-dessus.*

## Search for Mr Hyde

That evening Mr Utterson came home to his bachelor[1] house in sombre spirits, and sat down to dinner without relish. It was his custom of a Sunday[2], when this meal was over, to sit close by the fire, a volume of some dry divinity on his reading-desk, until the clock of the neighbouring church rang out the hour of twelve, when he would go[3] soberly and gratefully to bed. On this night, however, as soon as the cloth was taken away[4], he took up a candle and went into his business room. There he opened his safe, took from the most private part of it a document endorsed[5] on the enveloppe as Dr Jekyll's Will, and sat down with a clouded brow to study its contents. The will was holograph ; for Mr Utterson, though he took charge of it now that it was made, had refused to lend the least assistance in the making of it ; it provided not only that, in case of the decease of Henry Jekyll, M.D., D.C.L., LL.D., F.R.S.[6], & c., all his possessions were to pass into the hands of his "friend and benefactor Edward Hyde" ; but that in case of Dr Jekyll's "disappearance or unexplained absence for any period exceeding three calendar months," the said Edward Hyde should step into the said Henry Jekyll's shoes[7] without further[8] delay, and free from any burthen[9] or obligation, beyond the payment of a few small sums to the members of the doctor's household. This document had long been the lawyer's eyesore[10]. It offended him both[11] as a lawyer and as a lover of the sane and customary sides of life, to whom the fanciful was the immodest[12].

---

1. **bachelor ▲ :** *célibataire.* Au fém. : **spinster** ou **old maid**. ▲ **bachelor of... :** *licencié ès* (université) ; en France, *un bachelier* : un étudiant qui a obtenu le baccalauréat [=G.C.E. (general certificate of education)].
2. **of a Sunday = on Sundays** : cf. p. 16, note 1.
3. **when :** conj. de coordination = **and then**, *et alors, heure à laquelle* ; précédé d'une virgule dans ce sens. **He would go : would** marque ici la répétition d'une action, fréquente ou habituelle, dans le passé ; **used to** est plus courant en anglais moderne.
4. **the cloth was taken away :** *la nappe eut été enlevée* ; **to lay the table** ou **the cloth**, *mettre la table.*
5. **to endorse :** *inscrire une note, endosser, viser, avaliser.*

Ce soir là, Mr Utterson regagna sa maison de célibataire, en proie à de sombres réflexions, et s'assit sans grand appétit devant son dîner. Il avait coutume, le dimanche, une fois ce repas terminé, de rester assis au coin du feu, avec, sur son pupitre, quelque aride volume de théologie, jusqu'à ce que l'horloge de l'église voisine sonnât minuit, heure à laquelle il allait se coucher avec gravité et reconnaissance. Toutefois, cette nuit-là, dès que la table eut été desservie, il prit une bougie et passa dans son cabinet de travail. Là, il ouvrit son coffre-fort, et, du coin le plus secret, en tira une enveloppe portant la mention : « Testament du Dr Jekyll » ; puis il s'assit, le front assombri, pour étudier le contenu de ce document. C'était un testament holographe, car Mr Utterson, bien qu'il l'eût accepté une fois rédigé, avait refusé de prêter le moindre concours à son établissement ; le document stipulait que, non seulement en cas du décès de Henry Jekyll, docteur en médecine, docteur en droit civil, docteur en droit, membre de l'Académie royale des sciences, etc., tous ses biens devaient revenir à son « ami et bienfaiteur Edward Hyde » ; mais aussi que, dans le cas d'une « disparition ou absence inexpliquée du Dr Jekyll, pour une période excédant trois mois du calendrier », ledit Edward Hyde devrait, sans autre délai, hériter dudit Henry Jekyll, sans aucune charge ni obligation, sinon le paiement de quelques petites sommes d'argent à la domesticité du docteur. Il y avait longtemps que ce document était la bête noire du notaire. Cela choquait en lui à la fois l'homme de loi et l'homme épris des aspects équilibrés de la vie de tous les jours, que toute fantaisie scandalisait.

---

6. **H. Jekyll, M.D., D.C.L., LL.D., F.R.S.** = Medicinae Doctor, Doctor of Civil Law, Legum Doctor, Fellow of the Royal Society.
7. **step into... Jekyll's shoes :** m. à m. *enfiler les chaussures du Dr Jekyll.*
8. **further :** compar. de supériorité irrég. de **far** ; autre forme : **farther**, employée plutôt pour les distances, alors que **further** s'emploie dans tous les cas ; **further** signifie donc *supplémentaire, autre* : **further details**, *des détails supplémentaires.*
9. **burthen** (ou **burden**) = **load**, *charge*, *fardeau* (sens concret ou abstrait).
10. **eyesore :** m. à m. *un mal à l'œil : ce qui blesse la vue.*
11. **both :** ici, adv. ; adj. : **both brothers**, *les deux frères ;* ou pronom : **both have come**, *ils sont venus tous les deux.* Idée d'un ensemble indissociable de deux personnes ou choses.
12. **immodest :** ici, *indécent, que la morale réprouve.*

And hitherto[1] it was his ignorance of Mr Hyde that had swelled his indignation ; now, by a sudden turn, it was his knowledge. It was already bad enough when the name was but a name of which he could learn no more[2]. It was worse when it began to be clothed upon with detestable attributes ; and out of the shifting, insubstantial mists that had so long baffled his eye, there leaped up the sudden, definite presentment[3] of a fiend[4].

"I thought it was madness," he said, as he replaced the obnoxious[5] paper in the safe ; "and now I begin to fear it is disgrace."

With that he blew out his candle, put on a great coat, and set forth in the direction of Cavendish Square, that citadel of medicine[6], where his friend the great Dr Lanyon, had his house and received his crowding patients. "If any one knows, it will be Lanyon," he had thought.

The solemn butler[7] knew and welcomed him ; he was subjected to no stage of delay[8], but ushered[9] direct from the door to the dining room, where Dr Lanyon sat alone over his wine[10]. This was a hearty, healthy, dapper, red-faced[11] gentleman, with a shock of hair[12] prematurely white, and a boisterous and decided manner. At sight of Mr Utterson, he sprang up from his chair and welcomed him with both hands. The geniality[13], as was the way of the man, was somewhat theatrical to the eye ; but it reposed on genuine feeling.

---

1. **hitherto :** style soutenu = **up to that time, until then.**
2. **a name... no more :** en anglais contemporain on écrirait plutôt : **a name he could learn no more about** (on ne met pas de préposition devant un relatif).
3. **presentment :** *ce qui est présenté, l'image mentale* d'une perception ou d'une idée ; langue philosophique.
4. **fiend** [fi:nd] = devil, *diable.*
5. **obnoxious :** nasty, *désagréable, qui cause des ennuis.*
6. **Cavendish Square, that citadel of medicine :** au nord d'Oxford Street à Londres. C'est maintenant le quartier d'une certaine élite professionnelle : hommes d'affaires, banquiers, assureurs, etc. Les médecins y sont encore bien représentés, mais Harley Street, tout à côté, est plus spécialisée encore dans une médecine de très haut niveau.
7. **butler :** *maître d'hôtel* d'une grande maison, *majordome* (origine : le *bouteiller* ou *grand échanson*).

Alors que, jusqu'à présent, ce qui avait soulevé son indignation, c'était de ne pas connaître ce Mr Hyde, maintenant, par un retournement brutal, c'était de savoir qui il était. C'était déjà assez insupportable lorsque ce nom n'était rien de plus qu'un nom, au sujet duquel il ne pouvait en savoir plus long. Son ressentiment s'aggrava lorsqu'il commença à l'affubler d'attributs détestables ; et du sein des brumes changeantes et sans consistance qui depuis si longtemps brouillaient son regard, surgit, tout à coup, l'image précise d'un démon.

« Je pensais que c'était de la folie », dit-il, tout en remettant le déplorable document à sa place dans le coffre ; « et maintenant je commence à craindre qu'il s'agisse de quelque chose de déshonorant. »

Sur ce il souffla sa bougie, enfila un pardessus, et se mit en route dans la direction de Cavendish Square, cette citadelle de la médecine, où son ami, le célèbre Dr Lanyon, habitait, et recevait la foule de ses malades. « Si quelqu'un est au courant, ce ne peut être que Lanyon », avait-il pensé.

Le cérémonieux majordome, parce qu'il le connaissait bien, l'accueillit avec affabilité ; sans qu'il eût à faire antichambre un seul instant, il fut introduit directement dans la salle à manger, où le Dr Lanyon était assis tout seul, à déguster son porto. C'était un homme cordial, en excellente santé, rubicond, soigné de sa personne, à l'épaisse chevelure prématurément blanche, d'allure exubérante et résolue. Dès qu'il vit Mr Utterson, il bondit de son fauteuil et vint à sa rencontre les deux mains tendues. Sa cordialité, naturelle chez lui, pouvait paraître quelque peu démonstrative, mais n'était que l'extériorisation de sentiments sincères.

---

8. m. à m. *il ne fut soumis à aucune période de délai.*
9. **to usher :** *introduire un visiteur*, de **usher** : *huissier.*
10. **over his wine :** c'était la coutume, dans la bourgeoisie, de prendre après le repas un verre de vin doux, généralement du porto.
11. **dapper, red-faced :** les termes ont été inversés dans la traduction.
12. **a shock of hair :** *une masse de cheveux.*
13. **geniality :** qualité de celui qui est **genial**, c.-à-d. *sympathique, sociable.*

For these two were old friends, old mates both at school and college, both thorough respecters of themselves and of each other[1], and, what does not always follow, men who thoroughly[2] enjoyed each other's company.

After a little rambling[3] talk, the lawyer led up to the subject which so disagreeably preoccupied his mind.

"I suppose, Lanyon," he said, "you and I must[4] be the two oldest friends that Henry Jekyll has ?"

"I wish the friends were younger," chuckled[5] Dr Lanyon. "But I suppose we are. And what of that ? I see little of him now."

"Indeed !" said Utterson. "I thought you had a bond of common interest."

"We had," was his reply. "But it is more than ten years since Henry Jekyll became too fanciful for me. He began to go wrong, wrong in mind ; and though, of course, I continue to take an interest in him for old sake's sake[6] as they say, I see and I have seen devilish little[7] of the man. Such unscientific balderdash[8]," added the doctor, flushing suddenly purple, "would have estranged Damon and Pythias[9]."

This little spirt[10] of temper was somewhat of a relief to Mr Utterson. "They have only differed on some point of science," he thought ; and being a man of no scientific passions (except in the matter of conveyancing[11]), he even added : "It is nothing worse than that !" He gave his friend a few seconds to recover his composure[12], and then approached the question he had come to put[13].

---

1. **respecters of each other :** *respectueux l'un de l'autre* ; pronom réciproque ; avec **one another** ils forment des unités indissociables ; ils sont toujours compléments ; **each other** peut être employé quel que soit le nombre des personnes ou des objets considérés ; **one another** se rapporte rarement à deux seulement.
2. **thoroughly** ['θʌrəli] **:** *complètement, parfaitement.*
3. **rambling :** *sans but précis*, comme *une promenade* faite pour le plaisir (**a ramble**).
4. **must :** ce défectif a ici le sens de la probabilité : *nous devons être, nous sommes probablement.*
5. **to chuckle :** *glousser comme une poule.*
6. **for old sake's sake = for old times' sake**, *pour l'amour du bon vieux temps.*

Car c'était là une paire de vieux amis, anciens camarades, et d'école et d'université, chacun parfaitement respectueux de l'autre comme de lui-même, et, ce qui ne va pas toujours de soi, deux hommes qui éprouvaient un immense plaisir en la compagnie l'un de l'autre.

Après une courte conversation à bâtons rompus, le notaire aborda le sujet qui lui tenait si désagréablement à cœur.

« Je suppose, Lanyon, dit-il, que vous et moi sommes sans doute les deux plus vieux amis de Henry Jekyll ? »

« J'aimerais mieux que ces vieux amis fussent un peu plus jeunes, dit le Dr Lanyon avec un petit rire. Mais en effet nous sommes bien de vieux amis. Et puis après ? Je le vois bien peu ces temps-ci. »

« Ah vraiment ! dit Utterson. Je croyais que vous et lui partagiez un même sujet d'intérêt. »

« Jadis oui, répliqua-t-il. Mais depuis plus de dix ans, Henry Jekyll est devenu bien trop fantasque pour moi. Quelque chose s'est détraqué dans son esprit ; et bien que, naturellement, je continue à m'intéresser à lui, en souvenir du bon vieux temps, comme on dit, aujourd'hui comme hier je fréquente bougrement peu cet homme-là. De telles foutaises prétendûment scientifiques, ajouta le docteur dont le visage s'empourpra subitement, auraient semé la zizanie entre Damon et Pythias. »

Ce petit accès de mauvaise humeur détendit un peu Mr Utterson. « Ils ne se sont querellés que sur quelque question scientifique », pensa-t-il ; et comme lui-même ne ressentait aucune passion pour les sciences (sauf en matière de transfert de propriété), il ajouta même : « Ce n'est pas bien grave ! » Il laissa à son ami quelques secondes pour reprendre son sang-froid, puis aborda le sujet qui était la raison de sa visite.

---

7. **devilish :** adv., *diablement* ; **little**, n. = not much, *peu*.
8. **balderdash** [ˈbɔːldədæʃ] = nonsense, *des sottises*.
9. **Damon** [deiˈmən] **and Pythias** [piθiəs] (ou Phinthias) étaient deux amis intimes, symboles de l'amitié fidèle, prêts à sacrifier leur vie l'un pour l'autre.
10. **spirt** (ou spurt) : a spirt of flame, *un jet de flamme* ; a spirt of enthusiasm, *un sursaut d'enthousiasme*.
11. **conveyancing :** la partie du droit qui traite des transferts de propriété.
12. **composure** = self-control.
13. **the question he had come to put** = the question that he had come to ask.

"Did you ever come across a *protégé*[1] of his — one Hyde[2] ?" he asked.

"Hyde ?" repeated Lanyon. "No. Never heard of him. Since my time."

That was the amount of information[3] that the lawyer carried back with him to the great, dark bed on which he tossed to and fro until the small hours of the morning began to grow large. It was a night of little ease to his toiling mind, toiling in mere darkness and besieged[4] by questions.

Six o'clock struck on the bells of the church that was so conveniently near to Mr Utterson's dwelling, and still he was digging at the[5] problem. Hitherto it had touched him on the intellectual side alone ; but now his imagination also was engaged, or rather enslaved ; and as he lay and tossed in the gross[6] darkness of the night and the curtained room, Mr Enfield's tale went by before his mind in a scroll[7] of lighted pictures. He would be aware of the great field of lamps of a nocturnal city ; then of the figure[8] of a man walking swiftly ; then of a child running from the doctor's[9] ; and then these met, and that human Juggernaut trod the child down and passed on regardless of her screams. Or else he would see a room in a rich house, where his friend lay asleep, dreaming and smiling at his dreams ; and then the door of that room would be opened, the curtains of the bed plucked[10] apart, the sleeper recalled, and, lo[11] ! there would stand by his side a figure to whom power was given, and even at that dead hour[12] he must rise and do its bidding[13].

---

1. **a protégé** [ˈprɔtəʒei] **:** style affecté (fém. **protégée**).
2. **one Hyde :** *un certain Hyde*, **one** équivaut à l'art. indéf. ; on pourrait dire aussi **a Mr Hyde**.
3. **information :** mot dit « indénombrable », toujours au singulier dans le sens collectif : **the information I gathered**, *les renseignements que j'ai réunis* ; *un renseignement*, **a piece of information**. Il en va de même pour : **advice** *(conseils)*, **progress** *(progrès)*, **knowledge** *(connaissances)*, **evidence** *(preuves)*, **nonsense** *(bêtises)*, **damage** *(dégâts)*.
4. **besieged** [biˈsiːdʒd] **:** terme militaire, comme sa signification française, *assiégé*.
5. **the :** l'art. déf. a souvent le sens du démonstratif (**this** ou **that**).
6. **gross :** rare dans le sens de **thick**, *dense*.

« Vous est-il arrivé de rencontrer l'un de ses « protégés » — un certain Hyde ? » demanda-t-il.

« Hyde ? répéta Lanyon. Non, je n'en ai jamais entendu parler, depuis que je connais Jekyll. »

Et ce fut là toute la somme d'informations que notre notaire ramena chez lui où il passa la nuit à se tourner et se retourner dans son grand lit sombre, jusqu'au petit matin. Ce fut une nuit qui n'apporta guère de repos à son esprit qui, assiégé de questions, s'évertuait à y répondre dans une obscurité totale.

Lorsque six heures sonnèrent au clocher de l'église qui était si commodément proche de son domicile, Mr Utterson était encore en train de s'efforcer de résoudre ce problème. Jusqu'alors seule son intelligence avait été sollicitée ; mais maintenant c'était au tour de son imagination d'être concernée ou plutôt subjuguée ; et tandis que, allongé, il s'agitait au cœur des épaisses ténèbres de la nuit, au milieu de cette chambre tendue de rideaux, l'histoire racontée par Mr Enfield déroulait sur l'écran de son esprit une succession d'images illuminées. Il revoyait la vaste perspective des lumières d'une ville, la nuit, puis la silhouette d'un homme avançant d'un pas rapide, celle d'une enfant revenant en courant de chez le docteur, le choc des deux ; et alors ce monstre fait homme piétinait la fillette et poursuivait sa route, indifférent aux hurlements de celle-ci. Ou encore, il voyait, dans un luxueux hôtel particulier, une chambre où son ami reposait endormi, rêvant de choses heureuses qui le faisaient sourire ; et, à cet instant même, la porte de cette chambre s'ouvrait, les rideaux du baldaquin étaient brusquement tirés, le dormeur était arraché au sommeil ; et voilà qu'à son chevet, se tenait un être tout-puissant qui, même au cœur de la nuit, le contraignait à se lever et à lui obéir.

---

7. **scroll :** d'ordinaire, un *rouleau de papier* ou *de parchemin* ; ici, **a succession of**.
8. **figure** ['figə(r)] **:** cf. p. 20, note 13.
9. **from the doctor's :** le cas possessif incomplet s'emploie lorsqu'on sous-entend les noms : **house** (ici), **shop**, **church**, **school**, **hospital**, à moins que ces mots ne soient indispensables à la compréhension du texte.
10. **plucked :** marque la violence du geste ; on dit habituellement **drawn**.
11. **lo ! :** interj. archaïque et littéraire pour **look** ! ou **see** !
12. **that dead hour :** qui n'est marquée par aucun mouvement ni activité, *cette heure morte*.
13. **do its bidding :** *faire ce qu'il ordonne*, de **to bid, bade, bidden** : *commander*.

The figure in these two phases haunted the lawyer all night ; and if at any time he dozed over, it was but[1] to see it glide[2] more stealthily through sleeping houses, or move the more swiftly[3], and still the more swiftly, even to dizziness, through wider labyrinths of lamp-lighted city, and at every street corner crush a child and leave her screaming. And still the figure had no face by which he might know it ; even in his dreams it had no face, or one that baffled him and melted[4] before his eyes ; and thus it was that there sprang up and grew apace[5] in the lawyer's mind a singularly strong, almost an inordinate[6], curiosity to behold the features of the real Mr Hyde. If he could but once set eyes on him, he thought the mystery would lighten and perhaps roll altogether away, as was the habit of mysterious things when well examined. He might[7] see a reason for his friend's strange preference or bondage[8] (call it which you please[9]), and even for the startling clauses of the will. And at least it would be a face worth seeing[10] : the face of a man who was without bowels of mercy[11] : a face which had but to show itself to raise up, in the mind of the unimpressionable Enfield, a spirit of enduring hatred[12].

From that time forward, Mr Utterson began to haunt the door in the by street of shops. In the morning before office hours, at noon when business was plenty[13] and time scarce[14], at night under the face of the fogged city moon, by all lights and at all hours of solitude or concourse, the lawyer was to be found on his chosen post.

---

1. **but** = only, *seulement, ne... que.*
2. **to see it glide :** on emploie l'infinitif simple sans to avec les verbes de sensation : **to hear** *(entendre)*, **to feel** *(sentir)*, to **watch** *(observer)*, mais seulement à la forme active : **I saw him come, he was seen to come,** *je l'ai vu, on l'a vu arriver.*
3. **the more swiftly :** ou all the more swiftly, *d'autant plus rapidement.*
4. **that baffled him and melted :** les verbes ont été inversés dans la traduction.
5. **apace** (litt.) = **quickly**, *vite.*
6. **inordinate :** contraire de **ordinate**, *régulier, contrôlé.*
7. **might :** prétérit du défectif **may**, ici dans le sens d'éventualité *(peut-être).*
8. **bondage :** *esclavage* ; **bonds**, *liens* ; du verbe **to bind, bound, bound,** *lier.*
9. **which you please :** *ce qui vous plaira* ; implique un choix

Le personnage de ces deux visions hanta le notaire la nuit durant ; et si, par instants, il parvenait à s'assoupir, ce n'était que pour le voir se glisser plus furtivement encore le long des maisons endormies, ou se mouvoir à une allure de plus en plus accélérée, jusqu'à lui donner le vertige, dans le dédale sans fin des rues d'une ville éclairée par ses réverbères, pour, à chaque carrefour, renverser et piétiner une enfant et la laisser, hurlante, à terre. Jamais cette apparition n'offrait un visage qui permît de la reconnaître ; même dans ses rêves elle ne lui présentait, en fait de figure, que des traits qui se brouillaient à sa vue et le déconcertaient. C'est pourquoi naquit et se développa rapidement dans l'esprit du notaire l'intense curiosité, presque excessive, de voir Mr Hyde en chair et en os. Il pensait que s'il pouvait l'apercevoir seulement une fois, le mystère s'éclaircirait en partie, ou peut-être, se dissiperait complètement, comme il en est habituellement de tout élément mystérieux lorsqu'on le soumet à un examen sérieux. Il pourrait peut-être découvrir ainsi la cause de l'étrange préférence de son ami ou de son asservissement (choisissez vous-même le terme), et même l'origine des atterrantes dispositions du testament. Tout au moins ce serait un visage qui vaudrait la peine d'être vu : le visage d'un homme au cœur de pierre, un visage qui n'avait eu qu'à se montrer pour faire naître dans l'âme de l'imperturbable Enfield un sentiment de haine tenace.

A partir de ce moment, Mr Utterson se mit à hanter la « maison à la porte » dans la petite rue commerçante. Le matin, avant l'heure d'ouverture des bureaux, à midi, lorsque les affaires battaient leur plein et que le temps était mesuré, la nuit, sous le regard voilé de la lune au-dessus de la ville, sous tous les éclairages, et à toutes les heures de solitude ou d'affluence, on pouvait trouver le notaire à son poste préféré.

---

entre deux ou plusieurs éléments (**preference** ou **bondage**). **What** ne comporte aucune restriction : **tell me what you want**, *dis-moi ce que tu veux*.

10. **worth :** *digne de, qui vaut la peine de* : expression qui se construit avec le gérondif. ▲ Dans cette expression on emploie le gérondif actif, alors qu'on attendrait un passif : **worth being seen**.

11. m. à m. *sans entrailles (pleines) de pitié*.

12. **hatred :** nom dérivé du verbe **to hate**, *haïr*, qui a donné aussi une forme synonyme : **hate**, nom.

13. **plenty,** adj. = **plentiful**, *abondant*.

14. **scare,** adj. = **not many** (contraire de **plentiful**), rare ; allusion aux acheteurs qui sont nombreux à faire leurs courses à cette heure, mais qui ont bien peu de temps pour cela.

"If he be Mr Hyde," he had thought, "I shall be Mr Seek[1]."

And at last his patience was rewarded. It was a fine dry night ; frost in the air ; the streets as clean as[2] a ball-room floor ; the lamps, unshaken by any[3] wind, drawing a regular pattern[4] of light and shadow[5]. By ten o'clock, when the shops were closed, the by street was very solitary, and, in spite of the low growl of London from all around, very silent. Small sounds carried far ; domestic sounds[6] out of the houses were clearly audible on either side[7] of the roadway ; and the rumour of the approach of any passenger[8] preceded him by a long time. Mr Utterson had been some minutes[9] at his post when he was aware[10] of an odd light footstep drawing near. In the course of his nightly patrols he had long grown accustomed to the quaint effect with which the footfalls of a single person, while he is still a great way off[11], suddenly spring out distinct from the vast hum and clatter of the city. Yet his attention had never before been so sharply and decisively arrested ; and it was with a strong, superstitious prevision of success that he withdrew into the entry of the court.

The steps drew swiftly nearer, and swelled out suddenly louder as they turned the end of the street. The lawyer, looking forth[12] from the entry, could soon see what manner of man he had to deal with. He was small, and very plainly dressed ; and the look of him, even at that distance, went somehow strongly against the watcher's inclination[13].

---

1. **« If he be... Mr Seek » :** allusion à un jeu d'enfants, *cache-cache*, hide and seek, avec le jeu de mots sur **hide** (Hyde).
2. **as clean as :** comparatif d'égalité ; à la forme négative : **not** so..., as ou not as... as.
3. **unshaken by any wind : any** est amené par la forme négative **unshaken** = not shaken.
4. **pattern :** *décoration*, *dessin*, *motif*, répété sur un tissu ou du papier peint.
5. **shadow :** l'*ombre* dessinée ; ▲ ne pas confondre avec shade, l'*ombre*, opposée à la lumière (du soleil, etc.).
6. **domestic sounds :** les bruits qui proviennent d'un logis et des gens qui l'habitent.
7. **on either** ['aiðə] **side : either**, adj., ici signifiant non pas l'un ou l'autre, mais *l'un et l'autre* = **on both sides**, *des deux côtés*.
8. **passenger :** cf. p. 16, note 5.

« Puisque la partie de cache-cache est commencée, avait-il pensé, à nous deux d'y jouer. »

Un soir enfin il fut récompensé de sa patience. La nuit était belle et sèche ; il y avait du gel dans l'air ; les rues étaient aussi nettes que le parquet d'une salle de bal, et les lampes, qu'aucun vent ne secouait, traçaient un motif régulier d'ombre et de lumière. A dix heures, une fois les boutiques fermées, dans la ruelle désertée, en dépit du sourd grondement de Londres alentour, le silence s'établit. Les moindres sons s'entendaient de loin. On percevait nettement, des deux côtés de la chaussée, les bruits des ménages habitant les maisons ; et l'écho de l'approche d'un piéton résonnait longtemps avant que celui-ci n'apparût. Mr Utterson était à son poste depuis quelques minutes lorsqu'il entendit le bruit d'un pas léger et singulier qui se rapprochait. Au cours de ses rondes nocturnes, il s'était depuis longtemps habitué à la manière curieuse dont les pas d'un piéton solitaire se détachent de l'immense rumeur de la cité, alors que celui-ci est encore assez éloigné. Et pourtant son attention n'avait jamais auparavant été attirée de façon aussi vive et aussi marquée ; c'est avec une forte et irrationnelle anticipation du succès qu'il s'effaça dans l'entrée de la cour.

Les pas se rapprochèrent rapidement, s'amplifiant brusquement lorsque l'inconnu tourna le coin de la rue. Le notaire, risquant un regard depuis l'entrée, put bientôt distinguer à quel genre d'homme il avait affaire. C'était un individu de petite taille, vêtu sans recherche, et dont l'apparence, même à cette distance, déplut fortement à notre observateur.

---

9. **had been some minutes :** le pluperfect est employé pour exprimer une action déterminée dans le passé et qui dure encore ; il se traduit en français par l'imparfait. Ici, **for** est sous-entendu devant **some minutes**.
10. **he was aware** = he knew, he perceived, *il perçut.*
11. **off** = away, far, *à une certaine distance.*
12. **forth** [fɔːθ] = forward, *devant, en avant.*
13. **went somehow... inclination :** m. à m. *alla d'une certaine façon fortement contre l'inclination de l'observateur.*

But he made straight for[1] the door, crossing the roadway to save time[2]; and as he came, he drew a key from his pocket, like one approaching home.

Mr Utterson stepped out and touched him on the shoulder as he passed. "Mr Hyde, I think ?"

Mr Hyde shrank back with a hissing intake[3] of the breath. But his fear was only momentary ; and though he did not look the lawyer in the face[4], he answered coolly enough : "That is my name. What do you want ?"

"I see you are going in," returned the lawyer. "I am an old friend of Dr Jekyll's[5] — Mr Utterson, of Gaunt Street — you must have heard my name ; and meeting you so conveniently, I thought you might admit me."

"You will not find Dr Jekyll ; he is from home[6]," replied Mr Hyde, blowing in[7] the key. And then suddenly, but still without looking up[8], "How did you know me ?" he asked.

"On your side," said Mr Utterson, "will you do me a favour ?"

"With pleasure," replied the other. "What shall it be[9] ?"

"Will you let me see your face ?" asked the lawyer.

Mr Hyde appeared to hesitate ; and then, as if upon some sudden reflection, fronted about[10] with an air of defiance ; and the pair stared at each other pretty fixedly for a few seconds. "Now I shall know you again," said Mr Utterson. "It may be useful."

---

1. **to make for :** *se diriger vers* ; pour un navire, *mettre le cap sur*.
2. **to save time :** cette phrase n'a pas de sens dans l'état où elle est présentée. Il semble qu'il y ait eu, depuis la première impression du manuscrit, une erreur, et que le bloc **to save time** ait été déplacé. La version correcte serait donc : **crossing the roadway, and as he came, to save time, he drew...**
3. **intake :** *inspiration de l'air dans les poumons* ; **hissing**, *avec un son sifflant*.
4. **to look somebody in the face :** *faire face hardiment*. Noter dans cette expression la construction particulière du verbe **to look somebody**.
5. **an old friend of Dr Jekyll's :** le cas possessif s'emploie pour simplifier la phrase = **one of Dr Jekyll's old friends** ; rapprocher de l'expression **a friend of mine, of his**, etc. = **one of my, of his friends**.

Mais, traversant la rue, il alla droit vers la porte, et, pour gagner du temps, tandis qu'il avançait, tira une clé de sa poche, comme quelqu'un qui rentre chez lui.

Mr Utterson fit un pas en avant et lui toucha l'épaule lorsqu'il passa devant lui. « Mr Hyde, je crois ? »

Mr Hyde eut un mouvement de recul et reprit bruyamment sa respiration. Mais sa frayeur ne dura qu'un instant, et sans regarder le notaire en face, il lui répondit assez calmement : « C'est bien mon nom. Que voulez-vous ? »

« Je vois que vous êtes sur le point d'entrer, répondit le notaire. Je suis un vieil ami du Dr Jekyll — Mr Utterson, de Gaunt Street —, vous avez probablement entendu mentionner mon nom ; et puisque je vous rencontre si à propos, j'ai pensé que vous pourriez me faire entrer. »

« Vous ne trouverez pas le Dr Jekyll ; il n'est pas chez lui », répliqua Mr Hyde, en enfonçant la clé. Puis brusquement, mais toujours sans lever les yeux : « Comment avez-vous su que c'était moi ? » demanda-t-il.

« A votre tour, dit Mr Utterson, voulez-vous m'accorder une faveur ? »

« Avec plaisir, répliqua l'autre. De quoi s'agit-il ? »

« Voulez-vous me permettre de voir votre visage ? » demanda le notaire.

Mr Hyde sembla hésiter ; puis, comme après une soudaine réflexion, il se retourna avec un air de défi ; et les deux hommes se dévisagèrent pendant quelques secondes. « Maintenant, dit Mr Utterson, je pourrai vous reconnaître. Il se peut que cela soit utile. »

---

6. **he is from home** = **he is away from home**, *il n'est pas à la maison*.
7. **blowing in the key** : idée de violence, montre le caractère de Hyde.
8. **looking up** : *regardant vers le haut*.
9. **what shall it be ?** : forme d'insistance du futur ; montre que Hyde accepte à contrecœur.
10. **fronted about** : *se retourna pour faire face* ; dans la traduction de bon nombre d'expressions verbales anglaises formées d'un verbe et d'une postposition, la postposition marquant le mouvement se rend par un verbe précisant l'action et le verbe anglais par un nom ou une expression la décrivant ; ex. **he staggered away**, *il partit* **(away)** *en titubant* **(staggered)**.

"Yes," returned Mr Hyde, "it is as well we have met ; and *à propos*[1], you should have my address[2]." And he gave a number of a street in Soho[3].

"Good God !" thought Mr Utterson, "can he too have been thinking of the will ?" But he kept his feelings to himself, and only grunted in acknowledgment[4] of the address.

"And now," said the other, "how did you know[5] me ?"

"By description," was the reply.

"Whose[6] description ?"

"We have common friends," said Mr Utterson.

"Common friends !" echoed Mr Hyde, a little hoarsely. "Who are they ?"

"Jekyll, for instance," said the lawyer.

"He never told you," cried Mr Hyde, with a flush of anger[7]. "I did not think you would have lied[8]."

"Come[9]," said Mr Utterson, "that is not fitting language."

The other snarled[10] aloud into a savage laugh ; and the next moment, with extraordinary quickness, he had unlocked the door and disappeared into the house.

The lawyer stood awhile[11] when Mr Hyde had left him, the picture of disquietude[12]. Then he began slowly to mount the street, pausing every step or two[13], and putting his hand to his brow like a man in mental perplexity. The problem he was thus debating as he walked was one of a class that is rarely solved.

---

1. **à propos** [æprə'pou] **:** emploi littéraire de quelques mots ou expressions françaises. La traduction anglaise serait **by the way**.
2. **address :** ⚠ noter l'orthographe avec deux **d**.
3. **Soho** ['souhou] **:** quartier du centre de Londres habité surtout par des étrangers, principalement des Français, et réputé pour ses petits restaurants et la vie licencieuse qu'on y mène ; c'est là, naturellement, que Hyde s'est installé pour jouir du genre de vie qu'il affectionne.
4. **acknowledgment** ou acknowledgement [ək'nɔlidʒmənt] **:** ici, *gratitude*.
5. **to know, knew, known :** ici, *reconnaître*.
6. **whose ? :** pronom relatif possessif à la forme interrogative ; toutefois, ici ne se rapporte pas à Hyde, mais à ceux qui ont donné de lui une description à Mr Utterson.

« Oui, répondit Mr Hyde, mieux vaut avoir fait connaissance ; et *à propos*, il vaudrait mieux que vous ayez mon adresse. » Et il donna le numéro d'une maison dans une rue de Soho.

« Grand Dieu ! pensa Mr Utterson, se peut-il qu'il ait, lui aussi, pensé au testament ? » Mais il garda ses impressions pour lui-même, et se contenta d'un grognement en guise de remerciement pour l'adresse.

« Et maintenant, reprit l'autre, comment avez-vous su qui j'étais ? »

« Par une description », fut la réponse.

« Faite par qui ? »

« Nous avons des amis communs », dit Mr Utterson.

« Des amis communs ! » dit en écho Mr Hyde, d'une voix légèrement éraillée. « Quels amis ? »

« Jekyll, par exemple », dit le notaire.

« Il ne vous a jamais parlé de moi », s'écria Mr Hyde, rouge de colère. « Je n'aurais pas cru que vous mentiriez ».

« Allons, dit Mr Utterson, voici des propos déplacés. »

L'autre partit d'un grand éclat de rire féroce et cruel ; et la minute d'après, avec une rapidité extraordinaire, il avait fait jouer la serrure de la porte et avait disparu dans la maison.

Le notaire, après le départ de Mr Hyde, resta immobile un moment livré à l'inquiétude. Puis il se mit à remonter la rue à pas comptés, s'arrêtant fréquemment pour se passer la main sur le front, comme un homme plongé dans la plus complète perplexité. Le problème qu'il agitait ainsi en lui-même, tout en marchant, appartenait à une catégorie qu'il est rare de pouvoir résoudre.

---

7. **a flush of anger :** *un accès de colère.*
8. **lied :** de **to lie**, verbe régulier, *mentir* ; ⚠ ne pas confondre avec **to lie, lay, lain** (intr.), *être couché*, ni avec **to lay** (tr.) **laid, laid**, *coucher, poser.*
9. **come :** interjection exprimant la désapprobation.
10. **snarled :** comparaison avec le grognement menaçant d'un chien.
11. **awhile :** litt. = a moment.
12. **the picture of disquietude :** *l'image même de l'inquiétude* ; c'est une sorte d'apposition, ce qui explique l'article défini anglais.
13. m. à m. *tous les un ou deux pas.*

Mr Hyde was pale and dwarfish[1]; he gave an impression of deformity without any namable malformation, he had a displeasing smile, he had borne himself[2] to the lawyer with a sort of murderous mixture of timidity and boldness, and he spoke with a husky[3], whispering and somewhat broken voice, — all these were points against him ; but not all of these together could explain the hitherto unknown disgust, loathing and fear with which Mr Utterson regarded[4] him. "There must be something else," said the perplexed gentleman. "There *is* something more, if I could find a name for it. God bless me, the man seems hardly[5] human ! Something troglodytic, shall we say ? or can it be the old story of Dr Fell[6] ? or is it the mere radiance of a foul soul that thus transpires through, and transfigures, its clay continent[7] ? The last, I think ; for, O my poor old Harry Jekyll, if ever I read Satan's signature upon a face, it is on that of your new friend !"

Round the corner from the by street there was a square of ancient, handsome houses, now for the most part decayed[8] from their high estate, and let[9] in flats and chambers, to all sorts and conditions of men : map-engravers, architects, shady[10] lawyers, and the agents of obscure enterprises. One house, however, second from the corner, was still occupied entire ; and at the door of this, which wore a great air of wealth and comfort, though it was now plunged in darkness except for the fan-light[11], Mr Utterson stopped and knocked.

---

1. **dwarfish :** adjectif, de **dwarf**, nom, *nain*.
2. **to bear oneself, bore, borne** = to behave, *se comporter*. Le part. passé **born** ne s'emploie que lorsqu'il s'agit de naissance : **I was born in London**, *je suis né à Londres*.
3. **husky :** (voix) *enrouée*, *sèche*, comme la *balle du blé* (**husk**).
4. **to regard ▲ :** *considérer* ; *regarder*, **to look at**.
5. **hardly :** adverbe, se place devant le mot dont il modifie le sens ; valeur négative, c'est pourquoi le verbe est à l'affirmative : *à peine*, *ne... guère*, *presque pas* ; synonymes : **barely**, **scarcely**.
6. **Dr Fell :** théologien (1625-1686) ; doyen de Christ Church, Oxford. L'allusion dans le texte de Stevenson se rapporte à une querelle entre Fell et un certain Tom Brown qui faillit être

Mr Hyde était une sorte de nain au teint blafard, qui donnait une impression de difformité, sans que l'on pût distinguer chez lui de malformation caractérisée ; son sourire était désagréable et sa conduite envers le notaire avait été une sorte de mélange féroce de timidité et d'aplomb ; il parlait d'une voix enrouée, basse et quelque peu étranglée ; tels étaient les points noirs de sa personnalité, mais tout cela réuni ne pouvait expliquer le dégoût, la répugnance et la peur, jusqu'ici jamais éprouvés par Mr Utterson, avec lesquels il le considérait. « Il doit y avoir quelque chose d'autre, se disait le notaire dans son embarras. Il y a certainement autre chose, si seulement je pouvais le définir. Dieu du ciel ! cet homme semble à peine humain ! Quelque chose de l'homme des cavernes, dirons-nous ! ou bien peut-il s'agir de la vieille histoire du Dr Fell ? ou encore est-ce la simple émanation d'une âme corrompue qui s'exhale ainsi de son enveloppe d'argile en la transformant ? Je penche pour la dernière hypothèse ; car, ô mon pauvre vieil ami Jekyll, si jamais je reconnais l'empreinte de Satan sur un visage, c'est bien sur celui de votre nouvel ami. »

Lorsqu'on avait tourné le coin de la petite rue, on se trouvait sur une place entourée de belles maisons anciennes, dont la plupart avaient maintenant déchu de leur aristocratique condition ; divisées en appartements ou chambres individuelles, elles étaient louées à des hommes de toutes sortes et de toutes conditions : graveurs de cartes géographiques, architectes, hommes de loi louches et représentants d'obscures entreprises. L'une de ces maisons, toutefois, la seconde à partir du coin de la rue, était encore occupée par un seul propriétaire ; c'est à la porte de celle-ci, à laquelle richesse et confort donnaient belle allure, bien qu'elle fût maintenant plongée dans l'obscurité, à l'exception de l'imposte, que Mr Utterson s'arrêta et frappa.

---

chassé de l'Université par le Dr Fell et qui écrivit alors les vers célèbres : « Je ne t'aime pas, Dr Fell, *je ne puis en dire la raison*, mais, tout ce que je sais, c'est que je ne t'aime pas, Dr Fell. »
7. **continent :** *ce qui contient*, le *récipient* ; le *contenant*.
8. **decayed :** *pourri*, *en ruine*.
9. **to let, let, let :** *donner en location*, *louer*.
10. **shady :** *moralement douteux*.
11. **fan-light :** *imposte*, petite fenêtre placée au-dessus d'une porte et en forme d'*éventail* **(fan)**.

A well-dressed, elderly[1] servant opened the door.
"Is Dr Jekyll at home, Poole[2] ?" asked the lawyer.
"I will see, Mr Utterson," said Poole, admitting the visitor, as he spoke, into a large, low-roofed[3], comfortable hall, paved with flags[4], warmed (after the fashion of a country house) by a bright, open fire, and furnished[5] with costly cabinets[6] of oak. "Will you wait here by the fire, sir ? or shall I give you a light in the dining-room ?"
"Here, thank you," said the lawyer ; and he drew near and leaned on the tall fender. This hall, in which he was now left alone, was a pet[7] fancy of his friend the doctor's[8] ; and Utterson himself was wont to speak[9] of it as the pleasantest room in London. But to-night there was a shudder in his blood ; the face of Hyde sat heavy[10] on his memory ; he felt (what[11] was rare in him) a nausea and distaste of life ; and in the gloom of his spirits[12], he seemed to read a menace in the flickering of the firelight on the polished cabinets and the uneasy starting of the shadow on the roof. He was ashamed of his relief when Poole presently returned to announce that Dr Jekyll was gone out.
"I saw Mr Hyde go in by the old dissecting-room door, Poole," he said. "Is that right, when Dr Jekyll is from home ?"
"Quite right, Mr Utterson, sir[13]," replied the servant. "Mr Hyde has a key."
"Your master seems to repose a great deal of trust in that young man, Poole," resumed the other, musingly.

---

1. **elderly,** adj. = **rather old**, *assez vieux* ; une manière polie de dire old.
2. **Poole** : le majordome du Dr Jekyll ; il joue un rôle très important dans l'histoire.
3. **low-roofed :** adj. composé, formé ici d'un nom à terminaison de participe passé, précédé d'un adjectif. Le 1er mot qualifie le second, qui est le plus important ; le tout équivaut à **with a low roof**.
4. **a flag :** *une dalle* (de pierre). ▲ Ne pas confondre avec a flag, *un drapeau*.
5. **furnished ▲ :** *meublé*, de furniture, les *meubles* ; *fourni* : supplied, provided with.
6. **cabinets :** *armoires, vitrines* ; en général, *meubles de luxe* ; cf. a cabinet-maker, *un ébéniste*.

Un domestique d'un certain âge, portant belle tenue, ouvrit la porte.

« Mr Jekyll est-il chez lui, Poole ? » demanda le notaire.

« Je vais aller voir, Mr Utterson, » dit Poole, et, tout en parlant, il fit entrer le visiteur dans un grand hall confortable, bas de plafond, au sol dallé, chauffé (comme c'est la coutume dans les petits châteaux) par un feu vif brûlant dans une vaste cheminée, et meublé de riches armoires de chêne. « Voulez-vous attendre ici, monsieur, ou bien dois-je vous allumer une lampe dans la salle à manger ? »

« Ici, merci », dit le notaire ; et il s'approcha de la cheminée, s'appuyant au garde-feu élevé. Ce vestibule, dans lequel maintenant il se trouvait seul, était l'une des fantaisies favorites de son ami le docteur ; et Utterson lui-même en parlait couramment comme de la pièce la plus agréable de toute la capitale. Mais ce soir-là des frissons couraient dans ses veines ; le visage de Hyde hantait sa mémoire ; il avait une impression (chose éminemment rare chez lui) de nausée et de dégoût de la vie ; et du fond des ténèbres de son découragement, il semblait distinguer une menace dans la danse des flammes sur la surface cirée des armoires et dans les reflets inquiétants des ombres sur le plafond. Il eut honte du soulagement qu'il éprouva lorsque Poole reparut bientôt pour lui annoncer que le Dr Jekyll était sorti.

« J'ai vu Mr Hyde entrer par la porte de la vieille salle de dissection, Poole, dit-il. Est-ce que c'est normal lorsque le docteur est absent ? »

« Tout à fait normal, Mr Utterson, repartit le domestique. Mr Hyde a sa clé. »

« Votre maître semble témoigner une bien grande confiance à ce jeune homme, Poole », reprit l'autre pensivement.

---

7. **pet :** adj., *favori* ; cf. **a pet animal** ou **a pet**, nom, *un animal favori, familier.*
8. **of his friend the doctor's :** cf. p. 42, note 5.
9. **was wont to speak :** forme fréquentative archaïque qui équivaut à **used to speak** ; marque l'habitude, la répétition ; *avait coutume de parler.*
10. *était assise, reposait lourdement.*
11. **what :** démonstratif relatif : *ce qui.* On attendrait plutôt ici le relatif **which** qui reprend le membre de phrase précédent, **he felt** ; **what** introduit plutôt ce qui suit : **a nausea**, etc.
12. **spirits :** l'*humeur* de qqun ; ici : **low, gloomy spirits**, le *découragement.*
13. **Mr Utterson, sir :** forme emphatique d'obséquiosité, **sir** reprenant avec insistance le **Mr** ne peut se rendre en français.

"Yes, sir, he do[1] indeed," said Poole. "We have all orders to obey him."

"I do not think I ever met Mr Hyde ? asked Utterson.

"O dear no, sir. He never *dines*[2] here," replied the butler. "Indeed, we see very little of him on this side of the house ; he mostly comes and goes by the laboratory."

"Well, good-night, Poole."

"Good-night, Mr Utterson."

And the lawyer set out homeward with a very heavy heart. "Poor Harry Jekyll," he thought, "my mind misgives[3] me he is in deep waters[4] ! He was wild when he was young ; a long while ago, to be sure ; but in the law of God there is no statute of limitations[5]. Ah, it must be that ; the ghost of some old sin, the cancer of some concealed disgrace ; punishment coming, *pede claudo*[6], years after memory has forgotten and self-love condoned[7] the fault." And the lawyer, scared by the thought, brooded[8] awhile on his own past, groping[9] in all the corners of memory, lest[10] by chance some Jack-in-the-Box of an old iniquity should[10] leap to light there. His past was fairly blameless ; few men could read the rolls of their life with less apprehension ; yet he was humbled to the dust by the many ill[11] things he had done, and raised up again into a sober and fearful gratitude by the many that he had come so near to doing[12], yet avoided. And then by a return on his former subject, he conceived a spark of hope.

---

1. **he do :** pour he does ; l'anglais du domestique n'est pas très grammatical.
2. **dines :** de to dine, ici, sens général de *prendre un repas.*
3. **misgives :** *me remplit de doute, de crainte.*
4. **he is in deep waters :** il est dans une situation difficile, *en eaux profondes* ; synonyme : **to be in a terrible predicament.**
5. **statute :** *loi écrite* ; **limitations :** *prescription,* libération d'office, au bout d'un certain laps de temps, de certaines obligations légales.
6. **pede claudo :** expression latine = **on halting foot,** *d'un pied boiteux, clopin-clopant.*
7. **to condone = to forgive,** *excuser, pardonner.*
8. **to brood :** 1er sens, concret, *couver,* en parlant d'un oiseau ; 2e sens, abstrait, *ressasser, méditer.*

« Oui, monsieur, c'est ben certain, dit Poole. Nous avons des ordres formels de lui obéir. »

« Je ne pense pas avoir jamais rencontré Mr Hyde ici ? » demanda Utterson.

« Oh ! certainement pas, monsieur. Il ne prend jamais ses repas ici, répondit le majordome. En fait, nous le voyons très peu de ce côté-ci de la maison ; la plupart du temps, il entre et sort par le laboratoire. »

« Eh bien, bonsoir, Poole. »

« Bonsoir, Mr Utterson. »

Et le notaire, le cœur lourd, reprit le chemin de sa maison. « Pauvre Harry Jekyll, pensa-t-il, j'ai le pressentiment qu'il est dans de bien vilains draps ! Dans sa jeunesse, il y a certes fort longtemps de cela, il a fait bien des folies, mais la loi divine ne connaît pas de prescription. Ah, c'est sûrement cela ! Le fantôme de quelque ancienne faute, le cancer de quelque honte cachée, et le châtiment arrive, *pede claudo*, des années après que l'on a tout oublié et que l'on s'est, par amour de soi, pardonné sa propre faute. » Et le notaire, effrayé par cette pensée, médita un moment sur son propre passé, fouillant dans tous les recoins de sa mémoire, de peur que, par hasard, quelque ancienne iniquité n'en jaillît en pleine lumière, tel un diable à ressort. Son passé était à peu près sans tache ; rares étaient les hommes qui pouvaient passer en revue l'histoire de leur vie avec moins d'appréhension ; pourtant les nombreux méfaits à son actif le faisaient rentrer sous terre, alors que ceux qu'il avait bien failli commettre, et pourtant évités, suscitaient en lui une gratitude modérée et terrible à la fois. Et alors, revenant au sujet de ses méditations antérieures, il entrevit une lueur d'espoir.

---

9. **to grope :** *chercher quelque chose, comme un aveugle, en tâtonnant.*
10. **lest (... should) :** conj. de subordination, *de peur que* ; synonyme : **for fear that** ; ces conjonctions exprimant la crainte se construisent obligatoirement avec le subjonctif **(should)**.
11. **ill :** adj. = **bad, evil** ; **the ill things**, *les mauvaises choses* ; comparatif : **worse** ; superlatif : **the worst**.
12. **so near to doing :** m. à m. *si près de faire*. L'adv. **near** se construit parfois avec la liaison **to** introduisant un nom : **she sat near to the door**, *elle était assise près de la porte* ; ici, nous avons un nom verbal, **doing**, représentant une action.

"This Master[1] Hyde, if he were[2] studied," thought he, "must have secrets of his own : black secrets, by the look of him ; secrets compared to which poor Jekyll's worst[3] would be like sunshine. Things cannot continue as they are. It turns me quite cold[4] to think of this creature stealing[5] like a thief to Harry's bedside ; poor Harry, what a wakening ! And the danger of it ! for if this Hyde suspects the existence of the will, he may grow impatient to inherit. Ay[6], I must put my shoulder to the wheel[7] — if Jekyll will but let me," he added, "if Jekyll will only let me." For once more he saw before his mind's eye[8], as clear as a transparency[9], the strange clauses of the will.

## Dr Jekyll was Quite at Ease

A fortnight[10] later, by excellent good fortune[11], the doctor gave one of his pleasant dinners[12] to some five or six old cronies[13], all intelligent reputable men, and all judges of good wine ; and Mr Utterson so contrived that[14] he remained behind after the others had departed. This was no new arrangement, but a thing that had befallen[15] many scores[16] of times. Where Utterson was liked, he was liked well.

---

1. **master :** titre attribué à une personne de rang, de spécialisation, etc., supérieurs. Utterson l'emploie de manière ironique, bien que le terme annonce **he must have secrets of his own**.
2. **if he were :** prétérit du subjonctif du verbe **to be**, appelé aussi prétérit modal ; exprime l'irréel, c.-à-d. ce que l'on souhaite mais qui n'est pas réalisé pour le moment.
3. **worst :** superlatif de **bad** ou **ill** = **the worst ones of Jekyll**.
4. m. à m. *cela me rend tout froid.*
5. **to steal :** 1) (ici) *se faufiler comme un voleur* ; 2) *voler, dérober.*
6. **ay** [ei] adv. = **yes** ; s'écrit aussi **aye**.
7. m. à m. *il faut que je mette mon épaule à la roue.*
8. m. à m. *devant l'œil de son esprit.*
9. **transparency** [trans'paerənsi] **:** sorte d'image portée sur du

« Messire Hyde, si l'on étudiait son comportement, pensa-t-il, devait dissimuler des secrets bien à lui : de noirs secrets à en juger par son apparence, des secrets en comparaison desquels les pires secrets du pauvre Jekyll brilleraient comme un rayon de soleil. On ne peut laisser aller les choses de cette façon. J'ai froid dans le dos à la pensée de cette créature se glissant comme un voleur jusqu'au chevet de Harry ; pauvre Harry, quel réveil ! Et quel danger ! Car si ce Hyde soupçonne l'existence du testament, il peut se montrer impatient d'entrer en possession de l'héritage ! Oui, il faut que je me mette à l'œuvre — si seulement Jekyll me laisse agir », et il ajouta « Jekyll me laissera-t-il agir ? » car il revit en imagination, aussi nettement que sur une photo, les dispositions étranges de ce testament.

## *Le Dr Jekyll se sentait parfaitement à l'aise*

Quinze jours plus tard, par un hasard extrêmement heureux, le docteur invita à l'un de ses agréables dîners quelque cinq ou six vieux copains, tous hommes connus pour leur intelligence et tous excellents juges en matière de bons vins ; et Mr Utterson s'arrangea pour s'attarder après le départ des derniers invités. Il n'y avait rien de nouveau à cela ; c'était arrivé maintes et maintes fois. Partout où l'on aimait Utterson, c'était absolument sans réserve.

---

verre et vue dans un rayon lumineux (naturel ou artificiel) ; l'ancêtre de la *diapositive* (slide).
10. **fortnight :** two weeks, *une quinzaine.*
11. **fortune** = chance [tʃəns], *hasard.*
12. **dinner :** *réception*, en particulier le soir = (ici) dinner-party ; sens général du mot : *le repas principal de la journée* ; ex. do you have dinner in the evening or at midday ?
13. **cronies :** singulier : a crony, *un bon camarade.*
14. **so contrived that** = contrived so (in such a way) that : *s'arrangea de telle manière que...*
15. **to befall, befell, befallen** = to happen ; style soutenu.
16. **a score :** 1) a group of twenty ; 2) de manière plus générale, *un grand nombre de.*

Hosts[1] loved to detain the dry[2] lawyer, when the light-hearted and the loose-tongued[3] had already their foot on the threshold ; they liked to sit awhile in his unobtrusive company, practising for solitude, sobering their minds in the man's rich silence, after the expense and strain of gaiety. To this rule Dr Jekyll was no exception ; and as he now sat[4] on the opposite side of the fire — a large, well-made, smooth-faced man of fifty, with something of a slyish cast[5] perhaps, but every mark of capacity and kindness — you could see by his looks that he cherished for Mr Utterson a sincere and warm affection.

"I have been wanting to speak to you[6], Jekyll," began the latter[7]. "You know that will of yours[8] ?"

A close observer might have gathered that the topic was distasteful ; but the doctor carried it off[9] gaily. "My poor Utterson," said he, "you are unfortunate in such a client. I never saw a man so distressed as you were by my will ; unless it were that hide-bound[10] pedant, Lanyon, at what he called my scientific heresies. O, I know he's a good fellow — you needn't frown — an excellent fellow, and I always mean[11] to see more of him ; but a hide-bound pedant for all that[12] ; an ignorant, blatant[13] pedant. I was never more disappointed in any man than Lanyon."

"You know I never approved of[14] it," pursued Utterson, ruthlessly[15] disregarding the fresh topic.

---

1. **host :** fém. **hostess**, personne qui reçoit des *invités* **(guests)**. ⚠ En français, *hôte* a le sens et de **host**, et de **guest**.
2. **dry = not lively** : *manquant d'entrain, de vivacité.*
3. **loose** [luːs]**-tongued :** adj. composé, *à la langue déliée* ; cf. p. 48, note 3.
4. **sat :** ne pas confondre **to sit**, *être assis*, et **to sit down**, *s'asseoir.*
5. **a cast = a kind, type** : *tendance* ; **slyish :** *quelque peu* (suff. **ish**) *hypocrite* **(sly)**.
6. **I have been wanting to speak to you :** sous-entendu, **for a time**. La durée d'une action qui n'est pas terminée dans le présent se rend en anglais par le present perfect traduit en français par le présent de l'indicatif.
7. **the latter :** comparatif irrég. de **late** ; dans une énumération de deux objets ou personnes, se réfère au dernier nommé (Utterson), le premier était repris par **the former**.
8. **that will of yours :** forme d'insistance de **your will**.

Ses hôtes aimaient retenir notre taciturne notaire, lorsque les invités enjoués et bavards avaient déjà franchi le seuil de leur logis ; ils aimaient rester assis un moment en la compagnie de cet homme discret, se préparant ainsi à la solitude, et retrouvant, grâce au silence enrichissant de leur ami, le calme de leur esprit, après l'animation et la tension d'une soirée pleine d'entrain. Le Dr Jekyll ne faisait pas exception à cette règle ; et tandis que maintenant cet homme de cinquante ans, corpulent, bien bâti, au visage sans rides, avec peut-être une touche de duplicité, mais donnant tous les signes de la compétence et de la bonté, était assis en face de son invité de l'autre côté de la cheminée, on pouvait se rendre compte, à la façon dont il regardait Mr Utterson, qu'il éprouvait à son égard une chaude et sincère affection.

« Il y a un certain temps, Jekyll, que je désire avoir une conversation avec vous, commença le notaire. Vous vous rappelez votre fameux testament ? »

Un observateur attentif aurait pu se rendre compte que ce sujet déplaisait au docteur ; mais celui-ci l'accepta avec bonne humeur. « Mon pauvre Utterson, dit-il, vous n'avez pas de chance avec un client comme moi. Je n'ai jamais vu homme aussi affligé que vous le fûtes par mon testament, sauf peut-être ce pédant borné de Lanyon, lorsqu'il est confronté à ce qu'il a appelé mes hérésies scientifiques. Oh ! je sais bien que c'est un brave type — inutile de froncer le sourcil — et un excellent camarade que j'ai toujours la ferme intention de fréquenter davantage ; il n'en reste pas moins que c'est un pédant borné, un pédant ignare et braillard. Jamais personne ne m'a autant déçu que Lanyon. »

« Vous savez que je n'ai jamais approuvé ce testament », poursuivit Utterson, passant implacablement outre à la digression de son ami.

---

9. **to carry off** = to succeed in a difficult situation, *se tirer d'une situation difficile, d'un mauvais pas.*
10. **hide-bound** = narrow-minded, *qui refuse les idées nouvelles, rétrograde* ; m. à m. *enfermé* **(bound)** dans sa peau épaisse **(hide)**.
11. **to mean, meant, meant :** *avoir l'intention de*, sans doute un peu plus insistant que to intend.
12. **for all that :** cf. p. 14, note 6.
13. **blatant :** *bruyant*, qui s'impose par une vulgarité criarde ; origine : bleating, le *bêlement* du mouton.
14. **approved of :** ⚠ la construction de **to approve** ; *j'approuve son comportement*, I approve of his behaviour.
15. **ruthlessly :** adv., de ruthless = without pity (ruth), *impitoyablement.*

"My will ? Yes, certainly, I know that," said the doctor, a trifle[1] sharply. "You have told me so[2]."

"Well, I tell you so again," continued the lawyer. "I have been learning something of young Hyde."

The large handsome face of Dr Jekyll grew pale to the very lips[3], and there came a blackness about his eyes. "I do not care to hear more," said he. "This is a matter I thought we had agreed to drop."

"What I heard was abominable," said Utterson.

"It can make no change. You do not understand my position," returned the doctor, with a certain incoherency of manner. "I am painfully situated, Utterson ; my position is a very strange — a very strange one. It is one of those affairs that cannot be mended[4] by talking."

"Jekyll," said Utterson, "you know me : I am a man to be trusted. Make a clean breast of this[5] in confidence ; and I make no doubt I can get you out of it."

"My good Utterson," said the doctor, "this is very good of you, this is downright good of you, and I cannot find words to thank you in[6]. I believe you fully ; I would trust you before any man alive[7], ay, before myself, if I could make the choice ; but indeed it isn't what you fancy ; it is not so bad as that[8] ; and just to put your good heart at rest[9], I will tell you one thing : the moment I choose[10], I can be rid of[11] Mr Hyde. I give you my hand upon that[12] ; and I thank you again and again ; and I will just add one little word, Utterson, that I'm sure you'll take in good part[13] : this is a private matter, and I beg of you[14] to let it sleep."

Utterson reflected a little, looking in the fire.

---

1. **a trifle** [traifl] **:** adv., *quelque peu, un tantinet.*
2. **so :** *ainsi, de cette manière* ; reprend ce qui a déjà été dit : **I never approved of the will.**
3. **to the very lips :** *jusqu'aux lèvres même* ; **very**, adj. : cf. p. 24, note 1.
4. **mended :** de to mend, 1) *réparer, raccommoder* ; **to mend socks**, *raccommoder des chaussettes* ; 2) *s'améliorer, guérir* (ici).
5. **to make a clean breast of it :** *avouer, reconnaître quelque chose que l'on a jusqu'à présent caché ou nié.*
6. **to thank you in :** la construction de la phrase est : **I cannot find words in which to thank you.**
7. **man alive** [ə'laiv] **:** les adjectifs commençant par le préfixe **a** (**asleep**, *endormi* ; **alone**, *seul* ; **afraid**, *effrayé* ; **alive**, *vivant*, etc.) ne sont jamais épithètes ; ils se placent donc après le nom qualifié.

« Mon testament ? Oui, bien sûr, je connais votre position là-dessus, dit le docteur avec une certaine brusquerie. Vous me l'avez déjà dit. »

« Eh bien ! je vous le redis, poursuivit le notaire. J'ai appris certaines choses au sujet du jeune Hyde. »

Une pâleur livide envahit soudain le large et beau visage du Dr Jekyll, tandis qu'une sombre lueur passait dans ses yeux. « Je ne souhaite nullement en entendre davantage, dit-il. J'étais persuadé que nous étions convenus d'enterrer ce sujet. »

« Ce que j'ai appris est abominable », dit Utterson.

« Cela n'y change rien. Vous ne comprenez pas ma position », répondit le docteur, de façon assez incohérente. « Je suis dans une situation bien pénible, Utterson ; ma position est étrange — vraiment étrange. C'est une affaire à laquelle on ne peut porter remède en en parlant. »

« Jekyll, dit Utterson, vous me connaissez : on peut me faire confiance. Dites-moi confidentiellement ce que vous avez sur la conscience, et je suis sûr que je pourrai vous tirer de là. »

« Mon cher Utterson, dit le docteur, ceci émane d'un bon sentiment, d'un vraiment très bon sentiment de votre part, et je ne puis trouver les mots pour vous en remercier. Je vous crois tout à fait ; j'aurais plus confiance en vous qu'en tout autre personne au monde, que dis-je, plus qu'en moi-même, si j'avais la liberté du choix ; mais en vérité il ne s'agit pas de ce que vous imaginez ; les choses ne vont pas aussi mal que cela ; et simplement pour vous tranquilliser, je vais vous dire une bonne chose : au moment même où je le voudrai, je pourrai me débarrasser de Mr Hyde. Je vous en fais le serment ; et je vous remercie mille fois encore ; et j'ajouterai un seul petit mot à tout cela, Utterson, et je suis sûr que vous ne vous en offusquerez pas : il s'agit d'une affaire strictement personnelle, et je vous supplie de ne plus vous en occuper. »

Utterson réfléchit un moment, tout en contemplant le feu.

---

8. **not so bad as that :** cf. p. 40, note 2.
9. m. à m. *et simplement pour mettre votre bon cœur en repos.*
10. **the moment I choose** = the moment when I choose, *au moment où je le voudrai.*
11. **to be rid of :** de **to rid, rid, rid**, *débarrasser, délivrer* ; = *être débarrassé, se débarrasser de* ; cf. **good riddance !** *bon débarras !*
12. m. à m. *je vous donne ma main sur cela* (cf. *levez la main droite et dites je le jure*).
13. **to take in good part :** *accepter sans être offensé.*
14. **I beg of you to :** forme plus littéraire que : **I beg you to.**

"I have no doubt you are perfectly right[1]," he said at last, getting to his feet.

"Well, but since we have touched upon this business, and for the last time, I hope," continued the doctor, "there is one point I should like you to understand. I have really a very great interest in[2] poor Hyde. I know you have seen him ; he told me so ; and I fear he was rude[3]. But I do sincerely take[4] a great, a very great interest in that young man ; and if I am taken away, Utterson, I wish you to promise me that you will bear with him[5] and get his rights for him. I think you would[6], if you knew all ; and it would be a weight off my mind[7] if you would[8] promise."

"I can't pretend[9] that I shall ever like him," said the lawyer.

"I don't ask that," pleaded Jekyll, laying his hand upon the other's arm ; "I only ask for justice ; I only ask you to help him for my sake, when I am no longer here."

Utterson heaved an irrepressible sigh[10]. "Well," said he, "I promise."

## The Carew Murder Case

Nearly a year later, in the month of October, 18 –, London was startled by a crime of singular ferocity, and rendered all the more notable[11] by the high position of the victim. The details were few[12] and startling.

---

1. **you are (perfectly) right :** *vous avez (parfaitement) raison* ; ≠ you are (perfectly) wrong, *vous avez (tout à fait) tort.*
2. **a very great interest in :** construction de **interest** avec **in**.
3. **rude :** 1) rough, *rude* ; 2) ▲ impolite, *grossier, impoli.*
4. **I do (sincerely) take :** forme d'insistance d'un verbe ordinaire au présent de l'indicatif ; au passé on emploie l'auxiliaire did : he did like to take walks, *il aimait beaucoup faire des promenades.*
5. **you will bear with him :** *vous le supporterez, vous serez patient avec lui.*
6. **you would :** sous-ent. **bear with him**, conditionnel normal.
7. m. à m. *un poids ôté de mon esprit.*
8. **if you would (promise) :** exprime la volonté arrêtée : *si vous vouliez bien (promettre).*

« Je ne doute pas que vous ayez parfaitement raison, dit-il enfin, en se levant. »

« Fort bien, mais puisque nous avons abordé cette question, et pour la dernière fois, j'espère, poursuivit le docteur, il y a un point particulier que je voudrais vous faire comprendre. Je porte vraiment beaucoup d'intérêt à ce pauvre Hyde. Je sais que vous l'avez vu ; c'est lui qui me l'a dit ; et j'ai bien peur qu'il ne se soit montré impoli. Mais il est exact que je m'intéresse vivement, très vivement et sincèrement à ce jeune homme ; et si je viens à disparaître, je veux, Utterson, que vous me promettiez de vous montrer indulgent à son égard, et de défendre ses droits. Je suis sûr que vous y consentiriez, si vous connaissiez toute la vérité ; et ce serait un gros soulagement pour moi si vous vouliez bien le promettre. »

« Je ne puis vous assurer que j'aurai un jour de la sympathie pour lui », dit le notaire.

« Je ne vous en demande pas tant », dit Jekyll d'un ton suppliant, posant la main sur le bras de son interlocuteur ; « je demande seulement qu'on soit juste envers lui ; je vous demande uniquement de l'aider, en souvenir de moi, quand je ne serai plus de ce monde. »

Utterson ne put réprimer un soupir. « Bien, dit-il, je vous en fais la promesse. »

## *L'affaire du meurtre de Sir Carew*

Environ un an plus tard, au mois d'octobre 18-, les Londoniens furent atterrés par un crime d'une singulière férocité, que la haute position sociale de la victime rendait d'autant plus remarquable. Les détails en étaient peu nombreux mais révoltants.

---

9. **to pretend :** ici = to claim, *prétendre, assurer* ; ⚠ ne pas confondre avec *faire semblant de, feindre* : **he pretends to be dead**, *il fait semblant d'être mort, il fait le mort.*
10. **heaved an irrepressible sigh :** *poussa un soupir irrépressible.*
11. **all the more notable :** *d'autant plus remarquable que.* Le comparatif est précédé de l'article **the** ; lorsqu'il y a une seconde proposition (ce qui n'est pas le cas ici), elle est introduite par **as, since** ou **because**.
12. **few :** adj. indéf., *peu de, une très petite quantité de* (avec un pluriel : **details**) ; ⚠ ne pas confondre avec **a few** (quantité indéfinie), *quelques* : **he ate a few oranges**, *il a mangé quelques oranges.*

A maid-servant living alone in a house not far from the river[1] had gone upstairs to bed about eleven. Although a fog rolled over the city in the small hours[2], the early part of the night was cloudless, and the lane[3], which the maid's window overlooked[4], was brilliantly lit by the full moon. It seems she was romantically given[5] ; for she sat down upon her box, which stood immediately under the window, and fell into a dream of musing. Never (she used to say[6], with streaming tears, when she narrated that experience), never had she felt[7] more at peace with all men or thought more kindly of the world. And as she so sat she became aware[8] of an aged and beautiful gentleman with white hair drawing near along the lane ; and advancing to meet him, another and very small gentleman, to whom at first she paid less attention. When they had come within[9] speech (which was just under the maid's eyes) the older[10] man bowed and accosted the other with a very pretty manner of politeness. It did not seem as if the subject of his address[11] were[12] of great importance ; indeed, from his pointing[13], it sometimes appeared as if he were only inquiring his way ; but the moon shone on his face as he spoke, and the girl was pleased to watch it, it seemed to breathe such an innocent and old-world kindness of disposition, yet with something high[14] too, as of a well-founded self-content. Presently her eye wandered to the other, and she was surprised to recognise in him a certain Mr Hyde, who had once visited her master and for whom she had conceived a dislike.

---

1. **the river :** in London = the Thames, *la Tamise*.
2. **the small hours :** les heures immédiatement après minuit.
3. **lane :** en ville, une *petite rue* ; à la campagne, un *chemin*.
4. **overlooked :** en parlant d'une fenêtre, *donner sur*.
5. **romantically given :** *s'abandonnant souvent à des sentiments romantiques.*
6. **she used to say :** forme fréquentative au passé. Montre ici que chaque fois qu'on l'interrogeait en tant qu'unique témoin, elle racontait la même histoire.
7. **never had she felt :** l'inversion est indispensable lorsqu'on place l'adv. de temps en tête de la phrase.
8. **she became aware :** cf. p. 40, note 10, avec une légère différence : **to become** introduit l'idée d'une progression : *percevoir, se rendre compte, peu à peu.*
9. **within :** prép., *à l'intérieur de certaines limites de temps* ou

Une jeune bonne qui habitait seule dans une maison située près de la Tamise était montée se coucher autour de onze heures. Bien que le brouillard eût recouvert la ville au petit matin, à son début, la nuit avait été très claire, et la ruelle sur laquelle donnait la fenêtre de la servante était brillamment éclairée par la pleine lune. Il semble que cette jeune personne ait eu des penchants romantiques, car elle s'assit sur son coffre, placé juste sous la fenêtre, et se mit à rêvasser. Jamais (disait-elle, en faisant, tout en larmes, le récit de cette aventure), jamais elle ne s'était sentie plus en harmonie avec le genre humain tout entier, ou n'avait pensé autant de bien de l'univers. Et tandis qu'elle était assise là, elle remarqua un gentleman âgé, de belle prestance et aux cheveux blancs, qui s'approchait en suivant la ruelle ; et, avançant à sa rencontre, un autre monsieur de très petite taille, auquel tout d'abord elle prêta moins d'attention. Lorsqu'ils furent arrivés à portée de voix (juste sous les yeux de la servante) le plus vieux des deux hommes aborda l'autre en le saluant avec une politesse raffinée. Il ne semblait pas que ce qu'il avait à lui dire ait eu une grande importance ; en fait, d'après son geste, il parut alors qu'il ne faisait que demander son chemin ; mais tandis qu'il parlait, la lune éclairait son visage, et la jeune fille prit plaisir à l'observer, tant ses traits respiraient une amabilité naïve et un peu désuète à laquelle s'ajoutait aussi, toutefois, une nuance de condescendance due à un contentement de soi bien fondé. Bientôt son regard se porta sur l'autre personnage, et à sa grande surprise, elle reconnut un certain Mr Hyde qui, dans le temps, avait rendu visite à son maître, et pour qui elle avait conçu une certaine antipathie.

---

*de distance* (ici) ; **within speech :** *assez proche pour qu'elle entende leurs paroles.*

10. **the older :** on remplace le superlatif par le comparatif lorsqu'il n'y a que deux éléments de comparaison : ici, *le plus âgé* des deux hommes.

11. **address :** *paroles proférées, avances* ; ⚠ orth. anglaise : 2 **d.**

12. **were :** prétérit modal du subjonctif du verbe **to be** ; s'emploie après if, **as if**, as though.

13. **from his pointing :** remarquer le nom verbal ou gérondif employé comme nom après la préposition **from**. **To point :** *montrer du doigt.*

14. **high :** marque la conscience qu'a Sir Danvers de sa haute position morale et sociale ; ce qui, sans doute, a rendu Hyde encore plus furieux.

He had in his hand a heavy cane, with which he was trifling[1]; but he answered never a word[2], and seemed to listen with an ill-contained impatience. And then all of a sudden he broke out in a great flame of anger, stamping with his foot, brandishing the cane, and carrying on[3] (as the maid described it) like a madman. The old gentleman took a step back, with the air of one very much surprised and a trifle[4] hurt; and at that Mr Hyde broke out of all bounds[5], and clubbed[6] him to the earth. And next moment, with ape-like[7] fury, he was trampling his victim under foot, and hailing down[8] a storm of blows, under which the bones were audibly shattered and the body jumped upon the roadway. At the horror of these sights and sounds, the maid fainted.

It was two o'clock when she came to[9] herself and called for the police. The murderer was gone long ago; but there lay his victim in the middle of the lane, incredibly mangled[10]. The stick with which the deed[11] had been done, although it was of some rare and very tough and heavy wood, had broken in the middle under the stress of this insensate cruelty; and one splintered half had rolled in the neighbouring gutter — the other, without doubt, had been carried away by the murderer. A purse and a gold watch were found upon the victim[12]; but, no cards or papers, except a sealed and stamped envelope, which he had been probably carrying to the post, and which bore the name and address of Mr Utterson.

---

1. **to trifle :** de a trifle, nom : *qqch de peu de valeur*; d'où : *manipuler, jouer avec un objet de peu d'intérêt*, sans attacher aucune importance à ce que l'on fait.
2. **he answered never a word :** cf. p. 28, note 10.
3. **to carry on :** to behave (badly), *(mal) se comporter.*
4. **a trifle :** valeur d'adv. = somewhat, *quelque peu.*
5. **all bounds :** *toutes limites*; cf. boundless, adj. : *illimité.*
6. **to club :** *frapper avec un gourdin, une canne.* Les monosyllabiques terminés par une seule consonne redoublent cette consonne lorsqu'on leur ajoute un suffixe : **clubbed**.
7. **ape-like** [ˈeip-ˈlaik] **:** adj. composé ; **like** = *semblable à* ; **ape :** *un grand singe*; *une violence* (fury) *de singe.*
8. **to hail down :** de hail, nom, la *grêle* ; *administrer une grêle de coups.*

Il tenait à la main une lourde canne qu'il maniait nonchalamment, sans jamais répondre à son interlocuteur qu'il paraissait écouter avec une impatience mal contenue. Et tout à coup, saisi d'un terrible accès de colère et frappant le sol du pied, il brandit sa canne et se comporta (selon les dires de la fille) comme un fou furieux. Le vieux monsieur recula d'un pas, très surpris et quelque peu choqué ; sur quoi Mr Hyde s'emporta au-delà de toute mesure et le jeta à terre d'un coup de canne. Et la minute d'après, avec la violence d'une brute déchaînée, il piétinait sa victime et faisait pleuvoir sur elle une grêle de coups telle qu'elle entendit les os se briser et vit le corps rebondir sur la chaussée. L'horreur de ce spectacle et des sons qui l'accompagnaient firent perdre connaissance à la servante.

Il était deux heures du matin lorsqu'elle revint à elle et alla chercher la police. Le meurtrier était parti depuis longtemps, mais sa victime, incroyablement mutilée, gisait là au milieu de la petite rue. La canne, arme du crime, bien qu'elle fût d'un bois rare, résistant et massif, s'était rompue par le milieu sous la violence de cette cruauté forcenée, et l'une des moitiés brisées avait roulé dans le caniveau le plus proche, tandis que l'autre avait, sans doute, été emportée par le meurtrier. On trouva sur la victime un porte-monnaie et une montre en or, mais ni cartes ni papiers, juste une enveloppe cachetée et timbrée qu'il allait probablement mettre à la poste et qui portait le nom et l'adresse de Mr Utterson.

---

9. **to come to :** *reprendre conscience* après une période d'évanouissement.
10. **to mangle :** *écraser, mettre en pièces.*
11. **deed :** *acte* (généralement de valeur), mais ici, *forfait* ; cf. **a man of deeds** : *un homme d'action.*
12. **a purse... victim :** Stevenson veut montrer que le vol n'a pas été le motif du crime.

This was brought to the lawyer the next morning, before he was out of bed; and he had no sooner seen it[1], and been told the circumstances, than[1] he shot out a solemn lip[2]. "I shall say nothing till I have seen the body," said he; "this may be very serious. Have the kindness to wait while I dress." And with the same grave countenance, he hurried through his breakfast and drove[3] to the police station, whither[4] the body had been carried. As soon as he came into the cell, he nodded.

"Yes," said he, "I recognise him. I am sorry to say that this is Sir[5] Danvers Carew."

"Good God, sir !" exclaimed the officer, "is it possible ?" And the next moment his eye lighted up with professional[6] ambition. "This will make a deal[7] of noise," he said. "And perhaps you can help us to the man." And he briefly narrated what the maid had seen, and showed the broken stick.

Mr Utterson had already quailed at the name of Hyde; but when the stick was laid before him, he could doubt no longer: broken and battered as it was, he recognised it for one that he had himself presented[8] many years before to[8] Henry Jekyll.

"Is this Mr Hyde a person of small stature ?" he inquired.

"Particularly small and particularly wicked-looking, is what the maid calls him," said the officer.

Mr Utterson reflected; and then, raising[9] his head, "If you will come with me in my cab," he said, "I think I can take you to his house."

---

1. **no sooner... than :** comparatif normal de soon, adv., avec reprise **than**.
2. **to shoot out a lip :** *faire la moue*; le sens est modifié ici par l'adj. solemn.
3. **to drive, drove, driven :** *se transporter dans une voiture*, ici un *cab*.
4. **whither** ['hwiðər] : pron. relatif (ici), ou interrogatif, indique le lieu vers lequel on va, *là où, l'endroit où*. Dans la même veine archaïque, on trouve **hither**, *ici*, et **thither**, *là*, adverbes; cf. **hither and thither**, *çà et là*.
5. **Sir Danvers Carew :** titre de noblesse se rapportant à un **baronet** ou à un **knight** *(chevalier)*; on ne peut l'employer que sous cette forme, ou celle abrégée de **Sir Danvers**.
6. **professional :** redoublement de la consonne finale d'un mot auquel on ajoute un suffixe : a) pour les monosyllabiques, voir p. 62, note 6; pour les polysyllabiques, si l'avant-dernière

Celle-ci fut remise au notaire le lendemain matin, avant qu'il fût levé ; et il ne l'eut pas plus tôt vue, alors qu'on lui racontait les circonstances du meurtre, qu'il déclara d'un air solennel : « Je ne dirai rien tant que je n'aurai pas vu le corps ; c'est sans doute une affaire très sérieuse. Ayez la bonté de m'attendre pendant que je m'habille. » Et avec un visage également grave, il se hâta d'avaler son petit déjeuner, et se fit conduire en voiture au commissariat où l'on avait transporté le corps. Dès qu'il entra dans la cellule, il fit un signe de tête affirmatif.

« Oui, dit-il, je le reconnais. J'ai le regret de vous dire que c'est la dépouille de Sir Danvers Carew. »

« Mon Dieu ! monsieur, s'exclama l'agent, est-ce possible ? » et la minute d'après son œil s'éclaira sous l'effet de l'ambition professionnelle. « Cette affaire fera beaucoup de bruit, dit-il. Et peut-être pourrez-vous nous aider à retrouver le coupable.» Et il raconta brièvement ce que la bonne avait vu, en montrant le morceau de canne.

Mr Utterson s'était déjà senti troublé au nom de Hyde ; mais lorsqu'on lui présenta la canne, il ne put douter plus longtemps : toute cassée et endommagée qu'elle fût, il la reconnut comme celle qu'il avait lui-même offerte à Henry Jekyll plusieurs années auparavant.

« Ce Mr Hyde est-il un homme de petite taille ? » s'enquit-il.

« Singulièrement petit et d'aspect singulièrement sinistre, c'est ainsi que la servante le décrit », dit l'agent.

Mr Utterson réfléchit, puis, relevant la tête, il dit : « Si vous voulez bien m'accompagner dans mon fiacre, je pense pouvoir vous emmener chez lui. »

---

syllabe est accentuée, le redoublement ne se fait pas : ex. **profession** [prɔfeʃ(ə)n], **professional** ; **to prefer** [priˈfəːr], **preferred** ; exception, la consonne finale l pour laquelle le redoublement se fait toujours en anglais, mais pas en américain ; **to control** [kɔnˈtroul], **controlled** ; **to travel** [ˈtrav(ə)l], **travelled** (U.S. **traveled**).

7. **a deal of :** équivalent de **much** *(beaucoup)* ; toujours employé devant un nom singulier, parfois sous la forme accentuée, **a great deal of**.

8. **presented to : offered as a gift to**, *donné en cadeau à.*

9. **raising :** de **to raise**, verbe régul. transitif, *lever, soulever, dresser* ; ne pas confondre avec **to rise, rose, risen**, intransitif, *se lever, se dresser* : **the sun rises at six**, *le soleil se lève à six heures.*

It was by this time[1] about nine in the morning, and the first fog of the season. A great chocolate-coloured pall[2] lowered over heaven, but the wind was continually charging and routing these embattled[3] vapours ; so that as the cab crawled from street to street, Mr Utterson beheld a marvellous number of degrees and hues of twilight ; for here it would be dark like the back-end of evening ; and there would be a glow of a rich, lurid[4] brown, like the light of some strange conflagration[5] ; and here, for a moment, the fog would be[6] quite broken up, and a haggard[7] shaft of daylight would glance in between[8] the swirling wreaths. The dismal quarter of Soho seen under these changing glimpses, with its muddy ways, and slatternly passengers, and its lamps, which had never been extinguished or had been kindled afresh[9] to combat[10] this mournful reinvasion of darkness, seemed, in the lawyer's eyes, like a district of some city in a nightmare. The thoughts of his mind, besides, were of the gloomiest dye ; and when he glanced at the companion of his drive, he was conscious of some touch of that terror of the law and the law's officers which may at times assail the most honest.

As the cab drew up before the address indicated, the fog lifted a little and showed him a dingy street, a gin palace[11], a low French eating-house[12], a shop for the retail[13] of penny numbers and twopenny salads, many ragged children huddled in the doorways, and many women of many different nationalities passing out, key in hand, to have a morning glass[14] ; and the next moment the fog settled down again upon that part, as brown as umber, and cut him off from his blackguardly[15] surroundings.

---

1. **by this time :** forme emphatique pour **at this time**, pour mettre en relief tous les événements qui ont précédé ce moment particulier ; le français ne peut rendre la nuance.
2. **pall** [pɔːl] **:** le *drap funéraire* qui recouvre le cercueil ; cette image donne un ton sinistre à toute la description qui va suivre.
3. **embattled :** se dit de troupes alignées pour le combat.
4. **lurid :** adj., *de couleur vive* (litt.).
5. **conflagration :** en style soutenu, *un grand incendie.*
6. **would be :** forme fréquentative au passé = imparfait français.
7. **haggard :** 1) *sauvage* ; 2) (visage) *défait, décomposé* ; ici, 2e sens.
8. **glance in between :** *pénétrer à travers, en se frayant un passage parmi* (**between**) les volutes.

A ce moment-là il était environ neuf heures du matin, et le premier brouillard de la saison recouvrait la ville. Un grand voile funèbre brun-rouge descendait des cieux, mais le vent chargeait et dispersait sans trêve ces régiments de nuées, de telle sorte que, alors que le fiacre se traînait de rue en rue, Mr Utterson put admirer une merveilleuse palette de teintes crépusculaires ; ici tout était sombre comme à la fin d'une soirée, et là une riche et flamboyante couleur rousse embrasait le ciel comme la lueur de quelque étrange incendie ; puis, l'espace d'un instant, le brouillard se déchirait et un trait de lumière décomposée perçait les volutes tourbillonnantes. Le lugubre quartier de Soho vu sous ces lueurs changeantes, avec ses passages boueux, ses piétons misérables et ses réverbères que l'on n'avait pas encore éteints ou que l'on venait de rallumer pour combattre ce sinistre retour de l'obscurité, semblait figurer, aux yeux du notaire, la « zone » d'une ville cauchemardesque. De plus, ses pensées revêtaient les couleurs les plus sombres ; et lorsqu'il jetait un rapide coup d'œil sur celui qui l'accompagnait dans ce trajet, il ressentait un peu de cette terreur de la loi et de ses représentants, qui parfois peut accabler les gens les plus honnêtes.

Alors que le fiacre s'arrêtait à l'adresse donnée, le brouillard se leva un peu, découvrant une rue sordide, un assommoir, une gargote française, une boutique où l'on vendait des petits journaux à un sou et des salades à deux, de nombreux enfants déguenillés serrés les uns contre les autres sous les porches, et de nombreuses femmes de toutes nationalités sortant de chez elles, leur clé à la main, pour aller prendre leur premier verre ; puis, l'instant d'après, le brouillard, couleur terre de Sienne, retomba sur ce quartier, isolant le notaire de ces ignobles alentours.

---

9. **afresh :** forme littéraire de **again**.
10. **to combat = to fight** en style soutenu ; s'emploie presque toujours au sens figuré. Le vocabulaire poétique de toute cette page est à remarquer.
11. **a gin palace** (ou **gin-mill**) **:** en argot, *un bistrot rutilant*, mais employé ici par dérision.
12. **eating-house :** arch. pour **restaurant**.
13. **retail :** *vente au détail*.
14. **to have a morning glass :** allusion à l'alcoolisme si répandu à la fin du XIXe siècle en Angleterre parmi les femmes de la plus basse classe ; elles fréquentaient les **pubs**, leurs enfants déguenillés les attendaient sur le trottoir !
15. **blackguardly :** adj., de **blackguard**, nom, qui à l'origine désignait une souillon d'une grande maison ; d'où, *ignoble*, *vil*.

This was the home of Henry Jekyll's favourite ; of a man who was heir[1] to a quarter of a million sterling[2].

An ivory-faced and silvery-haired old woman opened the door. She had an evil face, smoothed by hypocrisy ; but her manners were excellent. Yes, she said, this was Mr Hyde's[3], but he was not at home ; he had been in that night very late, but had gone away again in less than an hour : there was nothing strange in that ; his habits were very irregular, and he was often absent ; for instance, it was nearly two months since she had seen him till yesterday.

"Very well then, we wish to see his rooms," said the lawyer ; and when the woman began to declare it was impossible, "I had better tell you[4] who this person is[5]," he added. "This is Inspector Newcomen of Scotland Yard[6]."

A flash of odious joy appeared upon the woman's face. "Ah !" said she, "he is in trouble ! What has he done ?"

Mr Utterson and the inspector exchanged glances. "He don't[7] seem a very popular character," observed the latter. "And now, my good woman, just let me and this gentleman have a look about us."

In the whole extent of the house, which but for[8] the old woman remained otherwise[9] empty, Mr Hyde had only used a couple of rooms ; but these were furnished with luxury and good taste. A closet was filled with wine[10] ; the plate was of silver, the napery elegant ; a good picture hung upon the walls, a gift[11] (as Utterson supposed) from Henry Jekyll, who was much of a connoisseur[12] ; and the carpets were of many plies and agreeable in colour.

---

1. **heir** [εər] **:** nom, *héritier* ; le **h** de heir n'étant pas aspiré, l'art. déf. employé devant ce nom sera **an**. La même particularité est valable pour **hour** et **honour** : **an hour**, **an honour**, mais, évidemment **a horse**.
2. **a (million) sterling :** nom invar., monnaie britannique ; **to pay in sterling**, *payer en livres (sterling)* ; cf. **pound sterling** : l'unité de monnaie britannique. A la fin du XIXe siècle, 250 000 livres sterling représentaient une énorme fortune.
3. **Mr Hyde's :** sous-entendu : **house, home.**
4. **I had better (tell you) :** expression défective, toujours au passé. Comme les autres défectifs, se construit avec l'infinitif sans to : *valoir mieux.*
5. **who this person is :** ce n'est pas une interrogation, d'où l'ordre des mots : relatif, sujet, verbe.
6. **Scotland Yard :** ancien quartier général de la police londo-

C'était là le repaire du favori de Henry Jekyll, d'un homme qui hériterait un jour d'un quart de million de livres.

Une vieille femme au teint jaune et aux cheveux argentés ouvrit la porte. La méchanceté, atténuée par l'hypocrisie, se peignait sur son visage, mais elle avait d'excellentes manières. Elle dit qu'en effet c'était bien le domicile de Mr Hyde, mais qu'il n'était pas chez lui ; il était rentré très tard la nuit dernière, mais était reparti moins d'une heure après, ce qui n'avait rien d'étonnant, car il était très irrégulier dans ses habitudes, et souvent absent ; par exemple, cela faisait presque deux mois hier qu'elle ne l'avait pas vu.

« Bon, très bien, nous voulons visiter son appartement », dit le notaire ; et lorsque la femme commença à affirmer que c'était impossible, « il vaut mieux que je vous dise qui est cette personne, ajouta-t-il. C'est l'inspecteur Newcomen, de Scotland Yard ».

Un éclair de joie mauvaise illumina le visage de la femme. « Ah ! dit-elle, il a des ennuis ! Qu'a-t-il fait ? »

Mr Utterson et l'inspecteur échangèrent un coup d'œil. « Il a pas l'air d'être très aimé, fit observer ce dernier. Et maintenant, ma bonne dame, permettez que ce monsieur et moi-même jetions un coup d'œil là autour. »

De toute cette maison qui, à l'exception de la vieille, était vide d'occupants, Mr Hyde n'avait occupé que deux pièces, mais celles-ci étaient meublées luxueusement et avec goût. Un placard était rempli de bonnes bouteilles ; la vaisselle était d'argent, le linge de table raffiné ; un tableau de maître était accroché au mur, don (comme le supposa Utterson) de Henry Jekyll, amateur éclairé en la matière ; des tapis de toutes textures et de coloris agréables couvraient le sol.

---

nienne, à Great Scotland Yard, au centre de Londres ; transféré en 1820 à New Scotland Yard sur les quais de la Tamise.

7. **he don't :** pour **he doesn't** ; l'inspecteur ne parle pas très correctement.

8. **but for = except for**, *à l'exception de.*

9. **otherwise :** adverbe, *autrement* ; renforce **but foe**.

10. **wine :** Stevenson, tout au long du récit, insiste sur la consommation de grands crus par la haute bourgeoisie. En effet, à cette époque, le vin était très cher, et pratiquement inconnu de la classe ouvrière ; ce n'est que depuis la Seconde Guerre mondiale que, grâce aux voyages à l'étranger à la portée de toutes les bourses, l'Anglais moyen est devenu un amateur éclairé et convaincu de cette boisson.

11. **a gift :** apposition à **picture** ; l'art. indéf. est obligatoire.

12. **connoisseur :** désigne un expert et grand amateur en art, musique, gastronomie...

At this moment, however, the rooms bore every mark of having been recently and hurriedly ransacked[1] ; clothes lay about the floor, with their pockets inside out ; lockfast[2] drawers stood open ; and on the hearth there lay a pile[3] of grey ashes, as though many papers had been burned. From these embers[4] the inspector disinterred the butt end[5] of a green cheque book, which had resisted the action of the fire ; the other half of the stick[6] was found behind the door ; and as this clinched his suspicions, the officer declared himself delighted. A visit to the bank, where several thousand pounds[7] were found to be lying to the murderer's credit, completed his gratification[8].

"You may depend upon it, sir," he told Mr Utterson. "I have him in my hand. He must have lost his head, or he never would have left the stick or, above all, burned the cheque book. Why[9], money's[10] life to the man. We have nothing to do but wait for him at the bank, and get out the handbills[11]."

This last, however, was not so easy of accomplishment ; for Mr Hyde had numbered few familiars — even the master of the servant-maid had only seen him twice ; his family could nowhere be traced ; he had never been photographed ; and the few who could describe him differed widely, as common observers will[12]. Only on one point were they agreed ; and that was the haunting sense of unexpressed deformity with which the fugitive impressed his beholders.

---

1. **to ransack :** 1) *fouiller de fond en comble* ; 2) sens, *dérober, piller.*
2. **lockfast :** adjectif, de **fast**, adjectif, *fermé*, et de **lock**, nom, *par une serrure.*
3. **pile** [pail] **:** *tas* ; distinguer de **heap** : un *tas d'objets* ou *de matière* toujours *amoncelés sans ordre* ; ex. **a pile of bricks**, *un tas de briques* bien arrangées les unes sur les autres ; **a heap of bricks**, *un amas de briques* jetées en désordre à bas d'un camion.
4. **embers :** des *cendres encore partiellement rouges.* Stevenson veut montrer que les papiers ont été brûlés récemment ; **ashes**, des *cendres froides.*
5. **the butt end :** *le bout restant* (**of a cigarette** : *un mégot*). Pour un carnet de chèques, on utilise habituellement le mot **stub**.

Toutefois, à ce moment précis, il était évident que les pièces venaient d'être hâtivement mises sens dessus dessous ; des vêtements aux poches retournées traînaient sur le plancher ; des tiroirs fermant à clé étaient restés ouverts et dans l'âtre un tas de cendres grises montrait qu'on y avait brûlé bon nombre de papiers. De ces cendres, l'inspecteur dégagea la souche d'un carnet de chèques vert qui avait résisté au feu ; derrière la porte ils trouvèrent l'autre moitié de la canne ; et comme cette découverte confirmait ses soupçons, le policier se déclara ravi. Une visite à la banque, où l'on découvrit que le compte du meurtrier était crédité de plusieurs milliers de livres, mit le comble à sa satisfaction.

« Vous pouvez être sûr, monsieur, dit-il à Mr Utterson, qu'il ne peut pas m'échapper. Il a dû perdre la tête, sinon il n'aurait jamais laissé traîner la canne ni surtout brûlé le carnet de chèques. Sapristi ! sans argent, il ne peut pas vivre. Nous n'avons qu'à l'attendre à la banque, et afficher les avis de recherche. »

Cela, cependant, ne fut pas facile à exécuter, car Mr Hyde ne comptait que peu de connaissances — même le maître de la jeune servante ne l'avait vu que deux fois ; nulle part on ne put lui découvrir de famille ; il n'avait jamais été photographié ; et les signalements donnés par quelques rares personnes différaient radicalement, ce qui arrive souvent lorsqu'il s'agit d'observateurs ordinaires. Ils ne s'accordaient que sur un point, à savoir ce sentiment obsédant d'anomalies impossibles à décrire, qui, chez le fugitif, accablait tous les témoins.

---

6. l'autre partie de la canne avait été oubliée par le meurtrier dans le caniveau près du cadavre.
7. **several thousand pounds :** dozen, hundred et **thousand** sont invariables quand ils sont précédés d'un nombre précis (**three thousand soldiers**), ou de **several** (ici). Ils se mettent au pluriel lorsqu'ils sont pris dans le sens général, et suivis de **of** (**thousands of animals**, *des milliers d'animaux*).
8. **gratification :** ce qui provoque la *satisfaction* ; rarement employé dans le sens français de *pot-de-vin*, *pourboire* : **tip**.
9. **why ! :** exclamation, *eh bien !* ne pas confondre avec l'interrogatif **why ?**, *pourquoi ?*
10. **money's** = money is.
11. **handbills :** petites affiches décrivant un malfaiteur et placardées partout pour obtenir des renseignements pouvant mener à son arrestation. C'est le fameux **wanted for murder** *(recherché pour meurtre)* des westerns américains.
12. **will :** forme fréquentative au présent ; **will describe**, *décrivent habituellement*.

## Incident of the Letter

It was late in the afternoon when Mr Utterson found his way to Dr Jekyll's door, where he was at once admitted by Poole, and carried down by the kitchen offices[1] and across a yard which had once been a garden, to the building which was indifferently known as the laboratory or the dissecting-rooms. The doctor had bought the house from the heirs[2] of a celebrated surgeon; and his own tastes being rather chemical than anatomical, had changed the destination of the block at the bottom of the garden. It was the first time that the lawyer had been received in that part of his friend's quarters[3]; and he eyed[4] the dingy windowless structure with curiosity, and gazed round with a distasteful sense of strangeness as he crossed the theatre[5], once crowded with eager[6] students and now lying gaunt[7] and silent, the tables laden[8] with chemical apparatus[9], the floor strewn with crates[10] and littered with packing straw, and the light falling dimly through the foggy cupola. At the further end, a flight of stairs[11] mounted to a door covered with red baize[12]; and through this Mr Utterson was at last received into the doctor's cabinet. It was a large room, fitted round with glass presses[13], furnished, among other things, with a cheval-glass[14] and a business table, and looking out upon the court by three dusty windows barred with iron.

---

1. **kitchen offices : offices**, nom plur., pièces autres que le salon, la salle à manger et les chambres ; les travaux domestiques y sont effectués.
2. **the** [ðiː] **heirs :** cf. p. 68, note 1.
3. **quarters :** *lieu où l'on réside, logement.*
4. **to eye :** *regarder avec attention, lorgner.*
5. **theatre :** pour **operating-theatre** ; pièce où l'on pratique les opérations chirurgicales.
6. **eager** [ˈiːgər] **:** *ardents, très intéressés.*
7. **gaunt :** pour les gens, *maigre, décharné* ; pour les lieux, *lugubre, désolé.*
8. **laden :** de **to lade, laded, laden**, *charger* ; même origine que **to load**, rég. ; **laden** est sans doute plus insistant et plus littéraire que **loaded**.
9. **apparatus :** pl. **apparatus** ou **apparatuses** (rare) : *ensemble de machines, outils* ou *appareils* pour un usage déterminé, *appareillage.*

Vers la fin de cet après-midi là, Mr Utterson se rendit chez le Dr Jekyll auprès duquel Poole le conduisit aussitôt, à travers les cuisines et leurs dépendances, et une cour qui avait jadis été un jardin, jusqu'au bâtiment que l'on appelait indifféremment le laboratoire ou les salles de dissection. Le docteur avait acheté cette maison aux héritiers d'un chirurgien célèbre ; et comme ses propres goûts le portaient davantage vers la chimie que vers l'anatomie, il avait changé la destination de la construction située au fond du jardin. C'était la première fois que le notaire était reçu dans cette partie de la résidence de son ami ; il considéra avec curiosité la bâtisse crasseuse et sans fenêtre ; et, animé d'un sentiment désagréable d'étrangeté, il embrassa d'un long regard circulaire la salle d'opération qu'il traversait, jadis occupée par une foule d'étudiants passionnés pour l'étude, maintenant désolée et silencieuse, avec ses tables encombrées de matériel de chimie, son plancher couvert de caisses et jonché de paille d'emballage ; cette salle, éclairée par une faible lumière filtrant à travers la coupole était envahie par le brouillard. A l'autre extrémité, un escalier menait à une porte matelassée de reps rouge, par laquelle Mr Utterson fut enfin introduit dans le cabinet du docteur. C'était une vaste pièce garnie sur tout son pourtour d'armoires vitrées, et meublée, entre autres choses, d'une psyché et d'un bureau ; elle donnait sur la cour par trois fenêtres recouvertes de poussière et garnies de barreaux de fer.

---

10. **crate :** *caisse* en bois *à claire-voie* pour le transport de fruits, légumes, etc.
11. **a flight of stairs :** *volée d'escalier* (la partie qui s'élève d'un palier à l'autre).
12. **baize :** tissu d'ameublement, généralement vert, utilisé pour recouvrir les tables de billard, etc., ou pour le capitonnage et l'insonorisation des portes.
13. **press :** *armoire* avec tiroirs et cintres pour ranger les vêtements. Ici, ce n'est pas l'usage qu'en fait Jekyll.
14. **cheval-glass :** *glace* mobile, de la hauteur d'une personne, montée sur un châssis à pivots.

The fire burned in the grate[1]; a lamp was set lighted[2] on the chimney-shelf[3], for even in the houses the fog began to lie thickly; and there, close up to the warmth, sat Dr Jekyll, looking deadly sick. He did not rise to meet his visitor, but held out a cold hand and bade[4] him welcome in a changed voice.

"And now," said Mr Utterson, as soon as Poole had left them, "you have heard the news[5]?"

The doctor shuddered. "They[6] were crying it in the square," he said. "I heard them in my dining room."

"One word," said the lawyer. "Carew was my client, but so are you; and I want to know what I am doing. You have not been mad enough to hide this fellow?"

"Utterson, I swear to God," cried the doctor, "I swear to God I will never set eyes on him again. I bind my honour to you[7] that I am done with him[8] in this world. It is all at an end. And indeed he does not want my help; you do not know him as I do; he is safe, he is quite safe; mark my words, he will never more be heard of[9]."

The lawyer listened gloomily; he did not like his friend's feverish manner. "You seem pretty sure of him," said he; "and for your sake, I hope you may be right. If it came to a trial, your name might appear[10]."

"I am quite sure of him," replied Jekyll; "I have grounds[11] for certainty that I cannot share with any one. But there is one thing on which you may advise me. I have — I have received a letter; and I am at a loss[12] whether[13] I should show it to the police.

---

1. **grate :** *grille*, pour retenir le charbon dans une cheminée.
2. **lighted : to light**, *allumer*; a deux participes passés : **lit** et **lighted**; plutôt employé comme épithète; la phrase pourrait donc être : **a lighted lamp was set on...**
3. **chimney-shelf** = **mantelpiece**; la tablette au-dessus de la cheminée.
4. **to bid, bade** ou **bid, bidden** ou **bid :** 1) *commander*; 2) *inviter, prier, souhaiter*; ce verbe commande l'infinitif sans **to** : **I bade him come**, *je lui ai demandé de venir.*
5. **the news :** nom plur. inv. s'écrit toujours avec un **s**, sens sing. ou plur.; ex. : **to break the news**, *annoncer la nouvelle*; **the news is good**, *les nouvelles sont bonnes.* Le sens étant généralement collectif, on emploie **a piece of news** pour *une nouvelle* bien particulière.
6. **« they » :** les vendeurs de journaux qui vendent les éditions du soir en courant et en criant dans les rues.

Un feu brûlait dans l'âtre ; une lampe allumée était posée sur le dessus de la cheminée, car, même à l'intérieur des maisons, une couche épaisse de brouillard commençait à s'amasser ; et là, dans la chaleur des flammes, le Dr Jekyll était assis, paraissant horriblement malade. Il ne se leva pas pour accueillir son visiteur, se contentant de lui tendre une main glacée, et lui souhaita la bienvenue d'une voix altérée.

« Et maintenant », dit Mr Utterson, dès que Poole les eut laissés seuls, « vous connaissez la nouvelle ? »

Le docteur frissonna. « On l'a criée aux quatre coins de la place, dit-il. J'ai entendu les crieurs de journaux depuis la salle à manger. »

« Juste un mot, dit le notaire. Carew était mon client au même titre que vous ; et j'ai besoin de savoir où j'en suis. Vous n'avez pas été assez insensé pour cacher cet individu ? »

« Utterson, je vous le jure devant Dieu, s'écria le docteur, je vous jure que je ne poserai jamais plus les yeux sur lui. Je vous donne ma parole d'honneur que j'en ai fini avec lui dans ce monde. J'ai définitivement rompu avec cet homme. En fait, il n'a pas besoin que je l'aide ; vous ne le connaissez pas comme moi ; il est en sûreté, tout à fait en sûreté ; rappelez-vous ce que je vais vous dire : personne n'en entendra jamais plus parler. »

Le notaire l'écouta d'un air sombre ; il n'appréciait pas l'attitude fébrile de son ami. « Vous semblez bien sûr de lui, dit-il ; j'espère pour vous que vous avez peut-être raison. Si jamais Hyde passait en jugement, vous seriez sans doute impliqué dans l'affaire. »

« Je réponds totalement de lui, répondit Jekyll ; j'ai de bonnes raisons pour en être certain, mais je ne puis les exposer à quiconque. Toutefois il y a un point particulier sur lequel vous pouvez peut-être me conseiller. J'ai... oui, j'ai reçu une lettre ; et je me demande si je devrais ou non la montrer à la police.

---

7. **to bind one's honour to somebody :** *garantir, promettre formellement qqch à qqun sur son honneur.*
8. **I am done with him** = I am through with him, *j'en ai fini avec lui.*
9. **to hear of** or about somebody **:** *entendre parler de qqun* ; to hear from sb, *recevoir des nouvelles de la personne elle-même.*
10. m. à m. *il se pourrait que votre nom apparaisse.*
11. **grounds :** cf. on the grounds of = because, *parce que.*
12. **I am at a loss :** *je suis perdu, je ne sais que faire.*
13. **whether :** interr. indir., *si*, avec deux solutions possibles.

I should like to leave it in your hands, Utterson ; you would judge wisely, I am sure ; I have so great a trust[1] in you."

"You fear[2], I suppose, that it might lead[2] to his detection ?" asked the lawyer.

"No," said the other. "I cannot say that I care what becomes of Hyde[3] ; I am quite done with him. I was thinking of my own character[4], which this hateful business has rather exposed."

Utterson ruminated awhile ; he was surprised at his friend's selfishness, and yet relieved by it. "Well," said he, at last, "let me see the letter."

The letter was written in an odd[5], upright hand[6], and signed "Edward Hyde" : and it signified, briefly enough, that the writer's benefactor, Dr Jekyll, whom he had long so unworthily repaid for a thousand generosities, need[7] labour under no alarm for his safety as he had means of escape on which he placed a sure dependence. The lawyer liked this letter well enough ; it put a better colour on the intimacy than he had looked for, and he blamed himself for some of his past suspicions.

"Have you the envelope ?" he asked.

"I burned it[8]," replied Jekyll, "before I thought what I was about[9]. But it bore no postmark. The note was handed in."

"Shall I keep this and sleep upon[10] it ?" asked Utterson.

"I wish you to judge for me entirely," was the reply. "I have lost confidence[11] in myself."

"Well, I shall consider," returned the lawyer. "And now one word more : it was Hyde who dictated the terms in your will about that disappearance ?"

---

1. **so great a trust :** lorsqu'un adj. **(great)** qualifiant un nom **(trust)** est modifié par **so** *(si, tellement)*, l'ordre des mots est toujours au sing. : **so** + adj. + art. indéf. + nom. Cf. **such**, ⚠ à l'ordre des mots : **such a great trust** ; avec un nom au plur., on emploie uniquement **such** : **such expensive items sell very well**, *des articles aussi chers se vendent fort bien.*
2. **you fear... might lead :** après les verbes exprimant la crainte, le subjonctif se rend grâce à **should** ou **might**.
3. **what becomes of Hyde : what**, sujet sing. de **becomes** (valeur de futur) : *la chose qui, ce qui, lui adviendra.*
4. **character :** *réputation* ; ex. **they tried to damage his character**, *on a essayé de nuire à sa réputation.*
5. **odd = unusual**, *inhabituelle, très peu courante.*
6. **hand :** abréviation de **handwriting**, *écriture.*

J'aimerais vous la confier, Utterson ; je suis certain que votre opinion serait empreinte de sagesse ; j'ai tellement confiance en vous. »

« Je suppose que vous craignez que cette lettre le fasse découvrir ? » demanda le notaire.

« Non, dit son interlocuteur, car je me moque éperdument de ce qui peut arriver à Hyde ; j'en ai bien fini avec lui. Je pensais à ma propre réputation que cette odieuse affaire n'a pas manqué de compromettre. »

Utterson réfléchit un moment ; l'égoïsme de son ami le surprenait et le soulageait à la fois. « Fort bien, dit-il à la fin, montrez-moi cette lettre. »

La lettre, signée « Edward Hyde », était écrite d'une écriture droite bien curieuse ; elle signifiait, en assez peu de mots, que le bienfaiteur du signataire, le Dr Jekyll, à qui il avait pendant longtemps bien mal témoigné sa gratitude pour les si nombreuses générosités à son égard, n'avait pas lieu de s'inquiéter pour sa sécurité, car il avait des moyens de s'en tirer auxquels il pouvait entièrement se fier. Le contenu de cette lettre plut assez au notaire car elle présentait l'intimité entre ces deux hommes sous un meilleur jour qu'il ne s'y était attendu ; et il se reprocha certains de ses soupçons passés.

« Avez-vous l'enveloppe ? » demanda-t-il.

« Je l'ai brûlée, répondit Jekyll, sans penser à ce que je faisais. En tout cas, elle ne portait pas le cachet de la poste. Ce billet avait été apporté à domicile. »

« Je vais l'emporter n'est-ce pas ? et la nuit portera conseil », dit Utterson.

« Je souhaite que vous en soyez entièrement juge à ma place », fut la réponse. « J'ai, en ce qui me concerne, perdu toute confiance en moi-même. »

« Fort bien, j'y réfléchirai, rétorqua le notaire. Et maintenant, encore un mot : c'est bien Hyde qui a dicté les termes de votre testament concernant cette fameuse disparition ? »

---

7. **need :** ce verbe peut être traité comme un défectif : il n'a alors que la forme **need**, au présent et au prétérit ; comme les autres défectifs, il ne prend pas d'**s** à la 3e pers. du sing., il se construit avec l'infinitif sans **to** : **he need not work so hard**, *il n'a pas besoin de travailler si dur.*
8. **burned :** forme rare du prétérit de **to burn (burnt,burnt)**.
9. **what I was about = what I was doing**, *ce que je faisais.*
10. *dormir dessus.*
11. **confidence ▲ :** le plus souvent : **trust**, *confiance.*

The doctor seemed seized with a qualm[1] of faintness; he shut his mouth tight[2] and nodded.

"I knew it," said Utterson. "He meant to murder you. You have had a fine escape."

"I have had what is far more to the purpose," returned the doctor solemnly: "I have had a lesson — O God, Utterson, what a lesson I have had!" And he covered his face for a moment with his hands.

On his way out, the lawyer stopped and had a word or two with Poole. "By the by[3]," said he, "there was a letter handed in today: what was the messenger like[4]?" But Poole was positive nothing had come except by post; "and only circulars by that," he added.

This news sent off the visitor with his fears renewed. Plainly the letter had come by the laboratory door; possibly, indeed, it had been written in the cabinet; and, if that were so, it must be differently judged, and handled with the more caution[5]. The news boys, as he went, were crying themselves hoarse[6] along the footways: "Special edition. Shocking murder of an M.P.[7]" That was the funeral oration of one friend and client; and he could not help a certain apprehension lest[8] the good name of another should[8] be sucked down in the eddy of the scandal[9]. It was, at least, a ticklish[10] decision that he had to make; and, self-reliant as he was by habit, he began to cherish a longing for advice[11]. It was not to be had directly; but perhaps, he thought, it might be fished for.

---

1. **qualm:** temporary feeling of sickness, *malaise passager.*
2. **tight:** *il ferma la bouche en serrant fortement les lèvres*; **tight**, ici, est un adverbe.
3. **by the by** (ou **bye**) = by the way, qui est d'un usage plus courant; sert à introduire un nouveau sujet dans la conversation.
4. **what was the messenger like:** pour demander une description de qqun, de son aspect physique ou de son comportement, **like** rejeté à la fin de la phrase.
5. **the more caution** = all the more caution, *d'autant plus de précaution*; cette construction est plus rare avec un nom **(caution)** qu'avec un adjectif.
6. **crying themselves hoarse:** contraction anglaise très remarquable pour: crying until they became hoarse, *criant jusqu'à en devenir aphones*; to read oneself blind, *lire à s'en rendre aveugle.*

Le docteur parut saisi d'un malaise proche de l'évanouissement, il serra les lèvres et acquiesça d'un signe de tête.

« J'en étais sûr, dit Utterson. Il avait l'intention de vous assassiner. Vous l'avez échappé belle. »

« J'ai eu surtout une chance qui portera ses fruits, répondit le docteur d'un ton solennel. Cela m'a donné une leçon — par Dieu, Utterson, quelle leçon cela m'a donné ! » Et pendant un moment il se cacha le visage dans les mains.

Alors qu'il sortait, le notaire s'arrêta pour échanger quelques mots avec Poole. « A propos, dit-il, on a apporté une lettre aujourd'hui : à quoi ressemblait le porteur ? » Mais Poole était sûr et certain que rien n'était arrivé autrement que par la poste, « et encore », ajouta-t-il, « il s'agissait seulement de quelques circulaires ».

Cette information plongea à nouveau le visiteur dans l'inquiétude. De toute évidence la lettre avait été remise à la porte du laboratoire ; peut-être même avait-elle été écrite dans le cabinet ; et s'il en était ainsi il fallait l'apprécier de manière toute différente et l'interpréter avec d'autant plus de prudence. Sur son chemin, les petits crieurs de journaux, tout le long des trottoirs, hurlaient à en perdre la voix : « Édition spéciale. Meurtre révoltant d'un membre du Parlement. » C'était là l'oraison funèbre d'un ami et client ; et le notaire ne pouvait s'empêcher de ressentir une certaine appréhension à l'idée que la réputation d'une autre de ses relations pût être entraînée dans les remous provoqués par ce scandale. C'était, du moins, une décision bien délicate qu'il avait à prendre ; et alors que c'était son habitude de ne jamais compter que sur lui-même, il commença à éprouver le désir de solliciter un conseil ; pas de façon directe, mais peut-être, pensa-t-il, par des moyens détournés.

---

7. **M.P.** ['em'pi] **: member of Parliament :** membre élu de la Chambre des Communes = *député*. On dit **an M.P.** parce que l'art. indéf. précède phonétiquement une voyelle : [empi].
8. **lest... should : lest** exprime la crainte, de même que **in case (that)**, **for fear (that)**, et commande le subjonctif **should** ; toutefois après **in case (that)** on peut employer l'indicatif.
9. **sucked down... scandal :** *aspiré dans le tourbillon du scandale.*
10. **ticklish :** de **to tickle**, *chatouiller* ; d'où deux sens : *chatouilleux* et *délicat, difficile.*
11. **advice :** mot dit « indénombrable », toujours au singulier dans le sens collectif : **the advice he gives me**, *les conseils qu'il me donne* ; *un conseil* : **a piece of advice**. Les mots : **information** *(renseignements)*, **progress** *(progrès)*, **knowledge** *(connaissances)*, **evidence** *(preuves)*, etc., sont du même type.

Presently after, he sat on one side of his own hearth, with Mr Guest, his head clerk, upon the other, and midway between[1], at a nicely calculated distance from the fire, a bottle of a particular old wine that had long dwelt unsunned[2] in the foundations of his house. The fog still slept on the wing[3] above the drowned city[4], where the lamps glimmered[5] like carbuncles[6] ; and through the muffle and smother[7] of these fallen clouds, the procession of the town's life[8] was still rolling in through the great arteries with a sound as of a mighty wind. But the room was gay with firelight. In the bottle the acids were long ago resolved ; the imperial dye[9] had softened with time, as the colour grows richer in stained windows ; and the glow of hot autumn afternoons on hillside vineyards was ready to be set free and to disperse the fogs of London. Insensibly the lawyer melted[10]. There was no man from whom he kept fewer secrets than Mr Guest ; and he was not always sure that he kept as many as he meant. Guest had often been on business to the doctor's ; he knew Poole ; he could scarce have failed to hear of Mr Hyde's familiarity about the house ; he might draw conclusions : was it not as well, then, that he should see[11] a letter which put that mystery to rights[12] ? and above all, since Guest, being a great student and critic of handwriting, would consider the step natural and obliging ? The clerk, besides, was a man of counsel[13] ; he would scarce read so strange a document without dropping a remark ; and by that remark Mr Utterson might shape his future course.

---

1. **midway between :** *à mi-chemin entre.*
2. **unsunned :** forme négative du verbe **to sun** : *exposer aux rayons du soleil* ; mot sans doute inventé par Stevenson, plus concis ou poétique que la forme négative du verbe.
3. **slept on the wing :** expression poétique ; le brouillard est comparé à un oiseau.
4. **the drowned city :** légère contradiction entre la position du brouillard **above the city** et le fait que la ville y soit engloutie.
5. **glimmered :** en style soutenu **to glimmer** : *briller* (faiblement) ; l'un des nombreux verbes anglais à radical **gl**, décrivant une lumière : **to glare** *(briller de manière éblouissante)*, **to gleam** *(luire)*, **to glow** *(rougeoyer)*, **to glisten**, **to glint**, **to glitter** *(étinceler)*, etc.
6. **carbuncle :** variété de *grenat* (**garnet**) ; pierre précieuse rouge foncé.

Peu de temps après, il se retrouva assis, chez lui, d'un côté de la cheminée, en compagnie de Mr Guest, son premier clerc, installé de l'autre, et entre eux deux, à distance savamment calculée du feu, trônait une bouteille d'un très vieux vin, remontée après un long séjour dans les caves obscures de sa maison.

Le brouillard planait encore au-dessus de la cité submergée, les lampadaires brillaient comme des escarboucles, et malgré ces nuées descendues du ciel pour étouffer et assourdir tous les bruits, le défilé vivant de la métropole continuait à avancer le long de ses grandes artères avec le grondement d'un vent puissant. Mais la pièce, elle, était égayée par la lueur des flammes. Dans la bouteille, les acides s'étaient depuis longtemps dissous ; la majestueuse coloration avait mûri avec le temps, tout comme, à la longue, les tons d'un vitrail deviennent plus éclatants ; et le rayonnement des chauds après-midi de l'automne, baignant les vignobles au flanc des côteaux, allait être libéré pour chasser les brouillards londoniens. Peu à peu le notaire se détendit. Pour Mr Guest il ne gardait que peu de secrets ; et encore n'était-il jamais sûr d'en garder autant qu'il l'aurait désiré. Les affaires avaient souvent conduit Guest chez le docteur ; il connaissait Poole ; il ne pouvait ignorer que Mr Hyde fréquentait cette maison ; il avait fort bien pu en tirer des conclusions : n'était-il donc pas souhaitable qu'il vît la lettre qui jetait un jour nouveau sur ce mystère ? et surtout, étant donné que Guest était grand spécialiste et expert en matière de graphologie, il examinerait ce document tout naturellement pour rendre service au notaire. En outre, le premier clerc était un homme de bon conseil ; il ne lirait pas une pièce aussi étrange sans l'accompagner d'une remarque ; et c'est d'après cette remarque que Mr Utterson déterminerait peut-être sa future ligne de conduite.

---

7. **the muffle and smother :** ces deux noms ont été créés par Stevenson, à partir des verbes correspondants.
8. **the town's life :** emploi inusité du cas possessif : personnification de la grande métropole.
9. **dye :** pris ici dans le sens de couleur (**hue**, **tint**, etc.) et non dans le sens de teinture.
10. **melted :** *fondit* ; analogie entre les brumes qui se *dissipent* (**melt**) sous l'influence du chaud soleil d'automne et les craintes du notaire, sous l'effet du bon vin.
11. **that he should see :** subjonctif commandé par la locution impersonnelle : **was it not as well.**
12. **which put that mystery to rights :** style soutenu ; *qui arrange, mette ce mystère en ordre.*
13. **counsel** = **advice** ; *conseil*, en style soutenu.

"This is a sad business about Sir Danvers[1]," he said.

"Yes, sir, indeed. It has elicited[2] a great deal of public feeling," returned Guest. "The man, of course, was mad."

"I should like to hear your views on that," replied Utterson. "I have a document here in his handwriting ; it is between ourselves, for I scarce[3] know what to do about it ; it is an ugly business at the best[4]. But there it is ; quite in your way : a murderer's autograph."

Guest's eyes brightened, and he sat down at once and studied it with passion. "No, sir", he said ; "not mad ; but it is an odd hand."

"And by all accounts[5] a very odd writer," added the lawyer.

Just then the servant entered with a note.

"Is that from Dr Jekyll, sir ?" inquired the clerk. "I thought I knew the writing. Anything private, Mr Utterson ?"

"Only an invitation to dinner. Why ? Do you want to see it ?"

"One moment. I thank you, sir" ; and the clerk laid the two sheets of paper alongside and sedulously[6] compared their contents[7]. "Thank you, sir", he said at last, returning both ; "it's a very interesting autograph."

There was a pause, during which Mr Utterson struggled with himself. "Why did you compare them, Guest ?" he inquired suddenly.

"Well, sir," returned the clerk, "there's a rather singular resemblance[8] ; the two hands are in many points identical ; only differently sloped."

---

1. **Sir Danvers :** cf. p. 64, note 5.
2. **elicited** [i'lisitid] **:** to elicit : *faire sortir, mettre en lumière.*
3. **scarce :** adv. mis pour **scarcely** ; peut-être pour donner plus de concision à la phrase.
4. **at the best** = to put it in the best light, *pour présenter les choses sous leur meilleur* (ou plutôt sous leur moins mauvais) *jour.*
5. **by all accounts** = in the opinion of most people, *de l'opinion de la plupart.*
6. **sedulously** ['sedjuləsli] **:** adv., style très soutenu, *de façon sérieuse et assidue* ; synonymes courants : **industrious, diligent.**

« C'est une bien triste affaire que celle de Sir Danvers », dit-il.

« Oh oui, monsieur, c'est bien vrai. Elle a fait naître une forte émotion dans le public, répondit Guest. Il est évident que l'assassin était un fou. »

« J'aimerais avoir votre avis là-dessus, repartit Utterson. J'ai ici un document écrit de sa main — ceci strictement entre nous — et je ne sais guère ce que je dois en faire ; c'est une sale affaire, pour ne pas dire pis. Tenez, le voici ; et bien dans vos cordes. C'est l'autographe d'un assassin. »

Les yeux de Guest s'allumèrent, et il s'installa immédiatement pour analyser la lettre avec passion. « Non, monsieur, dit-il, il ne s'agit pas d'un fou ; mais ce n'en est pas moins une écriture bizarre. »

« Et, de l'opinion de tous, celui qui l'a écrite est bien bizarre aussi », ajouta le notaire.

A ce moment précis le domestique entra, apportant un message.

« Est-ce là une communication du Dr Jekyll, monsieur ? demanda le clerc. J'ai cru reconnaître son écriture. Rien de confidentiel, monsieur Utterson ? »

« Non, non, seulement une invitation à dîner. Pourquoi ? Voulez-vous l'examiner ? »

« Juste une minute. Merci monsieur » ; et le clerc posa côte à côte les deux feuilles de papier et en compara attentivement les contenus. « Je vous remercie, monsieur », dit-il à la fin, en rendant les deux documents ; « c'est un autographe bien intéressant. »

Il y eut une pose, pendant laquelle Mr Utterson se débattit avec ses pensées. « Pourquoi les avez-vous comparés, Guest ? » demanda-t-il à brûle-pourpoint.

« Ma foi, monsieur, répondit le clerc, ils se ressemblent assez singulièrement ; les deux écritures sont identiques sur plus d'un point ; seule l'inclinaison diffère. »

---

7. **their contents** [kən'tənts] **:** nom plur. inv. ; 1) (ici) les *choses contenues*, le *contenu*, le *texte* ; **the contents of a box**, *le contenu d'une boîte* ; 2) **(table of) contents** : la liste des choses contenues dans un livre, la *table des matières*.
8. **resemblance** [rə'zembləns] **:** nom, de **to resemble** ; ⚠ l'orthographe et pour le verbe, la construction directe du complément d'objet : **to resemble somebody**, *ressembler à qqun*.

"Rather quaint[1]," said Utterson.

"It is, as you say, rather quaint," returned Guest.

"I wouldn't speak of this note, you know," said the master.

"No, sir," said the clerk. "I understand."

But no sooner was Mr Utterson alone that night than he locked the note into[2] his safe, where it reposed from that time forward. "What !" he thought. "Henry Jekyll forge[3] for a murderer !" And his blood ran cold in his veins.

## Remarkable Incident of Dr Lanyon

Time ran on ; thousands of pounds were offered in reward, for the death of Sir Danvers was resented as a public injury[4] ; but Mr Hyde had disappeared out of the ken[5] of the police as though[6] he had never existed. Much of his past was unearthed[7], indeed, and all disreputable : tales came out of the man's cruelty, at once[8] so callous and violent[9], of his vile life, of his strange associates, of the hatred that seemed to have surrounded his career ; but of his present whereabouts[10], not a whisper[11]. From the time he had left the house in Soho on the morning of the murder, he was simply blotted out[12] ; and gradually, as time drew on, Mr Utterson began to recover from the hotness of his alarm, and to grow more at quiet with himself.

---

1. **quaint :** *bizarre* ; synonymes : odd, queer, strange.
2. **into :** insiste sur la pénétration ; *jusqu'au fond* de son *coffre* **(safe)**, pour plus de sécurité.
3. **to forge :** *copier, imiter* un document, un billet de banque, un tableau, à des fins frauduleuses ; nom : **a forgery**, *un faux.*
4. **injury ▲ :** 1) ici, un *mal*, une *atteinte* ; 2) une *blessure physique*, dans un accident ; *une injure* : an abuse, an insult.
5. **the ken :** *la connaissance et la compréhension, la compétence* ; vient d'un ancien terme de dialecte écossais : **to ken = to know**, *connaître.*
6. **as though** = as if, *comme si* ; **though** remplace aussi **if** dans l'expression **even though**, *même si.*

« Plutôt bizarre », dit Utterson.

« Comme vous le dites, monsieur, c'est plutôt bizarre », répondit Guest.

« A votre place, je ne parlerais de cette lettre à qui que ce soit », dit le patron.

« Non, monsieur, dit le clerc. Je comprends parfaitement. »

Dès que Mr Utterson se retrouva seul ce soir-là, il enferma la lettre au fond de son coffre d'où elle ne devait plus sortir désormais. « Quoi ! pensa-t-il. Henry Jekyll faire un faux pour couvrir un assassin ! » Et son sang se glaça dans ses veines.

## *Le remarquable incident du Dr Lanyon*

Les jours passèrent ; une récompense de plusieurs milliers de livres fut offerte, car la mort de Sir Danvers fut ressentie comme une offense publique ; mais Mr Hyde avait disparu du champ d'investigation de la police, comme s'il n'avait jamais existé. On mit au grand jour une bonne partie de son passé, qui, vraiment, était bien peu recommandable ; on révéla des histoires illustrant la cruauté de cet individu, à la fois si violent et si endurci ; on dévoila les abominations de sa vie, ses étranges partenaires, la haine qui semblait l'avoir accompagné partout au cours de son existence ; mais, sur les lieux où, à présent, il pouvait bien se cacher, pas un mot. A la minute même où il avait quitté la maison de Soho le matin du meurtre, il s'était purement et simplement volatilisé ; et peu à peu, tandis que les jours s'écoulaient, Mr Utterson commença à se remettre de l'alerte qui avait été chaude, et à recouvrer sa paix intérieure.

---

7. **unearthed :** sens concret : *déterré* ; sens abstrait : *découvert, révélé.*
8. **at once :** 1) *immédiatement, sans retard* ; 2) (ici) *en même temps, à la fois.*
9. **so callous and violent :** l'ordre des adj. a été inversé dans la traduction.
10. **whereabouts :** sing. ou plur., *endroit où l'on est.*
11. **of his present whereabouts, not a whisper :** m. à m. *quant à ses lieux actuels, pas un murmure.*
12. **to blot out :** *cacher, effacer à la vue.*

The death of Sir Danvers was, to his way of thinking, more than paid for[1] by the disappearance of Mr Hyde. Now that that evil influence had been withdrawn, a new life began for Dr Jekyll. He came out of his seclusion, renewed relations with his friends, became once more their familiar guest[2] and entertainer[3]; and whilst[4] he had always been known for charities, he was now no less distinguished for religion. He was busy, he was much in the open air, he did good; his face seemed to open and brighten, as if with an inward consciousness of service; and for more than two months the doctor was at peace.

On the 8th of January Utterson had dined at the doctor's[5] with a small party; Lanyon had been there; and the face of the host[6] had looked from one to the other as in the old days when the trio were inseparable friends. On the 12th, and again on the 14th, the door was shut against the lawyer[7]. "The doctor was confined to the house," Poole said, "and saw no one[8]." On the 15th he tried again, and was again refused; and having now been used for the last two months to see his friend almost daily, he found this return of solitude to weigh upon his spirits. The fifth night he had in Guest[9] to dine with him; and the sixth he betook himself to[10] Dr Lanyon's.

There at least he was not denied admittance[11]; but when he came in, he was shocked at the change which had taken place in the doctor's appearance. He had his death-warrant written legibly upon his face.

---

1. **paid for :** to pay for something, *payer quelque chose*; **I'll pay for the dinner**, *c'est moi qui paierai le dîner*; mais *payer une somme*, **to pay money, the £ 10 he has borrowed**, *rendre l'argent, les 10 livres empruntées*; aussi : **to pay attention**, *faire attention.*
2. **guest :** la personne reçue, l'*invité.*
3. **entertainer :** *hôte*; de **to entertain** : 1) ici, *recevoir des amis*, les *loger*, les *nourrir*; 2) *amuser, divertir* : **his pranks entertain the children**, *ses tours amusent les enfants.*
4. **whilst :** forme littéraire de **while**, *alors que.*
5. **at the doctor's :** sous-entendu **house**, *dans la maison du docteur*; cf. 11 lignes plus bas : **to Dr Lanyon's**, *chez le Dr Lanyon.*
6. **host** = entertainer, cf. note 3; le contraire de **guest**, cf. note 2.

La mort de Sir Danvers avait, selon sa façon de penser, été plus que compensée par la disparition de Mr Hyde. Maintenant que le Dr Jekyll avait été soustrait à cette influence pernicieuse, une vie nouvelle commençait pour lui. Il sortit de son isolement, renoua des rapports avec ses amis, et, de nouveau, accepta de les recevoir et d'être reçu par eux en toute familiarité ; et, alors qu'on l'avait toujours connu pour sa charité, on ne l'en apprécia pas moins maintenant pour ses sentiments religieux. Il était actif, passait beaucoup de temps au grand air, faisait le bien autour de lui ; son visage sembla s'épanouir et s'éclairer sous l'effet de la conscience intime des services rendus ; et pendant plus de deux mois notre docteur connut la paix.

Le 8 janvier, Utterson avait dîné chez le docteur avec un petit groupe d'amis, dont Lanyon ; et le visage de leur hôte s'était tourné de l'un vers l'autre comme au bon vieux temps, lorsque tous trois étaient d'inséparables amis. Le 12, puis de nouveau le 14, le notaire ne fut pas admis auprès de Jekyll. « Le docteur s'est enfermé chez lui, dit Poole, et ne veut voir personne. » Le 15, Utterson fit une nouvelle tentative, et essuya un nouvel échec ; et comme il était maintenant habitué depuis deux mois à voir son ami presque chaque jour, ce retour à la solitude lui pesa. Le cinquième soir, il invita Guest à dîner ; et le sixième, il se rendit chez le Dr Lanyon.

Là au moins on ne refusa pas de lui ouvrir la porte ; mais lorsqu'il entra, il fut bouleversé par le changement survenu dans l'aspect du docteur. Sur son visage, son arrêt de mort était écrit en toutes lettres.

---

7. m. à m. *la porte resta fermée contre le notaire.*
8. **the doctor... no one :** au présent dans la traduction pour donner plus de vivacité au style direct de Poole.
9. **he had in Guest :** en anglais moderne on dirait plutôt : he had Guest in ; to have somebody in = to ask somebody in for dinner, etc., *inviter quelqu'un chez soi pour dîner*, etc.
10. **he betook himself to** = he went to, *il se rendit chez*, en langue très littéraire.
11. **to deny admittance :** *refuser l'admission.*

The rosy man had grown pale ; his flesh had fallen away[1] ; he was visibly balder and older ; and yet it was not so much these tokens[2] of a swift physical decay that arrested the lawyer's notice, as a look in the eye and quality of manner that seemed to testify to some deep-seated terror of the mind. It was unlikely that the doctor should[3] fear death ; and yet that was what Utterson was tempted to suspect. "Yes," he thought ; "he is a doctor[4], he must know his own state and that his days are counted ; and the knowledge is more than he can bear." And yet when Utterson remarked on[5] his ill looks, it was with an air of great firmness that Lanyon declared himself a doomed[6] man.

"I have had a shock," he said, "and I shall never recover. It is a question of weeks. Well, life has been pleasant ; I liked it ; yes, sir, I used to like it[7]. I sometimes think if we knew all, we should be more glad to get away."

"Jekyll is ill, too," observed Utterson. "Have you seen him ?"

But Lanyon's face changed, and he held up a trembling hand. "I wish to see or hear no more of Dr Jekyll," he said, in a loud, unsteady voice. "I am quite done with that person ; and I beg that you will spare me any allusion to one whom I regard[8] as dead."

"Tut, tut," said Mr Utterson ; and then, after a considerable pause, "Can't I do anything ?" he inquired. "We are three very old friends, Lanyon ; we shall not live to make others[9]."

"Nothing can be done," returned Lanyon ; "ask himself[10]."

---

1. **his flesh had fallen away** = he had fallen away in flesh : *sa chair avait disparu.*
2. **token :** *marque, signe, indication.*
3. **unlikely... should :** le subjonctif **(should)** s'emploie après une locution impersonnelle comme there is no reason (why), *il n'y a pas de raison pour que* ; **it was unkilely that**, *il était invraisemblable que...*
4. **he is a doctor :** on emploie l'art. indéfini devant un nom singulier, attribut (ici), ou apposition ; il disparaît dans la traduction française : **he is a doctor**, *il est médecin.*
5. **remarked on :** ⚠ à la construction de ce verbe avec la préposition **on**, dans le sens de to make a comment on, *faire un commentaire à propos de...*
6. **doomed** = destined to die, *destiné à mourir.* Doom ou fate,

Le teint fleuri de son ami avait cédé la place à la pâleur ; il avait beaucoup maigri ; de toute évidence, il avait vieilli et ses cheveux étaient plus clairsemés encore ; et pourtant l'attention du notaire fut attirée, bien moins par ces manifestations d'un dépérissement physique rapide, que par l'expression de ses yeux et la qualité de son comportement qui semblaient révéler une certaine épouvante enfouie au plus profond de son esprit. Il était peu vraisemblable que le docteur eût peur de la mort, et pourtant c'était bien cela que Utterson était tenté de soupçonner. « Oui, pensa-t-il ; il est médecin et connaît certainement son état de santé ; il sait que ses jours sont comptés ; et cette prémonition est plus qu'il n'en peut supporter. » Et cependant, lorsque Utterson lui eut fait une remarque sur sa mauvaise mine, ce fut sur un ton de grande fermeté que Lanyon se déclara condamné.

« J'ai subi un choc, dit-il, dont je ne me remettrai jamais. C'est une question de semaines. Ma foi, j'ai mené une vie agréable que j'ai beaucoup appréciée. Oui, mon cher, il fut un temps où je l'appréciais beaucoup. Je pense parfois que si notre connaissance des choses était plus complète, nous serions plus facilement disposés à quitter ce bas monde. »

« Jekyll lui aussi est malade, fit remarquer Utterson. L'avez-vous vu ? »

Mais Lanyon changea de visage, et il leva une main tremblante. « Je ne veux désormais, ni voir le docteur Jekyll ni entendre parler de lui », dit-il, d'une voix forte mais mal assurée. « J'en ai fini à tout jamais avec cet homme ; et je vous prie de m'épargner toute allusion à quelqu'un que je tiens pour mort. »

« Allons, allons ! » dit Mr Utterson ; et après une longue pause, il demanda : « Y a-t-il quelque chose que je puisse faire ? Nous sommes trois amis très anciens, Lanyon ; nous n'aurons plus l'occasion, dans le temps qui nous reste à vivre, d'en faire d'autres. »

« Il n'y a rien à y faire, répliqua Lanyon ; demandez-le-lui. »

---

le *destin*, terrible et inévitable ; cf. **Doomsday**, le *Jour du Jugement dernier*, la *fin* (inéluctable) *du monde*.

7. **I used to like it :** forme fréquentative au passé, *j'avais coutume de beaucoup l'aimer* (la vie) ; sous-entendu, depuis le choc que m'a infligé le Dr Jekyll, ce n'est plus du tout le cas et *je serais heureux d'en finir* (**I should be glad to get away**).
8. **to regard ▲ = to consider**, considérer.
9. **we shall not live to make others :** *nous ne vivrons pas pour en faire d'autres* (amis).
10. **ask himself :** la forme normale serait **ask him** ; le pronom personnel est quelquefois remplacé par le pron. réfléchi lorsqu'il est nécessaire de mettre ce pron. en relief.

"He will[1] not see me," said the lawyer.

"I am not surprised at[2] that," was the reply. "Some day, Utterson, after I am dead, you may perhaps come to learn the right and wrong of this[3]. I cannot tell you. And in the meantime, if you can sit and talk with me of other things, for God's sake, stay and do so ; but if you cannot keep clear of this accursed topic[4], then, in God's name, go, for I cannot bear it."

As soon as he got home, Utterson sat down and wrote to Jekyll, complaining of his exclusion from the house, and asking the cause of this unhappy break[5] with Lanyon ; and the next day brought him a long answer, often very pathetically worded[6], and sometimes darkly mysterious in drift[7]. The quarrel with Lanyon was incurable. "I do not blame our old friend," Jekyll wrote, "but I share his view that we must never meet. I mean from henceforth[8] to lead a life of extreme seclusion ; you must not be surprised, nor must you[9] doubt my friendship, if my door is often shut even to you. You must suffer me[10] to go my own dark way. I have brought on myself a punishment and a danger that I cannot name. If I am the chief of sinners, I am the chief of sufferers also. I could not think that this earth contained a place for sufferings and terrors so unmanning[11] ; and you can do but one thing, Utterson, to lighten this destiny, and that is to respect my silence." Utterson was amazed ; the dark influence of Hyde had been withdrawn, the doctor had returned to his old tasks and amities[12] ;

---

1. **will** a dans ce cas le sens de l'obstination totale, et est fortement accentué : **he will not see me**.
2. au passif, **to be surprised** se construit avec la préposition **at** devant un nom ou un pronom.
3. **of this : (problem)** après sa mort, la confession de la main de Lanyon, racontant toute l'histoire du malheureux Jekyll, pourra être lue par Utterson ; c'est le sujet du chapitre « Dr Lanyon's narrative ».
4. **topic :** d'un style plus soutenu que **subject** ; un *sujet de conversation* ; **topics of the day**, *questions d'actualité*.
5. **this... break :** une *interruption* dans le cours de relations entre amis = **a falling away**, *une rupture*.
6. **worded :** *exprimée en mots* (**words**).
7. **mysterious in drift** = mysterious in its tendency, its meaning, *mystérieuse dans sa signification*.

« Il refuse de me voir », dit le notaire.

« Cela ne me surprend pas, fut la réponse. Un jour, Utterson, après ma mort, peut-être en viendrez-vous à connaître les dessous de cette histoire. Il m'est impossible de vous les dévoiler Et pour le moment, si vous voulez rester ici à bavarder avec moi d'une chose ou d'une autre, pour l'amour de Dieu, demeurez, et faites-le ; mais si vous ne pouvez éviter ce maudit sujet, alors, grand Dieu ! partez, car je ne puis le supporter. »

Dès qu'il fut de retour chez lui, Utterson s'assit pour écrire à Jekyll, se plaignant de ne pouvoir être admis dans sa maison, et lui demandant la raison de cette malheureuse rupture avec Lanyon ; le lendemain il reçut une longue réponse, par endroits rédigée en termes très pathétiques, et souvent chargée d'un sens obscur et mystérieux. La querelle avec Lanyon était sans remède. « Je ne blâme pas notre vieil ami, écrivait Jekyll, mais je suis d'accord avec lui sur le fait que nous ne devons jamais nous revoir. J'ai l'intention désormais de mener une vie de retraite totale ; il ne faut pas vous en étonner, il ne faut pas non plus douter de mon amitié, si ma porte reste souvent fermée, même pour vous. Il faut me laisser poursuivre mon propre chemin de ténèbres. J'ai attiré sur moi un châtiment et un danger que je ne puis révéler. Je suis le plus grand des pécheurs mais aussi la plus grande des victimes. Je n'aurais jamais pensé que cette terre était un lieu de terreur et de souffrances aussi déprimantes ; il y a une chose et une seule, que vous puissiez faire, Utterson, pour adoucir mon destin, c'est respecter mon silence. » Utterson en fut stupéfait ; Jekyll avait été soustrait à la sinistre influence de Hyde, et était retourné à ses anciennes occupations et à ses vieux amis ;

---

8. **from henceforth : henceforth** étant l'équivalent de **from now on, from** est ici redondant.
9. **nor** s'emploie pour reprendre une négation (**neither** ou **not**) et équivaut, avec plus de force, à **and not** ; **nor** est placé en tête, ce qui explique l'inversion qui suit **(must you)**.
10. **suffer me :** archaïque et littér. = **allow, permit me**, *me permettre de....*
11. **unmanning :** qui font perdre son courage à un homme qui se laisse alors aller à son chagrin. A l'origine, cet abandon au chagrin marquait sans doute un manque de *virilité* **(manly qualities)**.
12. **amities :** *relations amicales* ; mot très littéraire et même précieux. Synonymes : **frienship, friendly relations**.

a week ago, the prospect had smiled with every promise of a cheerful and an honoured age[1]; and now in a moment, friendship and peace of mind and the whole tenor of his life were wrecked[2]. So great and unprepared a change pointed to madness; but in view of Lanyon's manner and words, there must lie for it some deeper ground[3].

A week afterwards Dr Lanyon took to his bed[4], and in something less than a fortnight he was dead. The night after the funeral, at which he had been sadly affected, Utterson locked the door of his business room, and sitting there by the light of a melancholy candle, drew out and set before him an envelope addressed by the hand and sealed with the seal[5] of his dead friend. "PRIVATE : for the hands of[6] J.G. Utterson ALONE, and in case of his predecease[7] *to be destroyed unread,*" so it was emphatically superscribed[8]; and the lawyer dreaded to behold the contents. "I have buried one friend to-day," he thought : "what if this should cost me[9] another ?" And then he condemned the fear as a disloyalty, and broke the seal. Within there was another enclosure[10], likewise[11] sealed, and marked upon the cover as "not to be opened till the death or disappearance of Dr Henry Jekyll." Utterson could not trust his eyes. Yes, it was disappearance ; here again, as in the mad will, which he had long ago restored to its author, here again were the idea of a disappearance and the name of Henry Jekyll bracketed[12].

---

1. **the prospect... age :** *l'avenir lui avait souri avec chaque promesse d'une vieillesse gaie et honorée.*
2. **wrecked :** *détruits dans un naufrage*; comparaison avec la vie de la mer ; **to be wrecked**, *faire naufrage* (navire, marin, etc.).
3. **there must lie... ground : must** peut avoir valeur de passé ; **a ground :** *une raison.*
4. **took to his bed :** *se mit au lit* (parce qu'il était gravement malade).
5. **sealed with the seal :** l'anglais ne répugne pas à utiliser dans la même expression deux mots de la même famille ; *scellé du sceau.*
6. **for the hands of :** *pour les mains de*=**to be dealt with by**, *à être traité par...*
7. **predecease** [pri:di'si:s] **:** *pré-décès.*

une semaine auparavant, l'heureuse perspective d'une vieillesse emplie de gaieté et de considération lui était ouverte ; et voilà qu'en un instant, l'amitié, la paix de l'esprit et le cours même de sa vie se trouvaient ruinés. Un changement aussi important, aussi radical, ne pouvait suggérer que la folie ; mais, étant donné les paroles prononcées par Lanyon et sa façon de réagir, il devait se cacher là derrière quelque cause plus secrète.

Une semaine plus tard le Dr Lanyon s'alitait, et moins de quinze jours après, il était mort. Le soir qui suivit son enterrement, au cours duquel Utterson s'était montré particulièrement affligé, celui-ci s'enferma à clé dans son bureau, et, assis à la triste lueur d'une bougie, il sortit, et plaça devant lui une enveloppe adressée et cachetée de la main de son défunt ami. « STRICTEMENT PERSONNEL : ne doit être ouvert que par J.G. Utterson SEUL, et au cas où celui-ci serait mort avant, *doit être détruit sans être lu* » : telle était la mention catégorique portée sur ce pli ; et le notaire redouta de prendre connaissance de son contenu. « J'ai enterré l'un de mes amis aujourd'hui, pensa-t-il, pourvu que ceci ne me coûte pas la perte d'un autre ! » Ensuite il repoussa cette crainte comme un manque de loyauté, et brisa le cachet. A l'intérieur se trouvait un autre document, cacheté de la même manière et portant l'inscription : « A n'ouvrir qu'après la mort ou la disparition du Dr Henry Jekyll. » Utterson ne put en croire ses yeux. Oui, le mot « disparition » y figurait, tout comme dans ce testament insensé, qu'il avait depuis longtemps rendu à son auteur ; là encore, se trouvaient accolés l'idée d'une disparition et le nom de Henry Jekyll.

---

8. **superscribed :** *écrit à l'extérieur*, par ex., l'adresse sur une enveloppe.
9. **what if this should cost me ! :** le subjonctif avec **should** s'emploie dans une phrase exclamative de style oratoire (ici).
10. **enclosure** [in'klouʒə'] **:** en termes commerciaux, une *pièce jointe*.
11. **likewise** ['laikwaiz] = **in like manner**, *de manière semblable*; de **like** *(semblable)* et **wise**, mis pour **ways** *(manière, façon)*.
12. **bracketed :** de **a bracket**, *une accolade*, signe qui réunit plusieurs lignes ; **to bracket**, *réunir par une accolade*.

But in the will, that idea had sprung from the sinister suggestion of the man Hyde ; it was set there with a purpose all too plain[1] and horrible. Written by the hand of Lanyon, what should it mean ? A great curiosity came to the trustee[2], to disregard the prohibition[3] and dive at once to the bottom of these mysteries ; but professional[4] honour and faith to his dead friend were stringent[5] obligations ; and the packet slept in the inmost[6] corner of his private safe.

It is one thing to mortify curiosity, another to conquer it ; and it may be doubted if, from that day forth[7], Utterson desired the society of his surviving friend with the same eagerness. He thought of him kindly ; but his thoughts were disquieted and fearful. He went to call indeed ; but he was perhaps relieved[8] to be denied admittance ; perhaps, in his heart, he preferred to speak with Poole upon the doorstep, and surrounded by the air and sounds of the open city, rather than to be admitted into that house of voluntary bondage[9], and to sit and speak with its inscrutable recluse. Poole had, indeed, no very pleasant news to communicate. The doctor, it appeared, now more than ever confined himself to the cabinet over the laboratory, where he would sometimes even sleep ; he was out of spirits[10], he had grown very silent, he did not read ; it seemed as if he had something on his mind. Utterson became so used to[11] the unvarying character of these reports, that he fell off[12] little by little in the frequency of his visits.

---

1. **all too :** dans cette expression **all** renforce le sens de l'adj. **plain**, *bien trop évident* ; ex. : **I know him all too well**, *je ne le connais que trop* ; **plain = obvious, evident**.
2. **the trustee :** de **trust**, *confiance* ; *celui à qui l'on fait confiance* ; terme juridique : *le dépositaire* (du secret de Lanyon concernant Jekyll).
3. **prohibition :** de to prohibit, *interdire.*
4. **professional :** n'oublions pas que Utterson est notaire et qu'il est de par son métier obligé de respecter les dernières volontés de ses clients.
5. **stringent :** *sévères, rigides.*
6. **inmost :** superlatif irrég. de in, employé comme épithète ; sens concret (ici) : *le plus intérieur, le plus profond* ; sens abstrait : *intime* ; **my inmost thoughts**, *mes pensées les plus intimes.*

Mais dans le testament, cette idée avait jailli du cerveau sinistre de l'individu Hyde ; elle y avait été insérée dans une intention bien trop évidente et horrible à la fois. Écrite de la main de Lanyon, que pouvait-elle bien signifier ? Une grande curiosité s'empara du dépositaire, le poussant à passer outre à l'interdiction et à plonger sur-le-champ dans les profondeurs de ces mystères ; mais son honneur professionnel et les engagements pris avec son ami défunt étaient des obligations impérieuses ; et le paquet s'en alla dormir dans le coin le plus reculé de son coffre-fort personnel.

C'est une chose que de réprimer sa curiosité, c'en est une autre que de la vaincre ; et l'on peut se demander si, à partir de ce jour, Utterson rechercha avec la même ardeur la compagnie de celui de ses amis qui avait survécu. Il pensait à lui avec bonté, mais ses réflexions étaient empreintes d'inquiétude et de crainte. Toutefois il continua à se rendre chez lui, mais il se sentait sans doute soulagé de se voir refuser sa porte ; peut-être que dans son for intérieur, il préférait s'entretenir avec Poole sur le seuil, entouré de l'atmosphère et des bruits de la grande cité, plutôt que d'être admis dans la maison de ce prisonnier volontaire, et de rester assis à bavarder avec ce reclus impénétrable. En vérité, les nouvelles que Poole avait à lui communiquer n'étaient pas bien bonnes. Le docteur, semblait-il, plus que jamais auparavant, se confinait dans son cabinet au-dessus du laboratoire, et parfois même y passait la nuit ; il était abattu, s'enfermait dans le mutisme, ne lisait pas ; on eût dit que, sans cesse, il retournait quelque chose dans son esprit. Utterson s'habitua si bien au caractère inchangé des rapports du majordome, que peu à peu, il espaça ses visites.

---

7. **forth :** archaïque et littér. ; dans l'espace : *en avant* ; dans le temps : *à partir de ce jour, désormais.*
8. **he was relieved :** *il fut soulagé* ; relief ▲, nom, la plupart du temps : *soulagement, assistance* ; mais pourtant : a relief map, *une carte en relief.*
9. **bondage :** *esclavage, servitude* ; de bond, *lien, chaîne* ; verbe : to bind, bound, bound, *lier, enchaîner.*
10. **out of spirits : spirits**, l'*humeur* d'une personne ; to be in low spirits, *être déprimé.*
11. **so used to** + un nom ou un gérondif **:** *être habitué à qqch,* ou *à faire qqch* : she is used to swimming in winter, *elle a l'habitude de nager en hiver.*
12. **to fall, fell, fallen, off :** *diminuer, décroître* ; *il diminua la fréquence de ses visites.*

It chanced[1] on Sunday, when Mr Utterson was on his usual walk with Mr Enfield, that their way lay once again through[2] the by street ; and that when they came in front of the door, both stopped to gaze on[3] it.

"Well," said Enfield, "that story's[4] at an end, at least. We shall never see more of Mr Hyde."

"I hope not," said Utterson. "Did I ever tell you that I once saw him, and shared your feeling of repulsion ?"

"It was impossible to do the one without the other[5]," returned Enfield. "And, by the way, what an ass you must have thought me, not to know that this was a back way to Dr Jekyll's ! It was partly your own fault that I found it out, even when I did[6]."

"So you found it out, did you[7] ?" said Utterson. "But if that be so, we may step into the court and take a look at the windows. To tell you the truth, I am uneasy about poor Jekyll ; and even outside, I feel as if the presence of a friend might do him good[8]."

The court was very cool and a little damp, and full of premature twilight[9], although the sky, high up overhead, was still bright with sunset. The middle one of the three windows was half way open[10] ; and sitting close beside it, taking the air with an infinite sadness of mien[11], like some disconsolate prisoner, Utterson saw Dr Jekyll.

"What ! Jekyll !" he cried. "I trust you are better."

---

1. **it chanced** = it happened by chance, *il arriva par hasard.*
2. **their way lay... through :** to lie, **lay**, lain, **through** ; *leur chemin se trouvait passer à travers...*
3. **to gaze on :** le verbe **to gaze** s'emploie le plus souvent avec la préposition at ; on peut aussi le rencontrer avec **on**, **into**, etc.
4. **that story's...** = that story is...
5. **to do the one without the other : the one** = to see him ; **the other** = to have a feeling of repulsion.
6. **even when I did** = even when I found it out.
7. **did you ? :** reprise accentuée du verbe principal (you found it out), *vraiment.*
8. **and even outside... him good :** conception spiritualiste de Utterson, qui croit à l'influence du bien, même à l'insu de celui qui en bénéficie ; montre la grande bonté du notaire et l'amitié sincère qu'il éprouve pour Jekyll.

Un dimanche, par hasard, alors que Mr Utterson faisait sa promenade habituelle en compagnie de Mr Enfield, leurs pas les conduisirent de nouveau dans cette même petite rue. Lorsqu'ils arrivèrent devant la fameuse porte, ils s'arrêtèrent d'un commun accord pour la contempler.

« Eh bien ! dit Enfield, cette histoire est terminée, au moins. Nous ne verrons plus jamais Mr Hyde. »

« J'espère que non, dit Utterson. Vous ai-je jamais dit que je l'ai vu une fois, et que j'ai partagé votre sentiment de répulsion à son égard ? »

« Il était impossible de l'apercevoir sans éprouver ce sentiment, répondit Enfield. Et, à propos, vous avez dû me prendre pour un fameux imbécile, de n'avoir pas su que cette porte donnait accès, par-derrière, à la maison du Dr Jekyll ! Même lorsque je m'en suis rendu compte, c'était en partie de votre faute. »

« Vous avez donc découvert cela, sapristi ! dit Utterson. Mais s'il en est ainsi, nous pouvons pénétrer dans la cour pour jeter un coup d'œil aux fenêtres. Pour être franc avec vous, je me fais du souci pour ce pauvre Jekyll ; et même en restant à l'extérieur, j'ai l'impression qu'un ami peut, par sa seule présence, lui faire du bien. »

Il faisait très frais et un peu humide dans la cour. Le crépuscule y régnait déjà, bien que le ciel, au-dessus des maisons, fût encore illuminé du soleil couchant. La fenêtre du milieu était entrouverte ; et Utterson y aperçut le Dr Jekyll, dont la mine exprimait une tristesse infinie, telle celle d'un prisonnier inconsolable, qui prenait l'air dans l'entrebâillement.

« Eh ! Jekyll ! s'écria le notaire. J'espère que vous vous sentez mieux. »

---

9. **premature twilight :** dans ce puits d'obscurité sur lequel donnent les fenêtres de Jekyll, à cause des hauts bâtiments qui le bordent, la nuit tombe beaucoup plus vite : **premature**.
10. **half-way open :** à demi, à moitié ouvertes ; cf. p. 100, note 10.
11. **mien** [miːn] (litt.) : *apparence* ou *allure* d'une personne (montrant son humeur du moment).

"I am very low, Utterson," replied the doctor drearily ; "very low. It will not last long, thank God[1]."

"You stay too much indoors[2]," said the lawyer. "You should be out, whipping up the circulation like Mr Enfield and me. (This is my cousin — Mr Enfield — Dr Jekyll.) Come, now ; get your hat and take a quick turn with us."

"You are very good," sighed the other. "I should like to very much ; but no, no, no, it is quite impossible ; I dare not[3]. But indeed, Utterson, I am very glad to see you ; this is really a great pleasure. I would ask you[4] and Mr Enfield up, but the place is really not fit[5]."

"Why[6] then," said the lawyer, good-naturedly, "the best thing we can do is to stay down here, and speak with you from where we are."

"That is just what I was about to venture to propose," returned the doctor, with a smile. But the words were hardly uttered, before the smile was struck out[7] of his face and succeeded by an expression of such abject terror and despair[8], as froze[9] the very blood of the two gentlemen below. They saw it but for a glimpse, for the window was instantly thrust down[10] ; but that glimpse had been sufficient, and they turned and left the court without a word. In silence, too, they traversed[11] the by street ; and it was not until they had come into a neighbouring thoroughfare, where even upon a Sunday there were still some stirrings of life, that Mr Utterson at last turned and looked at his companion. They were both pale ; and there was an answering[12] horror in their eyes.

---

1. **thank God :** exclam., pour **I thank God,** *je remercie Dieu, Dieu soit loué.* ▲ Ne pas confondre avec : **thanks** (nom plur.) **be to God**, avec le même sens ; **thanks to,** *grâce à* : **thanks to your help I could buy my first car,** *grâce à votre aide, j'ai pu acheter ma première voiture.*
2. **indoors :** adv., *à l'intérieur du bâtiment* ; ≠ **outdoors** : *à l'extérieur...* **indoor** et **outdoor**, adj. : **outdoor games,** *des jeux de plein air.*
3. **I dare not :** le verbe **to dare** peut être traité comme défectif ; dans ce cas, pas d's à la 3e pers. de l'ind. prés. ; pas d'aux. de conjugaison aux formes nég. et interrog. et pas de **to** à l'infinitif qui suit ; **dare he write ?,** *ose-t-il écrire ?* ▲ Le verbe **to need,** *avoir besoin,* se conjugue de la même façon.
4. **I would ask you :** conditionnel d'insistance = **I would like to ask you...**
5. **fit :** *correct, convenable.*

« J'ai le moral bien bas, Utterson, répliqua le docteur d'un ton lugubre ; vraiment très bas. Dieu merci, cela ne durera pas très longtemps. »

« Vous restez trop enfermé, dit le notaire. Vous devriez sortir, cela vous fouetterait le sang, tenez, comme Mr Enfield et moi. (Je vous présente mon cousin — Mr Enfield — le Dr Jekyll). Venez donc ; prenez votre chapeau et faites un bout de chemin avec nous. »

« Vous êtes bien bon, soupira le docteur. J'aimerais bien accepter ; mais non, cent fois non, c'est absolument impossible ; je n'ose pas. Mais, vraiment, Utterson, je suis bien heureux de vous voir ; c'est un très grand plaisir pour moi. Je vous demanderais bien, ainsi qu'à Mr Enfield, de monter un instant, mais vraiment tout est dans un tel désordre ! »

« Eh bien ! dans ce cas, dit le notaire avec bonne humeur, le mieux que nous ayons à faire, c'est de rester ici d'où nous pouvons bavarder avec vous. »

« C'est exactement ce que je me préparais à vous proposer », répondit le docteur en souriant. Mais à peine avait-il prononcé ces mots que le sourire s'effaça sur son visage qui prit une expression de terreur et de désespoir si pitoyables que le sang se glaça dans les veines des deux hommes debout sous la fenêtre. Ils ne purent l'entrevoir que dans un éclair, car la fenêtre fut instantanément et violemment refermée ; mais cette vision leur avait suffit ; ils firent demi-tour et traversèrent la cour sans prononcer une parole. C'est en silence aussi qu'ils suivirent la ruelle ; et ce n'est qu'en arrivant à un carrefour voisin, où même le dimanche on sentait l'animation de la vie, que Mr Utterson finalement se tourna pour regarder son compagnon. Tous deux étaient d'une pâleur mortelle et dans leurs yeux se lisait une horreur partagée.

---

6. **why then :** nous avons à faire ici au **why** exclamatif, *comment ! quoi ! eh bien !* ⚠ Ne pas confondre avec **why** interrog., *pourquoi ?*
7. **struck out :** to strick, **struck**, struck **out**, *effacer, rayer un mot*, etc.
8. *d'une terreur et d'un désespoir si abjects* ; **terror**, **despair** étant des noms abstraits, **such** se construit sans l'art. indéf.
9. **as froze :** mis pour **that is froze**.
10. **thrust down :** il s'agit de fenêtres anglaises, à guillotine, qui montent ou descendent ; **thrust down** : *poussée violemment vers le bas* ; cf. p. 98, note 10.
11. **they traversed :** style soutenu et archaïque = **they crossed**, *ils traversèrent*.
12. **answering** = ici, **reciprocal**, *réciproque*, *partagée*.

"God forgive[1] us ! God forgive us !" said Mr Utterson.

But Mr Enfield only nodded his head very seriously, and walked on[2] once more in silence.

## The Last Night[3]

Mr Utterson was sitting by his fireside one evening after dinner, when he was surprised to receive a visit from Poole.

"Bless me[4], Poole, what brings you here ?" he cried ; and then, taking a second look at him, "What ails[5] you ?" he added ; "is the doctor ill ?"

"Mr Utterson," said the man, "there is something wrong."

"Take a seat, and here is a glass of wine[6] for you," said the lawyer. "Now, take your time, and tell me plainly[7] what you want."

"You know the doctor's ways, sir," replied Poole, "and how he shuts himself up. Well, he's shut up again in the cabinet ; and I don't like it, sir — I wish I may die if I like it[8]. Mr Utterson, sir, I'm afraid."

"Now, my good man[9]," said the lawyer, "be explicit. What are you afraid of ?"

"I've been afraid for about a week[10]," returned Poole, doggedly[11] disregarding the question, "and I can bear it no more."

---

1. **God forgive us ! :** subjonctif exprimant le souhait.
2. **walked on :** cf. p. 42, note 10.
3. **the last night :** ce chapitre va retracer les événements de la dernière nuit de l'histoire évoquée par Mr Utterson ; les deux derniers chapitres nous apporteront l'explication du mystère à travers les confessions de Lanyon et de Jekyll lui-même.
4. **Bless me ! :** exclamation exprimant la surprise.
5. **to ail :** 1er sens : **to be ill**, *être malade* ; 2e sens (ici) **to trouble**, *ennuyer*, *déranger*.
6. **a glass of wine :** cf. p. 68, note 10.
7. **plainly** = clearly, *clairement, sans rien déguiser*.
8. m. à m. *je souhaiterais pouvoir mourir si j'aime cela*.

« Miséricorde ! que Dieu nous pardonne ! » dit Mr Utterson.

Quant à Mr Enfield il se contenta d'approuver gravement de la tête, et poursuivit son chemin muet comme une tombe.

## *L'ultime nuit*

Mr Utterson était assis chez lui au coin du feu, un soir après dîner, lorsqu'il eut la surprise de voir arriver Poole.

« Tiens, tiens ! Poole, quel bon vent vous amène ? » s'écria-t-il ; puis le regardant de plus près, « qu'avez-vous ? ajouta-t-il ; le docteur est-il malade ? »

« Mr Utterson, dit le domestique, il y a quelque chose qui ne va pas. »

« Asseyez-vous, voici un verre de vin, dit le notaire. Et maintenant, prenez votre temps et dites-moi, sans détour, ce que vous voulez. »

« Vous êtes au courant des façons de faire du docteur, monsieur, répondit Poole, et de la manière qu'il a de s'enfermer. Eh bien ! il s'est enfermé de nouveau dans son cabinet, et je n'aime pas du tout cela, monsieur — que Dieu me foudroie si je mens. Mr Utterson, j'ai vraiment peur. »

« Allons, mon brave, dit le notaire, soyez plus clair. Que redoutez-vous ? »

« Il y a environ une semaine que j'ai peur », répondit Poole, dans son obstination à ne tenir aucunement compte de la question posée, « et je ne peux plus le supporter. »

---

9. **my good man :** exprime la condescendance, d'un supérieur à un subalterne.
10. **I've been afraid for about a week :** lorsqu'on veut exprimer une action, un état qui dure depuis un temps déterminé (introduit par **for**) et qui se prolonge dans le présent, on emploie, en anglais, le present perfect, et, en français, le présent de l'indicatif.
11. **doggedly** [ˈdɔgidli] **:** adv., *obstinément.*

The man's appearance amply bore out[1] his words ; his manner was altered for the worse[2] ; and except for the moment when he had first announced his terror, he had not once looked the lawyer in the face. Even now, he sat with the glass of wine untasted on his knee, and his eyes directed to a corner of the floor. "I can bear it no more," he repeated.

"Come," said the lawyer, "I see you have some good reason, Poole ; I see there is something seriously amiss[3] Try to tell me what it is."

"I think there's been foul play[4]," said Poole, hoarsely.

"Foul play !" cried the lawyer, a good deal[5] frightened, and rather inclined to be irritated in consequence. "What foul play ? What does the man mean ?"

"I daren't say, sir," was the answer ; "but will you come along with me and see for yourself ?"

Mr Utterson's only answer was to rise and get his hat and great coat ; but he observed with wonder the greatness of the relief that appeared upon the butler's face, and perhaps with no less[6], that the wine was still untasted when he set it down to follow.

It was a wild, cold[7], seasonable[8] night of March, with a pale moon, lying on her back as though the wind had tilted her, and a flying wrack[9] of the most diaphanous and lawny[10] texture. The wind made talking difficult, and flecked the blood into the face[11]. It seemed to have swept the streets unusually bare of[12] passengers, besides[13] ; for Mr Utterson thought he had never seen that part of London so deserted.

---

1. **bore out :** de to bear, **bore**, borne **out** ; style soutenu pour to confirm, *confirmer.*
2. **for the worse :** en anglais, le verbe to alter indique simplement une modification, un changement ; alors qu'en français, *altérer* implique un changement pour le pire ; d'où l'obligation en anglais de préciser **for the worse**.
3. **amiss :** litt. et archaïque ; = wrong, out of order, *qui ne va pas.*
4. **foul play :** (ici) implique un *acte criminel* ; en sport : *jeu déloyal, tricherie* ; ≠ fair play, *franc-jeu.*
5. **a good deal** = very much ; on rencontre plus souvent a great deal ; expressions qui s'emploient souvent avec un nom au sing., ex. : a good/great deal of noise, *beaucoup de bruit.*
6. **no less :** sous-entendu wonder ; *avec non moins (d'étonnement).*

L'aspect du serviteur confirmait largement ses paroles. Son comportement s'était beaucoup altéré ; et, à part le moment où il avait, pour la première fois, parlé de son épouvante, il n'avait jamais regardé le notaire dans les yeux. Et à ce moment même, il était là, assis, son verre de vin intact sur les genoux, les yeux rivés sur un coin du plancher. « Je ne peux plus supporter cela », répéta-t-il.

« Allons, allons, dit le notaire, je vois, Poole, que vous avez quelque bonne raison pour cela ; je sens qu'il y a quelque chose qui vous trouble sérieusement. Essayez de me raconter ce dont il s'agit. »

« Je crois qu'il y a quelque chose de diabolique là-dessous », dit Poole, d'une voix rauque.

« Quelque chose de diabolique ! » s'écria le notaire, chez qui un grand effroi provoquait une certaine irritation. « De quelle machination s'agirait-il ? Dieu sait ce que vous avez dans la tête ! »

« Je n'ose pas le dire, monsieur », fut la réponse ; « mais accompagnez-moi et vous verrez par vous-même. »

En guise de réponse, Mr Utterson se leva pour prendre son chapeau et son manteau ; mais il remarqua avec étonnement l'immense soulagement qui se peignit sur le visage du majordome, et il fut peut-être tout aussi surpris de voir que son verre, lorsqu'il le posa pour le suivre, n'avait pas été touché.

C'était une nuit de mars, bien de saison, froide et venteuse ; la pâle lune semblait avoir été renversée par la bourrasque qui chassait devant elle un voile diaphane de légers nuages, tel le plus fin des linons. La bise rendait toute conversation difficile, et faisait courir le sang sous la peau du visage. Elle semblait en outre avoir tout particulièrement vidé les rues de leurs piétons ; en effet Mr Utterson pensait n'avoir jamais vu ce quartier de Londres aussi désert.

---

7. **wild, cold :** dans la traduction ces adj. ont été inversés.
8. **seasonable :** dont les conditions de temps sont bien en harmonie avec la saison.
9. **a... wrack :** un voile très mince de brume, de nuages ; description à la Turner.
10. **lawny :** de lawn, sorte de *toile fine*, *batiste*, ou, plus fin encore, *linon*.
11. **flecked... face :** *tachetaient le visage de sang.*
12. **bare of** = empty of, *vide de.*
13. **besides :** adv., *en outre*, *en plus.* ⚠ Ne pas confondre avec **beside**, prép., *à côté de*, *auprès de* ; **the chair is beside the bed**, *le fauteuil est à côté du lit.*

He could have wished it otherwise ; never in his life had he been[1] conscious of so sharp a wish[2] to see and touch his fellow-creatures ; for, struggle as he might[3], there was borne in[4] upon his mind a crushing anticipation of calamity. The square, when they got there, was all full of wind and dust, and the thin trees in the garden were lashing themselves along the railing. Poole, who had kept all the way a pace or two ahead, now pulled up[5] in the middle of the pavement, and in spite of the biting weather, took off his hat and mopped[6] his brow with a red pocket-handkerchief. But for all the hurry[7] of his coming, these were not the dews of exertion that he wiped away, but the moisture of some strangling anguish ; for his face was white, and his voice, when he spoke, harsh and broken.

"Well, sir," he said, "here we are, and God grant[8] there be nothing wrong."

"Amen[9], Poole," said the lawyer.

Thereupon the servant knocked in a very guarded manner ; the door was opened on the chain[10] ; and a voice asked from within, "Is that you, Poole ?"

"It's all right," said Poole. "Open the door."

The hall, when they entered it, was brightly lighted up[11] ; the fire was built high[12] ; and about the hearth the whole of the servants, men and women, stood huddled together like a flock of sheep. At the sight of Mr Utterson, the housemaid broke into hysterical whimpering ; and the cook, crying out, "Bless God ! it's Mr Utterson," ran forward as if to take him in her arms.

---

1. **never... been :** l'adv., mis en tête de la phrase, pour lui donner du relief, entraîne l'inversion du verbe et du sujet.
2. **so sharp a wish :** avec **so** (adv.), la construction est : **so** + adj. + art. indéfini + nom sing. ; autre construction de même sens avec such : **such a sharp wish** ; au plur. on ne peut employer que such : **such sharp wishes**, *des désirs aussi vifs.*
3. **struggle as he might : struggle** (infinitif) est employé sans **to** pour donner une valeur exclamative à la phrase et insister sur l'impossibilité de la tâche entreprise : *quelle que fût la lutte* **(struggle)** *qu'il entreprît de mener.*
4. **borne in (upon his mind) :** *rendre de plus en plus évident (dans son esprit).*
5. **pulled up** = stopped, *s'arrêta.*
6. **to mop :** to wipe with a mop, a sponge, *essuyer avec un balai, une éponge* (ici, il s'essuie le front avec un mouchoir).

Il aurait souhaité qu'il en fût autrement ; jamais de sa vie il n'avait été conscient d'un désir aussi vif d'apercevoir et d'entrer en contact avec ses semblables ; car, bien qu'il s'en défendît, il y avait, de plus en plus évident au fond de son esprit, l'écrasant pressentiment d'une catastrophe imminente. La place, lorsqu'ils l'atteignirent, était balayée par un vent qui soulevait la poussière, et les maigres arbres fouettaient la grille du jardin. Poole, qui, tout le long du chemin, s'était tenu un pas ou deux en avant, s'arrêta alors au milieu du trottoir et, malgré la morsure du froid, enleva son chapeau et s'épongea le front avec un mouchoir rouge. Bien qu'il eût parcouru le chemin en toute hâte, ce n'était pas des gouttes de sueur provoquées par l'effort qu'il essuyait, mais celles perlant sous l'effet d'une angoisse oppressante ; en effet il était blême et parlait d'une voix dure et brisée.

« Eh bien, monsieur, dit-il, nous voici arrivés ; Dieu fasse qu'il ne se soit rien passé de mal. »

« Que le Seigneur vous entende, Poole », dit le notaire.

Sur ce, le domestique frappa avec beaucoup de circonspection ; la porte, bloquée par une chaîne de sûreté, fut entrebâillée, et de l'intérieur une voix demanda : « Est-ce vous, Poole ? »

« C'est bon, dit Poole. Ouvrez la porte. »

Lorsqu'ils entrèrent le vestibule était brillamment éclairé ; un grand feu brûlait dans la cheminée autour de laquelle tous les domestiques, hommes et femmes, se tenaient serrés les uns contre les autres comme un troupeau de moutons. A la vue de Mr Utterson, la femme de chambre fit entendre une plainte hystérique, tandis que la cuisinière s'écriait : « Dieu soit loué ! C'est Mr Utterson », et se précipitait en avant comme pour le prendre dans ses bras.

---

7. **for all the hurry :** in spite of all the hurry, *malgré sa grande hâte.*
8. *Dieu nous accorde que.*
9. **amen :** ici utilisé dans son sens littéral : **may it be so**, *qu'il en soit ainsi.*
10. **the chain :** *la chaîne* utilisée par sécurité pour entrouvrir la porte, et la bloquer, afin que le visiteur ne puisse en forcer l'ouverture.
11. **brightly lighted up : lighted up** évoque déjà une intense lumière ; **brightly** insiste encore sur l'idée.
12. **built high :** allusion aux bûches *généreusement* **(high)** *empilées* **(built)** pour faire un grand feu dans la cheminée.

"What, what ? Are you all here ?" said the lawyer, peevishly. "Very irregular, very unseemly[1] : your master would be far from pleased[2]."

"They're all afraid," said Poole.

Blank[3] silence followed, no one protesting ; only the maid lifted up her voice and now wept loudly.

"Hold your tongue !" Poole said to her, with a ferocity of accent that testified to his own jangled nerves ; and indeed when the girl had so suddenly raised the note of her lamentation, they had all started[4] and turned towards the inner[5] door with faces[6] of dreadful expectation. "And now," continued the butler, addressing the knife-boy[7], "reach me a candle, and we'll get this through hands[8] at once." And then he begged Mr Utterson to follow him, and led the way to the back garden.

"Now, sir," said he, "you come as gently as you can. I want you to hear, and I don't want you to be heard. And see here, sir, if by any chance he was to[9] ask you in, don't go."

Mr Utterson's nerves, at this unlooked-for termination[10], gave a jerk[11] that nearly threw him from his balance ; but he recollected his courage, and followed the butler into the laboratory building and through the surgical theatre, with its lumber[12] of crates and bottles, to the foot of the stair. Here Poole motioned him to stand on one side and listen ; while he himself, setting down the candle and making a great and obvious call on his resolution[13], mounted the steps, and knocked with a somewhat uncertain hand on the red baize of the cabinet door.

---

1. **unseemly :** adj., *qui ne convient pas, qui choque.*
2. **far from pleased :** le maître serait mécontent de voir ses domestiques abandonner leurs travaux.
3. **blank :** 1er sens : *sans aucun signe, sans expression* : **a blank sheet of paper,** *une feuille blanche, vierge* ; 2e sens : un silence *où l'on n'entend absolument rien, profond, total.*
4. **to start :** 1er sens : *s'en aller, partir* ou *commencer* ; 2e sens : *faire un mouvement brusque et incontrôlable de surprise.* Cf. *faire tressaillir.*
5. **inner :** adj., comparatif de in, *intérieur, profond* ; ici, nous avons un comparatif au lieu d'un superlatif, car il y avait sans doute deux portes : **the inner one,** *la porte intérieure,* et **the outer one,** *la porte extérieure.*
6. **faces :** ce plur. anglais se rend par un sing. français.
7. **knife-boy :** petit apprenti cuisinier chargé sans doute, avant

« Comment, comment ? vous êtes tous ici ? dit le notaire avec humeur. C'est anormal et choquant ; votre maître serait fort mécontent. »

« Ils sont tous terrorisés », dit Poole.

Personne ne dit mot ; et le profond silence ne fut rompu que par la femme de chambre qui, haussant le ton, se mit à pleurer bruyamment.

« Taisez-vous ! » lui jeta Poole, avec une dureté dans la voix qui trahissait l'irritation de ses propres nerfs ; et en fait, au moment où la jeune fille avait si brusquement élevé le ton de ses lamentations, ils avaient tous sursauté, et s'étaient tournés vers la porte intérieure en laissant voir sur leur visage le pressentiment de quelque catastrophe. « Et maintenant », poursuivit le majordome, s'adressant au garçon de cuisine, « passe-moi une bougie, et nous allons sérieusement prendre cette affaire en main immédiatement. » Sur ce, se dirigeant vers le jardin de derrière, il pria Mr Utterson de le suivre.

« Et maintenant, monsieur, dit-il, avancez aussi doucement que possible. Je souhaite que vous entendiez, mais je ne veux pas que l'on vous entende. Et retenez bien cela, monsieur, si par hasard il allait vous demander d'entrer, ne le faites pas. »

Les nerfs de Mr Utterson, à cette fin inattendue des recommandations de Poole, se crispèrent à tel point qu'il en perdit presque son équilibre habituel ; mais il reprit courage, et pénétra derrière le majordome dans le laboratoire, traversa la salle d'opération et son fouillis de caisses et de flacons, pour atteindre le pied de l'escalier. Là, Poole lui fit signe de se tenir sur le côté et d'écouter, tandis que lui-même, posant la bougie et prenant visiblement son courage à deux mains, gravit les marches, et, d'une main quelque peu hésitante, frappa à la porte du cabinet tapissée de reps rouge.

---

tout, de l'entretien et du nettoyage des couteaux et plus généralement du matériel de cuisine.

8. = **we will get this through our hands**, c.-à-d. à la fois : *nous allons nous en occuper personnellement*, et *nous débarrasser* de ce problème obsédant.

9. **he was to (ask you) : to be to** implique ici la probabilité, l'hypothèse sérieuse.

10. **unlooked-for termination :** une *conclusion imprévue* ; **to look for something**, *s'attendre à qqch.*

11. *donnèrent une secousse.*

12. **lumber :** amas d'objets au rebut.

13. **making... resolution :** plusieurs passages dans cette page montrent l'intention évidente de Stevenson de dramatiser au possible la situation, pour nous préparer à la fin du chapitre : lignes 5-7 ; 17 à 19, 21, 22.

"Mr Utterson, sir, asking to see you," he called; and even as he did so[1], once more violently signed[2] to the lawyer to give ear.

A voice answered from within[3]: "Tell him I cannot see any one," it said, complainingly.

"Thank you, sir," said Poole, with a note of something like triumph in his voice[4]; and taking up his candle, he led Mr Utterson back across the yard and into the great kitchen, where the fire was out and the beetles[5] were leaping on the floor.

"Sir," he said, looking Mr Utterson in the eyes, "was that my master's voice ?"

"It seems much changed," replied the lawyer, very pale, but giving look for look[6].

"Changed ? Well, yes, I think so," said the butler. "Have I been twenty years in this man's house, to be deceived[7] about his voice ? No, sir ; master's made away with[8]; he was made away with eight days ago, when we heard him cry out upon the name of God ; and *who's* in there instead of him, and why it[9] stays there, is a thing that cries to Heaven, Mr Utterson !"

"This is a very strange tale, Poole ; this is rather a wild tale, my man," said Mr Utterson, biting his finger. "Suppose it were[10] as you suppose, supposing Dr Jekyll to have been — well, murdered, what could induce the murderer to stay ? That won't hold water[11]; it doesn't commend itself to reason."

"Well, Mr Utterson, you are a hard man to satisfy, but I'll do it yet," said Poole.

---

1. **as he did so :** *alors qu'il faisait ainsi*, c.-à-d. called, *appelait.*
2. **signed :** de to sign, 1) *faire signe de la main*, *de la tête*, etc. (ici) ; 2) *signer*, mettre son nom au bas d'un document : he signed the letter, *il signa la lettre.*
3. **from within :** adv., *de l'intérieur*=from inside ; ≠without ; within and without, *à l'intérieur et à l'extérieur.* ▲ Ne pas confondre avec without, prép., *sans* : without money, *sans argent.*
4. **like triumph in his voice :** Poole se sentait triomphant parce qu'il pensait avoir prouvé à Utterson que la voix qu'ils venaient d'entendre n'était pas celle de Jekyll.
5. **beetles :** syn. cockroach, *cafard.* Nous n'étions pas encore, à la fin du XIXe siècle, au temps du D.D.T., et même dans une grande maison bien tenue par une foule de serviteurs, on trouvait encore des cafards. Note de réalisme domestique de

« Monsieur, c'est Mr Utterson, qui demande à vous voir », lança-t-il ; et, ce faisant, fit, encore une fois, avec énergie, signe au notaire de tendre l'oreille.

Une voix, de l'intérieur, répondit sur un ton plaintif : « Dites-lui que je ne puis recevoir personne. »

« Très bien, monsieur », dit Poole avec une légère nuance de triomphe dans la voix ; puis reprenant sa bougie, il fit de nouveau traverser la cour à Mr Utterson, et ils pénétrèrent dans la vaste cuisine où le feu était éteint et où les cafards sautillaient çà et là sur le sol.

« Monsieur », dit-il, en regardant Mr Utterson dans le blanc des yeux, « était-ce là la voix de mon maître ? »

« Elle paraît bien changée », répondit le notaire très pâle, sans baisser les yeux.

« Changée ? tiens, pardi ! et comment ! dit le majordome. Aurais-je passé vingt ans au service de cet homme pour ne pas reconnaître sa voix ? Non, monsieur ; on a supprimé le maître ; on l'a supprimé il y a huit jours, au moment où nous l'avons entendu appeler à grands cris le Très Haut à son aide ; et *qui* est cette créature enfermée là-dedans, et *pourquoi* y reste-t-elle, voilà quelque chose qui en appelle au Ciel, Mr Utterson ! »

« Votre histoire, Poole, est bien étrange, je dirais en fait, insensée, mon ami », dit Mr Utterson, en mordillant le bout de son doigt. « Supposons que vos craintes soient fondées, supposons que le Dr Jekyll ait été, disons, assassiné, pour quelles raisons son meurtrier resterait-il là ? Ce que vous avancez ne tient pas debout et ne résiste pas à un examen raisonnable. »

« Eh bien, Mr Utterson, puisque vous êtes si difficile à contenter, je vais m'y employer de mon mieux », dit Poole.

---

la part de Stevenson, mise en relief par le verbe au part. prés. **leaping about**, *sautillant par-ci par-là.*

6. **giving look for look :** Utterson ne veut pas baisser pavillon sans condition, devant un Poole trop sûr de lui.
7. **deceived** [di'si:vd] ▲ **:** *trompé* ; *déçu*=**disappointed**.
8. **master's made away with**=my master has been made away with, *mon maître a été supprimé.*
9. **it :** ce pron. neutre est employé par Poole pour exprimer le caractère inhumain de la « chose » (Mr Hyde).
10. **suppose it were :** style soutenu, subjonctif passé employé après l'idée d'une hypothèse avancée ; en anglais moderne, on emploierait l'indicatif.
11. **to hold water :** d'un récipient, *tenir l'eau* (qu'il contient) ; ici, sens figuré : si une théorie fuit de toute part, elle n'est pas valable.

"All this last week (you must know) him, or it, or whatever[1] it is that lives in that cabinet, has been crying night and day for some sort of medicine and cannot get it to his mind[2]. It was sometimes his way — the master's, that is — to write his orders on a sheet of paper and throw it on the stair. We've had nothing else this week back[3]; nothing but papers, and a closed door, and the very meals left there to be smuggled in[4] when nobody was looking. Well, sir, every day, ay, and twice and thrice[5] in the same day, there have been orders and complaints, and I have been sent flying to all the wholesale chemists in town. Every time I brought the stuff[6] back, there would be another paper telling me to return it, because it was not pure, and another order to a different firm. This drug is wanted bitter bad[7], sir, whatever for."

"Have you any of these papers ?" asked Mr Utterson.

Poole felt in his pocket and handed out a crumpled note, which the lawyer, bending nearer to the candle, carefully examined. Its contents ran thus : "Dr Jekyll presents his compliments to Messrs[8] Maw. He assures them that their last sample[9] is impure and quite useless for his present purpose. In the year 18—, Dr J. purchased a somewhat[10] large quantity from Messrs M. He now begs them to search with the most sedulous care, and should any of the same quality be left, to forward[11] it to him at once. Expense is no consideration. The importance of this to Dr J. can hardly be exaggerated." So far[12] the letter had run composedly enough ; but here, with a sudden splutter of the pen, the writer's emotion had broken loose[13].

---

1. **whatever :** pron. relatif composé de **ever**, pour exprimer l'idée d'un doute ; *quelle que (soit cette chose qui habite dans ce cabinet)* ; peut s'employer avec le subjonctif ou l'indicatif.
2. **to his mind :** according to his own opinion, his desire, *selon l'idée, le désir qu'il s'en fait.*
3. **this week back :** forme populaire pour during the whole of last week, *toute la semaine dernière.*
4. **smuggled in :** to smuggle in goods, *introduire des marchandises en contrebande.*
5. **twice and thrice : thrice**, *trois fois*, archaïsme ; l'expression moderne serait : two or three times, *deux ou trois fois.*
6. **the stuff :** 1) (ici) *substance, matériel, produit* ; 2) (légèrement péjoratif) *objets personnels* : take your stuff out of my house, *emportez votre fatras, votre bazar hors de chez moi* ; 3) *étoffe* : silk stuffs, *des étoffes de soie.*

« Pendant toute la semaine dernière (il faut que vous le sachiez), la créature ou la chose, ou Dieu sait ce qui habite ce cabinet, a réclamé à cor et à cri, nuit et jour, un médicament donné, sans pouvoir l'obtenir à sa satisfaction. C'était parfois sa manière — celle de mon maître, je veux dire — de rédiger ses ordres sur une feuille de papier qu'il lançait dans l'escalier. Toute la semaine dernière nous n'avons eu que cela, que des bouts de papiers et une porte barricadée, des repas que nous laissions sur l'escalier et qui ensuite étaient introduits en cachette, lorsque personne n'était là pour le voir. Oui, monsieur, tous les jours, que dis-je, deux fois et trois fois dans la même journée, nous avons reçu des ordres et des récriminations, et j'ai été expédié chez tous les grossistes en produits chimiques de la capitale. Chaque fois que je rapportais le produit, on me faisait passer une nouvelle note me disant d'aller le rendre parce qu'il n'était pas pur, avec une autre commande pour une maison différente. Cette drogue, monsieur, on en a cruellement besoin, à quoi qu'elle puisse servir ! »

« Avez-vous l'une de ces notes ? » demanda Mr Utterson.

Poole fouilla dans sa poche et tendit au notaire un papier froissé que celui-ci, se penchant vers la bougie, examina avec soin. La note était ainsi rédigée : « Le Dr Jekyll adresse ses salutations à Messrs Maw. Il leur affirme que leur dernière fourniture est impure et tout à fait impropre aux fins qu'il se propose actuellement. En 18—, le Dr Jekyll a acheté une assez importante quantité de ce produit à la maison Maw. Il lui demande instamment aujourd'hui de rechercher avec la plus grande attention le même produit et s'il en reste appartenant au même lot, de le lui faire livrer immédiatement. Peu importe le prix. Le Dr Jekyll insiste sur l'importance capitale qu'il attache à l'obtention de ce produit. » Jusqu'à cet endroit, la lettre avait été écrite d'une main assez assurée ; mais là, la plume avait soudain craché, trahissant une émotion que l'auteur n'avait plus pu contenir.

---

7. **bad :** mis pour **badly** ; dans ce sens : **seriously, very much** : **he wants it badly**, *il en a grand besoin* ; **bitter :** valeur d'adv., renforce le sens de **bad** : *amèrement, cruellement.*
8. **Messrs** ['mesərʒ] **:** pluriel contracté de **Mr**, *messieurs.*
9. **sample :** *échantillon*, ici, dans le sens d'*envoi.*
10. **somewhat,** adv. = **rather**, *quelque peu, un peu, assez.*
11. **to forward** = **to send**, *envoyer, expédier* ; vocab. comm.
12. **so far :** a) dans le temps : **until now**, *jusqu'alors* ; b) dans l'espace : **up to that point**, *jusqu'à ce point.*
13. **to break loose** = **to escape (prisoner)**, *s'évader* ; ici, *échapper au contrôle* (de l'auteur).

"For God's sake," he had added, "find me some of the old[1]."

"This is a strange note," said Mr Utterson ; and then sharply, "How do you come to have it open ?"

"The man at Maw's[2] was main angry, sir, and he threw it back to me like so much dirt[3]," returned Poole.

"This is unquestionably the doctor's hand[4], do you know ?" resumed[5] the lawyer.

"I thought it looked like it," said the servant, rather sulkily[6] ; and then with another voice, "But what matters hand of write[7] ?" he said. "I've seen him !"

"Seen him ?" repeated Mr Utterson. "Well ?"

"That's it !" said Poole. "It was this way. I came suddenly into the theatre from the garden. It seems he had slipped out to look for this drug, or whatever it is ; for the cabinet door was open, and there he was at the far end of the room digging among the crates. He looked up when I came in, gave a kind of cry, and whipped[8] upstairs into[9] the cabinet. It was but for one minute that I saw him[10], but the hair stood upon my head like quills[11]. Sir, if that was my master, why had he a mask upon his face ? If it was my master, why did he cry out like a rat and run from me ? I have served him long enough. And then..." the man paused and passed his hand over his face.

"These are all very strange circumstances," said Mr Utterson, "but I think I begin to see daylight[12].

---

1. **some of the old :** sous-entendu **quality of drug**.
2. **at Maw's :** cas possessif incomplet, **shop** est sous-entendu.
3. **so much dirt :** *autant de*, exclamation indirecte.
4. **the doctor's hand** = the doctor's handwriting, *l'écriture du docteur.*
5. **resumed ▲ :** *reprit, continua* ; en français, *résumer* : **to sum up.**
6. **sulkily :** adv., de **sulky**, *boudeur* ; Poole n'est pas content parce que Utterson lui a fait une observation : **how do you come to have it open ?**
7. **hand of write :** Poole déforme le mot **handwriting**.
8. **whipped :** de whip, *fouet* ; **to whip**, *se mouvoir rapidement*, mais dans un mouvement tournant, comme celui du fouet.
9. **into :** la préposition de pénétration a ici un sens marqué.
10. **it was... saw him :** *ce ne fut que pendant une minute que je le vis.*

Il avait ajouté : « Pour l'amour de Dieu, retrouvez-moi une certaine quantité de cet ancien lot. »

« Voici un message bien étrange », dit Mr Utterson ; puis il ajouta d'un ton sec : « Comment se fait-il qu'il soit en votre possession, décacheté ? »

« L'employé de la maison Maw était sacrément en colère, monsieur, il me l'a lancé à la tête comme une vraie saleté », répliqua Poole.

« La note est incontestablement écrite de la main du docteur, vous savez », reprit le notaire.

« Je m'en étais bien aperçu », dit le domestique d'un ton assez maussade ; puis d'une tout autre voix : « Mais qu'importe l'écriture ? fit-il. J'ai vu la créature ! »

« Vous l'avez vue ? répéta Mr Utterson. Comment cela ? »

« Voilà ! dit Poole. Cela s'est passé ainsi. Je suis entré sans crier gare dans la salle d'opération, venant du jardin. Il s'était glissé hors du cabinet, pour rechercher cette drogue, ou Dieu sait quoi ; car la porte du cabinet était restée ouverte, et il était là, à l'autre bout de la salle, en train de fouiller dans les caisses. Quand j'entrai, il leva les yeux, poussa une espèce de cri, et, en un éclair, se retourna et grimpa l'escalier, pour aller s'enfermer dans le cabinet. Ceci ne prit qu'une minute, mais j'eus le temps de le voir, et les cheveux se dressèrent sur ma tête. Monsieur, si çà c'était mon maître, pourquoi portait-il un masque sur le visage ? Si c'était mon maître, pourquoi poussa-t-il ce cri de rat en fuyant devant moi ? Il y a assez longtemps que je suis à son service. Et donc... » L'homme s'interrompit pour se passer la main sur la figure.

« Voilà des circonstances bien étranges, dit Mr Utterson, mais je crois que je commence à y voir clair.

---

11. **like quills :** grosses plumes d'oiseaux (qui servaient de plumes à écrire) ; aussi les *piquants* (par ex. d'un porc-épic).
12. **I begin to see daylight :** *je commence à voir la lumière du jour*, comme un homme qui arrive au bout d'un tunnel.

Your master, Poole, is plainly seized with one of those maladies[1] that both torture and deform the sufferer; hence[2], for aught I know[3], the alteration of his voice; hence the mask and his avoidance of his friends ; hence his eagerness to find this drug, by means of which the poor soul retains some hope of ultimate recovery — God grant that he be not deceived ! There is my explanation ; it is sad enough, Poole, ay, and appalling[4] to consider ; but it is plain and natural, hangs well together[5] and delivers us from all exorbitant[6] alarms."

"Sir," said the butler, turning to a sort of mottled[7] pallor, "that thing was not my master, and there's the truth. My master" — here he looked round him, and began to whisper — "is a tall fine build of a man[8], and this was more of a dwarf." Utterson attempted to protest. "O, sir," cried Poole, "do you think I do not know my master after twenty years ? do you think I do not know where his head comes to[9] in the cabinet door, where I saw him every morning of my life[10] ? No, sir, that thing in the mask was never Dr Jekyll — God knows what it was, but it was never Dr Jekyll ; and it is the belief of my heart that there was murder done."

"Poole," replied the lawyer, "if you say that, it will become my duty to make certain. Much as I desire[11] to spare your master's feelings, much as I am puzzled about this note, which seems to prove him to be still alive, I shall consider it my duty to break in[12] that door."

"Ah, Mr Utterson, that's talking[13] ! cried the butler.

---

1. **malady :** mot rare pour désigner une *maladie* très grave ; alors que **disease** est le terme général pour indiquer la perte de la santé, tout comme **illness** ; **sickness**, après avoir eu le sens de *maladie* générale, est de nos jours, plutôt réservé à des *indispositions* du système digestif, *indigestion* ; cf. **sea-sickness**, le *mal de mer*.
2. **hence :** adv., style soutenu, *pour cette raison*.
3. **for aught** [ɔːt] **I know : aught**, forme archaïque de **anything** ; *pour quoi que ce soit que je sache, pour autant que je sache.*
4. **appalling** [əˈpɔːliŋ] **:** beaucoup plus fort que **frightening** ; *qui horrifie.*
5. **to hang (well) together** = to be consistent, *tenir d'un bloc, sans faille*, en parlant d'une théorie, etc.
6. **exorbitant** = excessive, *dépassant la juste mesure* ; se dit aussi pour les prix, *exorbitants.*

Votre maître, Poole, est de toute évidence victime d'une de ces maladies qui, à la fois, tourmentent et défigurent celui qui en est atteint ; d'où, pour autant que je sache, l'altération de sa voix, le masque sur le visage et le soin qu'il prend à fuir ses amis ; d'où aussi son désir ardent de retrouver ce produit, seul espoir pour cette pauvre âme de recouvrer enfin la santé — Dieu fasse qu'il ne soit pas déçu ! Voici mon explication ; elle est assez triste, certes, Poole, et même épouvantable lorsqu'on y pense ; mais elle est simple et naturelle, sans faille, et nous délivre de toute inquiétude excessive. »

« Monsieur », dit le majordome, dont la figure pâle était comme marbrée, « cette chose n'était pas mon maître, un point c'est tout ! Mon maître » — ici, il jeta un regard autour de lui, et se mit à parler à voix basse — « est un grand et bel homme, bien bâti, alors que cet être tenait plutôt du nain. » Utterson tenta de protester. « Oh ! monsieur, s'écria Poole, si vous croyez que je ne connais pas mon maître au bout de vingt ans de service ! Pensez-vous que je ne sais pas à quelle hauteur arrive sa tête dans l'encadrement de la porte de son cabinet, là où je l'ai vue chaque matin de mon existence ? Non, monsieur, cette créature masquée n'a jamais été le Dr Jekyll — Dieu sait ce que c'était, mais cela n'a jamais été le Dr Jekyll ; et je suis persuadé, au fond de mon cœur, qu'un meurtre a été commis. »

« Poole, repartit le notaire, si vous soutenez cela, il est de mon devoir de m'en assurer. Quel que soit mon désir de ménager les sentiments de votre maître, quelle que soit ma perplexité à propos de cette note qui semble prouver qu'il est encore vivant, je considère qu'il est de mon devoir d'enfoncer cette porte. »

« Ah ! Mr Utterson, ça c'est parler ! » s'écria le majordome.

---

7. **mottled :** *marqué de taches, tacheté* ; (peau) *marbrée.*
8. **the build :** *la carrure, la conformation* (d'une personne) ; **of a man :** comparer à a fool of a boy, *un jeune idiot* ; expression idiomatique impliquant l'emploi de l'art. indéfini après la prép. **of** ; le premier terme qualifie le second.
9. **where... comes to** = to where his head comes, *jusqu'où sa tête arrive* ; on ne place pas de prép. devant les relatifs.
10. **every morning of my life :** il est intéressant de voir combien, au siècle dernier, dans la haute société, les gens de maison étaient attachés à leurs maîtres.
11. **much as I desire :** forme exclamative indirecte, pour : as much as I desire, *autant que je désire.*
12. **to break in :** *mettre en morceaux* par la force.
13. **that's talking !** = now you're talking ! ; Poole se félicite que Utterson semble vouloir passer des paroles aux actes.

"And now comes the second question," resumed Utterson : "Who is going to do it ?"

"Why, you and me, sir," was the undaunted reply.

"That is very well said," returned the lawyer ; "and whatever comes of it, I shall make it my business to see[1] you are no loser[2]."

"There is an axe in the theatre," continued Poole ; "and you might take the kitchen poker for yourself."

The lawyer took that rude[3] but weighty instrument into his hand, and balanced it[4]. "Do you know, Poole," he said, looking up, "that you and I are about[5] to place ourselves in a position of some peril ?"

"You may say so, sir, indeed," returned the butler.

"It is well, then, that we should be frank," said the other. "We both[6] think more than we have said ; let us make a clean breast[7]. This masked figure that[8] you saw, did you recognise it ?"

"Well, sir, it went so quick, and the creature was so doubled up[9], that I could hardly[10] swear to that," was the answer. "But if you mean, was it Mr Hyde ? — why, yes, I think it was ! You see, it was much of the same bigness ; and it had the same quick light way[11] with it ; and then who else could have got in by the laboratory door ? You have not forgot[12], sir, that at the time of the murder he had still the key with him ? But that's not all. I don't know, Mr Utterson, if ever you met this Mr Hyde ?"

"Yes," said the lawyer, "I once spoke with him."

---

1. **to see** = ici, to make certain, *s'assurer.*
2. m. à m. *que vous ne soyez pas le perdant, que vous n'y perdiez pas* ; en effet, Jekyll, mécontent, pourrait congédier son domestique.
3. **rude :** 1) (ici) *grossier, rudimentaire* ; 2) *malpoli, grossier* : a rude boy, *un garçon malpoli.*
4. **balanced it :** *l'équilibra.*
5. **you and I are about to :** to be going to, to be on the point of ; indique l'imminence d'une action à entreprendre.
6. **both :** pron. pers. sujet ; dualité d'un groupe indissociable de deux personnes ou choses ; **we both** = both of us, *nous deux.*
7. **let us... breast :** *déchargeons notre poitrine pour qu'elle reste nette* **(clean)** ; autre expression de sens à peu près identique : let us take it off our chest (chest = **breast**), *disons ce que nous avons sur le cœur.*

« Et maintenant, nous en venons au second point, reprit Utterson : Qui va s'en charger ? »

« Ma foi, monsieur, vous et moi », répondit le domestique, sans se laisser démonter.

« Voilà qui est fort bien dit, répliqua le notaire ; et quoiqu'il arrive, je veillerai à ce que vous n'en subissiez pas les conséquences. »

« Il y a une hache dans l'amphithéâtre, poursuivit Poole ; et vous pourriez, quant à vous, vous armer du tisonnier de la cuisine. »

Le notaire se saisit de cet instrument rudimentaire mais d'un poids respectable, et l'assura dans sa main. « Vous n'ignorez pas, Poole, dit-il en levant les yeux, que vous et moi sommes sur le point d'affronter une situation qui offre un certain danger ? »

« Oui vraiment, monsieur, vous pouvez le dire », répondit le majordome.

« Dans ces conditions, autant être franc, dit son interlocuteur. L'un comme l'autre, nous avons derrière la tête plus que nous n'en avons déclaré ; mieux vaut étaler son jeu. Cette silhouette masquée que vous avez entrevue, l'avez-vous reconnue ? »

« Ma foi, monsieur, cela s'est passé très vite, et la créature était pliée en deux, de sorte que je pourrais difficilement en jurer », fut la réponse de Poole. « Mais si vous voulez dire : était-ce Mr Hyde ? — eh bien oui, je crois que c'était lui ! Vous voyez, cela avait la même taille et la même démarche légère et rapide ; et de plus, qui d'autre aurait pu entrer par la porte du laboratoire ? Vous n'avez pas oublié, monsieur, qu'au moment du meurtre il avait encore la clé dans sa poche. Mais ce n'est pas tout. Je ne sais pas, Mr Utterson, si vous avez jamais rencontré ce Mr Hyde ? »

« Oui, dit le notaire, je lui ai parlé une fois. »

---

8. **that :** pron. relatif compl. s'emploie de préférence à **which** lorsque l'antécédent a un sens restrictif : cette silhouette masquée (bien particulière) ; **that** pourrait être omis : **this masked figure you saw** ; mais c'est justement pour insister sur le caractère bien particulier de l'antécédent que Stevenson ne fait pas l'omission.
9. **doubled up :** *pliée en deux* à la taille.
10. **hardly :** adv. semi-négatif, *à peine*, *ne... guère* ; lorsqu'il est placé en tête de la proposition, il entraîne l'inversion du verbe et du sujet : **hardly had I gone out**, *j'étais à peine sorti.*
11. **the same quick light way :** Jekyll nous dira, dans son ultime confession, que Hyde était plus jeune, plus souple, plus ardent que lui.
12. **forgot :** p. passé archaïque de to **forget, forgot, forgotten** ; cette forme persiste dans la langue populaire.

"Then you must know, as well as the rest of us, that there was something queer about that gentleman — something that gave a man a turn [1] — I don't know rightly how to say it, sir, beyond this [2] : that you felt in your marrow — kind of cold and thin [3]."

"I own [4] I felt something of what you describe," said Mr Utterson.

"Quite so, sir," returned Poole. "Well, when that masked thing like a monkey jumped up from among the chemicals and whipped into the cabinet, it went down my spine like ice. O, I know it's not evidence, Mr Utterson ; I'm book-learned enough [5] for that ; but a man has his feelings ; and I give you my bibleword it was Mr Hyde !"

"Ay, ay," said the lawyer. "My fears incline to the same point. Evil, I fear, founded — evil was sure to come — of that connection. Ay, truly, I believe you ; I believe poor Harry is killed ; and I believe his murderer (for what purpose, God alone can tell) is still lurking in his victim's room. Well, let our name be vengeance [6]. Call Bradshaw."

The footman [7] came at the summons [8], very white and nervous.

"Pull yourself together, Bradshaw," said the lawyer. "This suspense, I know, is telling [9] upon all of you ; but it is now our intention to make an end of it. Poole, here, and I are going to force our way into the cabinet [10]. If all is well, my shoulders are broad enough to bear the blame [11].

---

1. **a turn :** ici, *un choc nerveux.*
2. **beyond this :** *au-delà de ceci, à part ceci.*
3. **kind of cold and thin :** en langue populaire, est l'équivalent de (a) sort of cold and thin, *quelque chose comme froid et ratatiné.*
4. **to own :** 1) to possess, *posséder*; 2) (ici) to agree, to confess, *avouer.*
5. **book-learned :** adj. composé, *qui a appris* par *les livres*; **enough :** adv. placé toujours après l'adj., le verbe ou l'adv. qu'il accompagne ; lorsqu'il est adj. indéf., il peut se placer avant ou après le nom : I have enough money, ou : I have money enough.
6. **let our name be vengeance :** *que notre nom soit la vengeance.*
7. **the footman :** domestique en uniforme qui introduit les visiteurs, sert à table, etc. ; caractéristique d'une riche maison.

« Alors vous savez, aussi bien que nous tous, qu'il y avait quelque chose de bizarre chez cet homme — quelque chose qui vous retournait — je ne sais pas bien m'expliquer, monsieur, sinon ainsi : vous auriez dit que votre moelle se recroquevillait de froid. »

« J'avoue avoir éprouvé à peu près la même sensation que ce que vous décrivez là », dit Mr Utterson.

« C'est bien cela donc, monsieur, rétorqua Poole. Eh bien, lorsque cette créature masquée s'est élancée, tel un singe, parmi les produits chimiques et a bondi pour aller se réfugier dans le cabinet, j'ai senti descendre le long de ma colonne vertébrale comme un flot glacé. Oh ! je sais bien que ce n'est pas une preuve, Mr Utterson. J'ai quand même assez glâné dans les livres pour le savoir ; mais tout homme a des antennes, et je vous le jure sur la Bible, c'était Mr Hyde. »

« Oui, certes, dit le notaire. Mes craintes me portent à partager votre opinion. Une telle association ne pouvait, j'en ai peur, entraîner que le mal, un mal inévitable. Oui, vraiment je vous crois ; je crois que le pauvre Harry a été assassiné ; et je crois que son meurtrier (dans quel but un tel crime ? Dieu seul pourrait le dire) se cache toujours dans la pièce de sa victime. Eh bien, soyons l'incarnation de la vengeance. Appelez Bradshaw. »

Le valet, pâle et nerveux, répondit à cet appel.

« Ressaisissez-vous, Bradshaw, dit le notaire. Vous ressentez tous très vivement, je le sais bien, l'incertitude dans laquelle vous êtes ; mais nous avons maintenant décidé d'y mettre fin. Poole, que voici, et moi, allons pénétrer par la force dans le cabinet. Si tout est normal, j'ai les épaules assez larges pour endosser le blâme.

---

8. **summons :** pl. summonses ; 1) *assignation* devant un juge ; 2) *appel impératif* ; du verbe **to summon**, *convoquer, sommer d'apparaître.*
9. **is telling :** is effective, *agit, produit un effet.*
10. **to force our way into the cabinet :** cf. p. 42, note 10.
11. **my shoulders are broad enough to bear the blame :** le notaire répète à peu près ce qu'il a déjà dit à Poole : p. 118, ligne 6 ; il entend rassurer les domestiques pour les engager à entreprendre une action violente dans la maison de leur maître.

Meanwhile, lest anything should[1] really be amiss[2], or any malefactor seek to escape by the back, you and the boy must go round the corner with a pair of good sticks, and take your post at the laboratory door. We give you ten minutes, to get to your stations[3]."

As Bradshaw left, the lawyer looked at his watch. "And now, Poole, let us get to ours[4]," he said ; and taking the poker under his arm, he led the way into the yard. The scud[5] had banked[6] over the moon, and it was now quite dark. The wind, which only broke in puffs and draughts into that deep well of building, tossed the light of the candle to and fro[7] about their steps, until they came into the shelter of the theatre, where they sat down silently to wait. London hummed solemnly all around ; but nearer at hand[8], the stillness was only broken by the sound of a footfall[9] moving to and fro along the cabinet floor.

"So it will walk[10] all day, sir," whispered Poole ; "ay, and the better[11] part of the night. Only when a new sample comes from the chemist, there's a bit of a break. Ah, it's an ill conscience that's such an enemy to rest[12] ! Ah, sir, there's blood foully shed in every step of it ! But hark[13] again, a little closer — put your heart in your ears Mr Utterson, and tell me, is that the doctor's foot ?"

The steps fell lightly and oddly, with a certain swing, for all they went so slowly ; it was different indeed from the heavy creaking tread of Henry Jekyll. Utterson sighed. "Is there never anything else ?" he asked.

---

1. **lest anything should : lest**, conjonction de subordination exprimant la crainte ( = **for fear that**), commande le subjonctif ; à la ligne suivante, seek (subjonctif présent) est amené aussi par lest.
2. **be amiss** = be wrong, *aller de travers, mal.*
3. **stations :** nom plur., terme militaire : l'endroit où un soldat, une unité ou un navire sont tenus de se tenir en service commandé ; *poste.*
4. **ours :** pron. mis pour **stations**, *le nôtre* (poste).
5. **the scud :** *nuages légers poussés par le vent* ; de **to scud**, *courir à travers le ciel* (en parlant des nuages).
6. **to bank** = to heap over, *s'accumuler sur.*
7. **to and fro :** adv., mouvement de *va-et-vient* (de **to and from**).
8. **nearer at hand : at hand** renforce l'adv. **near** ; s'emploie aussi avec close : **close at hand**, même sens, *tout près.*

En attendant, de peur que quelque chose aille vraiment mal, ou que quelque malfaiteur ne tente de s'enfuir par-derrière, vous allez, vous et le garçon de cuisine, chacun armé d'un solide gourdin, faire le tour de la maison, pour vous poster à la porte du laboratoire. Nous vous donnons dix minutes pour prendre votre faction. »

Lorsque Bradshaw les quitta, le notaire regarda sa montre. « Et maintenant, Poole, à notre tour d'aller prendre position », dit-il ; et mettant le tisonnier sous le bras, il précéda Poole à travers la cour. Un rideau de nuages avait voilé la lune, et il faisait alors très sombre. Le vent, qui soufflait par rafales, pénétrait dans le puits profond formé par les bâtiments, et faisait vaciller la flamme de la bougie tandis que leurs pas les conduisaient jusqu'à l'amphithéâtre où ils s'abritèrent, et où, assis, ils attendirent en silence. Le bourdonnement solennel de la grande ville les entourait de partout, mais plus près d'eux, le silence n'était rompu que par un bruit de pas incessant sur le plancher du cabinet.

« L'individu marche comme ça toute la journée, monsieur, chuchota Poole ; oui, et aussi la plus grande partie de la nuit. Ce n'est que lorsqu'un nouvel échantillon du produit arrive de chez le marchand, que ça s'arrête un peu. Ah ! il n'y a qu'une bien mauvaise conscience qui puisse être ainsi l'ennemie du repos ! Ah ! monsieur, il y a du sang ignoblement répandu à chacun de ces pas. Mais écoutez encore, d'un peu plus près — tendez l'oreille de tout cœur, Mr Utterson, et dites-moi un peu si c'est là la façon de marcher du docteur. »

Les pas retombaient avec une étrange légèreté et un certain balancement bien qu'ils eussent été fort lents ; c'était en vérité bien différent de la lourde démarche de Henry Jekyll faisant craquer le plancher. Utterson poussa un soupir. « N'y a-t-il jamais d'autres manifestations ? » demanda-t-il.

---

9. **footfall**=footstep, *pas* ; et même le *bruit d'un pas* ; Stevenson aurait donc pu éviter d'employer **sound**, mais il insiste sur le contraste avec *le silence* environnant **(the stillness)**.
10. **it will walk :** forme d'habitude (f. fréquentative) au présent ; **it :** *la chose (l'individu)* fait cela toute la journée et tous les jours.
11. **the better part :** emploi du comparatif au lieu du superlatif ; une *partie de la nuit (la plus grande)*.
12. **that's such an enemy to rest**=that is such an enemy to rest, *c'est un tel ennemi pour le repos* ; ▲ orthographe 1 **n**.
13. **hark :** impératif ; très littéraire et archaïque, pour **listen**, *écoutez !* La langue populaire fait souvent (sans le savoir) emploi d'archaïsmes.

Poole nodded. "Once," he said. "Once I heard it weeping !"

"Weeping ? how that[1] ?" said the lawyer, conscious of a sudden chill of horror.

"Weeping like a woman or a lost soul[2]," said the butler. "I came away with that upon my heart, that[3] I could have wept too."

But now the ten minutes drew to an end. Poole disinterred[4] the axe from under a stack[5] of packing straw ; the candle was set upon the nearest table to light them to the attack ; and they drew near with bated breath[6] to where the patient foot was still going up and down[7], up and down in the quiet of the night.

"Jekyll," cried Utterson, with a loud voice, "I demand[8] to see you." He paused a moment, but there came no reply. "I give you fair warning, our suspicions are aroused[9], and I must and shall see you," he resumed ; "if not by fair means, then by foul[10] — if not of your consent, then by brute force !"

"Utterson," said the voice, "for God's sake, have mercy !"

"Ah, that's not Jekyll's voice — it's Hyde's !" cried Utterson. "Down with the door[11], Poole."

Poole swung the axe over his shoulder ; the blow shook the building, and the red baize door leaped against the lock and hinges.

A dismal screech, as of mere animal terror, rang from the cabinet.

---

1. **how that :** pour how is that, question demandant une explication.
2. **a lost soul :** *une âme perdue* qui erre dans les enfers.
3. **that :** so that, *de telle sorte que.*
4. **to disinter :** littéralement, *tirer de la tombe, déterrer* ; synonyme : to unearth ; il s'agit toutefois ici de paille d'emballage et non d'une tombe.
5. **a stack :** littéralement *une meule de paille* ou *de foin* ; ici = a heap, *un tas.*
6. **bated breath :** une *respiration* **(breath)** *ralentie* **(bated)** par l'émotion ; origine : (ancien) français, *abattre*, qui a donné to bate = to lessen, *diminuer.*
7. **up and down :** cette expression adverbiale n'a pas ici le sens de : *du haut vers le bas* puis l'inverse, mais *de long en large, faire les cent pas.*

Poole fit oui de la tête. « Une fois, dit-il. Il m'est arrivé, une fois, d'entendre le monstre pleurer ! »

« Pleurer ? que voulez-vous dire ? » dit le notaire qui se sentit parcouru d'un brutal frisson d'horreur.

« Pleurer comme une femme ou comme une âme damnée, dit le majordome. Je me suis éloigné le cœur si lourd, que j'en aurais pleuré aussi. »

Mais maintenant les dix minutes s'étaient écoulées. Poole dégagea la hache cachée sous un tas de paille d'emballage ; la bougie fut posée sur la table voisine pour les éclairer au cours de leur assaut ; et ils approchèrent, en retenant leur souffle, de l'endroit où, d'un pied inlassable, on allait et venait sans arrêt dans le silence de la nuit.

« Jekyll, cria Utterson d'une voix forte, j'insiste pour vous voir. » Il marqua une pause, mais comme aucune réponse ne venait, il reprit : « Je vous avertis loyalement que nos soupçons sont éveillés ; il faut que je vous voie, et je vous verrai coûte que coûte ; si les moyens normaux ne suffisent pas, alors rien ne m'arrêtera — et si vous n'y consentez pas, j'emploierai la force brutale ! »

« Utterson, dit la voix, pour l'amour de Dieu, ayez pitié de moi ! »

« Ah ! ce n'est pas là la voix de Jekyll — c'est celle de Hyde ! s'écria Utterson. Poole, enfoncez la porte ! »

Poole balança la hache par-dessus son épaule ; le coup ébranla la maison, et la porte garnie de reps rouge fut violemment secouée dans ses gonds et sa serrure.

Un hurlement horrible, comme poussé par un animal terrorisé, monta du cabinet.

---

8. **I demand ▲ :** *j'exige* ; *demander* : **to ask, to require.**
9. **aroused :** forme soutenue de **roused**, du verbe régulier **to rouse** : *faire lever, faire naître, éveiller.*
10. m. à m. *sinon par des moyens loyaux, alors par des moyens odieux.*
11. **down with the door ! :** ordre brutal d'abattre la porte ; cf. **down with the king !**, *à mort, à bas le roi !*

Up went the axe again, and again the panels crashed and the frame bounded; four times the blow fell; but the wood was tough and the fittings[1] were of excellent workmanship[2]; and it was not until the fifth that the lock burst in sunder[3], and the wreck of the door[4] fell inwards on the carpet.

The besiegers, appalled by their own riot[5] and the stillness that had succeeded, stood back a little and peered in[6]. There lay the cabinet before their eyes in the quiet lamplight, a good fire glowing and chattering[7] on the hearth, the kettle singing its thin strain[8], a drawer or two open, papers neatly set forth on the business table, and nearer the fire, the things[9] laid out for tea; the quietest room, you would have said, and, but for the glazed presses full of chemicals, the most commonplace that night in London.

Right in the midst there lay the body of a man sorely contorted and still twitching[10]. They drew near on tiptoe, turned it on its back, and beheld the face of Edward Hyde. He was dressed in clothes far too large for him, clothes of the doctor's bigness; the cords[11] of his face still moved with a semblance of life, but life was quite gone; and by the crushed phial in the hand and the strong smell of kernels[12] that hung upon the air, Utterson knew that he was looking on the body of a self-destroyer[13].

"We have come too late," he said sternly, "whether to save or punish. Hyde is gone to his account[14]; and it only remains for us to find the body of your master."

---

1. **the fittings :** littéralement *les accessoires*, c.-à-d., pour une porte, *les ferrures*.
2. **workmanship :** *art*, *habileté* de l'artisan dans l'exécution d'un travail.
3. **(burst) in sunder** = asunder, adv., apart, ou into pieces, (tomber) *en morceaux*.
4. **the wreck of the door :** *l'épave, la ruine de la porte*.
5. **riot** [ˈraiət] **:** habituellement, *trouble*, *émeute*, *bagarre* ; ici, déchaînement de *violence* par deux personnes seulement.
6. **to peer in :** *regarder* avec une attention soutenue.
7. **chattering :** le feu est ici personnifié ; c'était le compagnon vivant du solitaire Jekyll ; **to chatter**, *bavarder*.
8. **strain :** littéraire et poétique ; un *air de musique* ; Stevenson veut donner une impression de chaleur, de beauté, contrastant avec les horreurs qui se sont passées là.

La hache s'abattit encore, et encore les panneaux volèrent en éclats, et le cadre trembla violemment ; par quatre fois le coup tomba, mais le bois était si dur et les ferrures de si excellente fabrication, que ce ne fut qu'au cinquième coup que la serrure fut mise en pièces, et que la porte, démolie, s'effondra sur le tapis, à l'intérieur.

Les assaillants, épouvantés par leur propre violence, tout autant que par le calme qui avait succédé, restèrent en retrait et risquèrent un œil à l'intérieur. A la paisible lueur de la lampe, le cabinet était exposé à leur vue ; un bon feu rougeoyait et pétillait dans l'âtre, la bouilloire faisait entendre son chant aigu, un ou deux tiroirs étaient ouverts, des papiers étaient étalés en bon ordre sur la table à écrire, et près du feu, tout était préparé pour le thé : on se serait cru dans la pièce la plus paisible et, les armoires vitrées garnies de produits chimiques mises à part, la plus banale de tout Londres cette nuit-là.

En plein milieu était étendu le corps d'un homme tordu par la douleur, et encore agité de secousses nerveuses. Ils s'en approchèrent sur la pointe des pieds, le retournèrent et découvrirent le visage d'Edward Hyde. Il était vêtu d'habits bien trop grands pour lui, en fait, de la taille du docteur ; les nerfs de la figure étaient encore animés d'un mouvement qui lui donnait l'apparence de la vie, mais la vie, elle, s'en était allée pour toujours ; la fiole brisée dans sa main et la forte odeur d'amande amère flottant dans l'air apprirent à Utterson qu'il était en train de regarder le cadavre d'un suicidé.

« Nous sommes arrivés trop tard, dit-il d'une voix sévère, pour le sauver comme pour le punir. Hyde a payé sa dette ; il ne nous reste qu'à trouver le corps de votre maître. »

---

9. **the things : (for tea)** *la vaisselle*, les accessoires nécessaires au service du thé.
10. **twitching :** *animé de mouvements saccadés* provoqués par les affres de l'agonie.
11. **cords** (ou **chords) :** parties du corps humain ressemblant à des *cordes* **(ropes, strings)**, c.-à-d. les *tendons* (qui jadis étaient synonymes de *nerfs*).
12. **kernel :** substance contenue dans le noyau de certains fruits, comme l'abricot, la pêche, etc. ; l'odeur de cette substance trahit la présence d'un poison mortel : l'acide prussique ou cyanhydrique.
13. **self-destroyer :** m. à m. *qqun qui s'est détruit lui-même, qui s'est suicidé* (ici, par l'absorption d'un poison).
14. **Hyde is gone to his account :** *Hyde est allé rendre ses comptes* (au Seigneur).

The far greater proportion of the building was occupied by the theatre, which filled almost the whole ground storey[1], and was lighted from above, and by the cabinet, which formed an upper storey[2] at one end and looked upon the court. A corridor joined the theatre to the door on the by street ; and with this, the cabinet communicated separately by a second flight of stairs[3]. There were besides a few dark closets[4] and a spacious cellar. All these they now thoroughly examined. Each closet needed but a glance, for all they were empty and all, by the dust that fell from their doors, had stood long unopened. The cellar, indeed, was filled with crazy lumber[5], mostly dating from the times of the surgeon who was Jekyll's predecessor ; but even as[6] they opened the door, they were advertised[7] of the uselessness of further[8] search by the fall of a perfect mat[9] of cobweb which had for years sealed up[10] the entrance. Nowhere was there[11] any trace of Henry Jekyll, dead or alive.

Poole stamped on the flags of the corridor. "He must be buried here," he said, hearkening[12] to the sound.

"Or he may have fled," said Utterson, and he turned to examine the door in the by street. It was locked ; and lying near by on the flags, they found the key, already stained with rust.

"This does not look like use[13]," observed the lawyer.

"Use !" echoed Poole. "Do you not see, sir, it is broken ? much as if a man had stamped on it."

"Ah," continued Utterson, "and the fractures[14], too, are rusty." The two men looked at each other with a scare.

---

1. **ground storey :** on dirait maintenant ground floor ; ⚠ orth. de **storey** ≠ a story *(une histoire)*.
2. **upper storey :** *étage supérieur* (par rapport au lower storey, *étage inférieur*) ; quand on fait allusion à deux choses seulement, le comparatif remplace le superlatif.
3. **flight of stairs :** comme il ne s'agit que d'un escalier, on dirait plutôt : a flight of steps *(une volée de marches)*.
4. **closet :** petite pièce servant à ranger des objets inutilisés, *réduit, débarras.*
5. **lumber :** *articles de rebut* ; **crazy :** 1) *fou, folle* ; 2) (ici), objects in bad condition, *matériel branlant, délabré.*
6. **even as** = at the very moment when..., *à l'instant précis où...*
7. **advertised :** to advertise = to inform, *informer* ; ⚠ sens contemporain : *faire de la publicité.*
8. **further :** cf. p. 30, note 8.

La plus grande partie, et de beaucoup, du bâtiment était occupée par la salle d'opération qui couvrait presque tout le rez-de-chaussée, et était éclairée d'en haut, ainsi que par le cabinet qui, à une extrémité, formait un étage surélevé et donnait sur la cour. Un corridor menait de l'amphithéâtre à la porte qui ouvrait sur la ruelle, et, de son côté, le cabinet communiquait avec ce couloir par un second escalier. Il y avait en outre quelques débarras obscurs et une cave spacieuse. Ils se mirent alors à fouiller tous ces locaux méticuleusement. Pour ce qui était des réduits, un seul coup d'œil leur suffit, car ils étaient tous vides, et aucun, si l'on en jugeait par la poussière qui dégringolait de chaque porte, n'avait été ouvert depuis longtemps.

La cave était bourrée d'un bric-à-brac inimaginable, dont la plus grande partie datait du temps du chirurgien qui avait précédé Jekyll ; mais au moment même où ils ouvraient la porte, ils surent que toute recherche poussée était vaine, à en juger par l'épais rideau de toiles d'araignées qui depuis des années en obstruait l'accès. Ils ne trouvèrent nulle part trace de Henry Jekyll, mort ou vif.

Poole frappa du pied les dalles du corridor. « Il doit être enterré là-dessous », dit-il, en écoutant la résonance.

« Ou peut-être s'est-il enfui », dit Utterson, et il se retourna pour examiner la porte donnant sur la petite rue. Elle était fermée à clé ; et sur les dalles, à côté, ils trouvèrent la clé, déjà rongée par la rouille.

« Cette clé ne paraît pas avoir servi ces temps-ci », fit remarquer le notaire.

« Servi ! répéta Poole en écho. Ne voyez-vous pas, monsieur, qu'elle est cassée, comme si quelqu'un l'avait piétinée ? »

« Ah ! poursuivit Utterson, et les cassures en sont rouillées elles aussi. » Les deux hommes échangèrent un regard empreint de frayeur.

---

9. **mat : sort of carpet**, *tapis* ; **doormat**, *paillasson* ; ici, couche épaisse de toiles d'araignées, suspendue, d'où : *rideau*.
10. **had for years sealed up :** nous avons vu, p. 102, note 10, le cas de la traduction d'une durée aboutissant au présent ; ici nous avons la même particularité grammaticale, mais dans le passé ; le present perfect anglais devient un past perfect, traduit en français par l'imparfait : *obstruait*.
11. **nowhere was there :** l'adv. **nowhere** placé en tête de phrase entraîne l'inversion ; le style est plus vif.
12. **hearkening :** litt. et arch. = **listening** ; **to listen**, *écouter*.
13. m. à m. *ceci ne ressemble pas à une utilisation* (de la clé).
14. **fracture :** *fracture* (d'un os), *cassure*, *brisure*, etc., ici (moins courant) de n'importe quel objet métallique.

"This is beyond[1] me, Poole," said the lawyer. "Let us go[2] back to the cabinet."

They mounted[3] the stair in silence, and still, with an occasional awestruck glance at the dead body, proceeded more thoroughly to examine the contents of the cabinet. At one table, there were traces of chemical work, various measured heaps of some white salt being laid on glass saucers[4], as though for an experiment[5] in which the unhappy man had been prevented.

"That is the same drug that I was always bringing him," said Poole; and even as he spoke, the kettle with a startling noise boiled over[6].

This brought them to the fireside, where the easy chair[7] was drawn cosily up, and the tea things stood ready to the sitter's[8] elbow, the very sugar in the cup. There were several books on a shelf; one lay beside the tea things open, and Utterson was amazed to find it a copy of a pious work for which Jekyll had several times expressed a great esteem, annotated, in his own hand, with startling blasphemies.

Next, in the course of their review of the chamber, the searchers came to the cheval-glass, into whose[9] depth they looked with an involuntary horror. But it was so turned as to show them nothing but the rosy glow playing on the roof, the fire sparkling in a hundred repetitions[10] along the glazed front[11] of the presses, and their own pale and fearful countenances[12] stooping[13] to look in.

"This glass has seen some strange things, sir," whispered Poole.

---

1. **beyond** = ici, it is more that I can understand ; Utterson n'arrive pas à comprendre ce que Poole vient de lui faire remarquer à propos de la clé.
2. **let us go :** impératif, 1re pers. du plur. : *retournons.*
3. **mounted :** littéraire pour **climbed the stair**, *montèrent l'escalier.*
4. **saucers :** sens habituel : *sous-tasses* ; ici, il s'agit de coupelles de verre utilisées normalement dans les laboratoires.
5. **experiment :** une *expérience* scientifique ; ⚠ l'*expérience* dans le sens général philosophique : **experience**.
6. **boiled over :** *se mit à bouillir* **(boiled)** *en débordant* **(over)**.
7. **easy chair :** *fauteuil* **(chair)** particulièrement *confortable* **(cosy)** ; une *bergère* est un fauteuil très large et très confortable.
8. **sitter :** de **to sit**, *être assis* : *celui* ou *celle qui est assis.*

« Ceci me dépasse, Poole, dit le notaire. Retournons dans le cabinet. »

Ils gravirent l'escalier en silence, et, tout en jetant de temps à autre un rapide regard lourd de crainte sur le cadavre, ils se remirent à examiner avec plus de soin encore ce que contenait le cabinet. Sur une table il y avait des traces d'une préparation chimique, divers tas, déjà pesés, d'un certain sel blanc dans des coupelles de verre, comme pour une expérience que le malheureux n'avait pas pu mener à bien.

« C'est le produit même que si souvent je lui ai rapporté », dit Poole ; et au moment même où il prononçait ces mots, la bouilloire déborda avec un bruit qui les fit sursauter.

Ceci les attira près de la cheminée à côté de laquelle on avait confortablement installé la bergère ; le service à thé était disposé à portée de la main de la personne assise ; le sucre était même déjà dans la tasse. Plusieurs livres étaient rangés sur une étagère ; un autre était ouvert à proximité du plateau à thé, et Utterson eut la surprise de constater que c'était un exemplaire d'un livre pieux, que Jekyll leur avait plusieurs fois avoué tenir en grande estime, mais annoté, de sa propre main, de blasphèmes épouvantables.

Ensuite, au cours de leur examen de la pièce, nos deux investigateurs arrivèrent à la psyché, dans laquelle leur regard plongea avec une horreur incontrôlable. Mais elle était orientée de telle manière qu'ils n'y virent que l'éclat vermeil dansant au plafond, l'infinie répétition du feu tout au long des vitres des armoires, et leur propre visage, pâle d'effroi, penché sur le miroir pour le scruter.

« Ce miroir a vu d'étranges choses, monsieur », murmura Poole.

---

9. **into whose depth : whose**, pron. relatif de possession, l'antécédent peut être une personne ou une chose (**cheval-glass**) ; *dans les profondeurs de laquelle.*
10. **a hundred repetitions :** *cent répétitions* ; **hundred** a ici un sens indéfini pour donner l'idée d'une grande quantité.
11. **glazed front :** les *portes vitrées* des armoires ; **glazed**, de **glass** : *verre.*
12. **countenances :** se rappeler que l'anglais emploie le plur. là ou le français, voyant l'individualité de la partie du corps, préfère le sing. ; **countenance :** *visage*, ou *expression du visage.*
13. **to stoop** = to bend, *se pencher.*

"And surely none[1] stranger than itself," echoed the lawyer, in the same tone. "For what did Jekyll" — he caught himself up at the word[2] with a start, and then conquering the weakness : "what could Jekyll want with it ?" he said.

"You may say that !" said Poole.

Next they turned to the business table. On the desk, among the neat array[3] of papers, a large envelope was uppermost[4], and bore, in the doctor's hand, the name of Mr Utterson. The lawyer unsealed it, and several enclosures fell to the floor. The first was a will, drawn in the same eccentric[5] terms as the one which he had returned six months before, to serve as a testament in case of death and as a deed of gift[6] in case of disappearance ; but in place of the name of Edward Hyde, the lawyer, with indescribable amazement, read the name of Gabriel John Utterson. He looked at Poole, and then back at the papers, and last of all at the dead malefactor stretched upon the carpet.

"My head goes round," he said. "He has been all these days in possession[7] ; he had no cause to like me ; he must have raged to see himself displaced[8] ; and he has not destroyed this document."

He caught the next paper ; it was a brief note in the doctor's hand and dated at the top. "O Poole !" the lawyer cried, "he was alive and here this day. He cannot have been disposed of[9] in so short a space ; he must be still alive, he must[10] have fled ! And then, why fled[11] ? and how ? and in that case can we venture to declare this suicide[12] ?

---

1. **none :** pron. indéfini négatif, *aucun* ; reprend **some strange things**.
2. **the word :** Utterson se rend tout à coup compte qu'il a employé le passé **did** ; et il est choqué de voir qu'inconsciemment il pense que son ami est mort.
3. **array :** *disposition ordonnée* d'objets.
4. **uppermost :** superlatif, *le plus élevé* (de **upper**, comparatif de **up**) ; ici, celui des documents placé au-dessus des autres, bien en vue ; il existe une forme équivalente, plus simple : **upmost** (même sens).
5. **eccentric :** littéralement *loin du centre*, c.-à-d. *anormal, inusité.*
6. **a deed :** *un acte notarié* ; **a gift :** *un don, un cadeau* ; en termes techniques : *une donation.*
7. **to be in possession :** terme juridique, *être en possession de.*

« Et sûrement rien de plus étrange que sa présence ici », reprit le notaire, sur le même ton. « Car pourquoi Jekyll en a-t-il eu » — ce passé le fit sursauter au milieu de sa phrase, mais dominant cette faiblesse : « Pourquoi Jekyll pouvait-il bien en avoir besoin ? » dit-il.

« On peut en effet se poser la question ! » dit Poole.

Ensuite ils en vinrent à la table de travail. Sur celle-ci, sur des documents soigneusement disposés, s'étalait une grande enveloppe adressée à Mr Utterson, de la main même du docteur. Le notaire la décacheta, et plusieurs pièces jointes tombèrent sur le plancher. La première était un testament, rédigé dans les mêmes termes inhabituels que celui que le notaire avait six mois auparavant rendu à son auteur. Il représentait les dernières volontés de Jekyll, en cas de décès, et un acte de donation, en cas de disparition ; mais le notaire s'aperçut, avec un étonnement indescriptible, que le nom de Gabriel John Utterson avait remplacé celui de Edward Hyde. Il lança un regard à Poole, puis de nouveau aux documents, et enfin au cadavre du criminel étendu sur le tapis.

« La tête me tourne, dit-il. Voilà des jours qu'il est en possession de cet acte ; il n'avait aucune raison d'éprouver de la sympathie pour moi ; il a dû être furieux de se voir évincé sur ce testament ; et pourtant il n'a pas détruit ce document. »

Il ramassa le papier suivant ; c'était une courte note de la main du docteur, datée dans le coin supérieur. « Oh ! Poole, s'écria le notaire, il était encore vivant ici, aujourd'hui même. On n'a pas pu le faire disparaître en si peu de temps ; il doit être encore en vie ; il a dû s'enfuir ! Mais alors, pourquoi s'enfuir ? et de quelle manière ? et dans ce cas pouvons-nous prendre le risque de déclarer ce suicide ?

---

8. **displaced:** *évincé*, c.-à-d. juridiquement *dépossédé* ; Utterson dans tout ce paragraphe emploie la langue de sa profession.
9. **disposed of** = murdered, *assassiné* ; quelques pages plus haut, Poole avait employé l'expression équivalente : **my master has been made away with.**
10. **he must have fled :** le défectif **must** marque ici la probabilité ; les défectifs n'ayant pas de part. passé, l'anglais en fait passer l'idée sur le verbe qui suit : *il doit avoir fui.*
11. **why fled :** sous-entendu **has he (fled) ?**
12. **venture to declare this suicide :** *nous aventurer à, prendre le risque de, déclarer* le *suicide* de Hyde, probablement à la police, car Jekyll pourrait alors être compromis dans l'affaire.

O, we must be careful. I foresee that we may yet[1] involve your master in some dire[2] catastrophe."

"Why don't you read it, sir ?" asked Poole.

"Because I fear[3]," replied the lawyer, solemnly. "God grant I have no cause for it !" And with that he brought the paper to his eyes, and read as follows :

My dear[4] Utterson, — When this shall[5] fall into your hands, I shall have disappeared, under what circumstances I have not the penetration to foresee, but my instinct and all the circumstances of my nameless situation tell me that the end is sure and must be early. Go then, and first read the narrative which Lanyon warned me he was to place in your hands ; and if you care to hear more, turn to the confession of

Your unworthy and unhappy friend,

Henry Jekyll

"There was a third enclosure ?" asked Utterson.

"Here, sir," said Poole, and gave into his hands a considerable packet sealed in several places.

The lawyer put it in his pocket. "I would say nothing of this paper. If your master has fled or is dead, we may at least save his credit[6]. It is now ten ; I must go home and read these documents in quiet ; but I shall be back before midnight, when[7] we shall send for the police."

They went out, locking the door of the theatre behind them ; and Utterson, once more leaving the servants gathered about the fire in the hall, trudged back[8] to his office to read the two narratives in which this mystery was now to be explained.

---

1. **yet :** adv., *encore* ; **still** a le même sens, mais alors que **yet** est tourné vers l'avenir *(nous impliquerons votre maître)*, still indique la continuation d'une action du passé : **he came an hour ago, and he is still there,** *il est arrivé il y a une heure et il est encore (toujours) ici.*
2. **dire** ['daiər] **:** style soutenu =**dreadful,** *affreux, horrible.*
3. **I fear :** on attendrait plutôt **I am afraid** ; **fear** ne s'emploie pas d'ordinaire sans complément ; ce dépouillement du verbe renforce l'idée exprimée.
4. **my dear (Utterson) :** en Angleterre, lorsque dans une lettre on s'adresse à une personne que l'on ne connaît pas, on emploie : **dear sir,** *monsieur* ; lorsqu'on l'appelle par son nom, **dear Mr Smith,** *cher monsieur* ; et si les relations sont encore

Oh ! il nous faut être très prudents. Je prévois que nous pourrions encore impliquer votre maître dans quelque affreuse catastrophe. »

« Pourquoi ne lisez-vous pas cette note, monsieur ? » demanda Poole.

« Parce que j'ai peur », répliqua gravement le notaire. « Dieu fasse que mes craintes ne soient pas fondées ! » Sur ce, il approcha le papier de ses yeux, et lut ce qui suit :

MON TRÈS CHER UTTERSON. — Lorsque cette note tombera entre vos mains, j'aurai disparu, dans des circonstances que je ne suis pas encore à même de prévoir ; mais mon instinct et les conditions de mon indicible situation me disent que la fin est certaine et probablement prochaine. Allez donc d'abord lire le récit que Lanyon m'a dit avoir l'intention de mettre entre vos mains ; et si vous tenez à en savoir davantage, reportez-vous à la confession de

Votre indigne et malheureux ami,

HENRY JEKYLL

« Il y avait bien un troisième document joint ? » demanda Utterson.

« Le voici, monsieur », dit Poole, et il mit dans les mains du notaire un gros paquet cacheté en plusieurs endroits.

Le notaire le mit dans sa poche. « Je vous prie de ne rien dire de cette note. Si votre maître s'est enfui ou s'il est mort, nous pouvons au moins préserver sa réputation. Il est maintenant dix heures ; je dois rentrer chez moi pour y lire ces documents en toute quiétude ; mais je serai de retour avant minuit, heure à laquelle nous appellerons la police. »

Ils sortirent, fermant à clé, derrière eux, la porte de l'amphithéâtre, et Utterson, laissant encore une fois les domestiques rassemblés autour du feu dans le vestibule, reprit péniblement le chemin de son étude, afin d'y lire les deux récits qui devaient maintenant éclaircir ce mystère.

---

plus cordiales, **my dear Mr Smith**, ou mieux encore : **my dear Smith**, *très cher, mon très cher...*

5. **shall :** forme d'insistance du futur (au lieu de **will**) ; Jekyll insiste sur le caractère inévitable de son destin.
6. **credit = reputation**, *réputation* ; cf. **character**.
7. **when :** adv., peut avoir le sens de **and then**, ou encore (ici) **at which time** ; dans ce cas, l'adv. est précédé d'une virgule, et l'on peut employer le futur **shall**.
8. **trudged back :** cf. p. 42, note 10 ; **back** *(retourna)* ; **trudged** *(d'un pas lourd)*.

## Dr Lanyon's Narrative

On the ninth of January, now four days ago, I received by the evening delivery[1] a registered envelope[2], addressed in the hand of my colleague and old school-companion, Henry Jekyll. I was a good deal surprised by this ; for we were by no means[3] in the habit of[4] correspondence ; I had seen the man, dined with him, indeed, the night before ; and I could imagine nothing in our intercourse that[5] should[6] justify the formality of registration. The contents increased my wonder ; for this is how the letter ran :

*10th December 18—*

DEAR LANYON[7], — You are one of my oldest friends ; and although we may have differed[8] at times on scientific questions, I cannot remember, at least on my side, any break in our affection. There was never a day when, if you had said to me, "Jekyll, my life, my honour, my reason, depend upon you," I would not have sacrificed my fortune or my left hand[9] to help you. Lanyon, my life, my honour, my reason, are all at your mercy ; if you fail me[10] to-night, I am lost. You might suppose, after this preface, that I am going to ask you for something dishonourable to grant[11]. Judge for yourself.

---

1. **delivery :** de to deliver (the mail), *distribuer (le courrier)*≠to collect, *lever* (les lettres) ; the collection, *la levée* ; **evening :** il y avait à cette époque trois distributions de courrier par jour : morning *(matin)*, midday *(midi)* et evening *(soir)*.
2. **an envelope** ['envəloup] **:** ⚠ l'orthogr. anglaise : un seul **p**.
3. **by no means :** *en aucune façon.*
4. **in the habit of :** m. à m. *dans l'habitude de.*
5. **that :** pron. relatif obligatoirement employé au lieu de which, après nothing comme antécédent.
6. **should :** subjonctif passé amené par **imagine**, avec le sens d'envisager (sorte de suggestion).
7. **Dear Lanyon :** cf. p. 134, note 4 ; ce n'est pas l'adresse la plus affectueuse entre bons amis ; pourtant, trois lignes plus bas : **I cannot remember any break in our affection.**

Le 9 janvier, il y a quatre jours de cela, j'ai reçu, par le courrier du soir, une lettre recommandée dont l'adresse avait été écrite de la main de mon confrère et ancien compagnon d'études, Henry Jekyll. Cela me surprit beaucoup, car nous n'avions aucunement coutume de correspondre l'un avec l'autre. J'avais vu mon ami et, en fait, dîné avec lui la veille au soir ; et je ne pouvais rien imaginer qui, dans nos rapports, justifiât le caractère officiel d'un pli recommandé. Le contenu ne fit qu'accroître mon étonnement ; car voici ce que disait cette missive :

*10 décembre 18*

MON CHER LANYON. — Vous êtes l'un de mes plus vieux amis ; et bien que, parfois, nous n'ayons pas toujours été d'accord sur certaines questions scientifiques, je ne puis me souvenir, tout au moins en ce qui me concerne, de la moindre faille dans notre amitié. Il n'est pas de jour où, si vous m'aviez dit, « Jekyll, ma vie, mon honneur, ma raison dépendent de vous », je n'aurais sacrifié ma fortune ou l'une de mes mains pour vous venir en aide. Lanyon, ma vie, mon honneur, et ma raison sont à votre merci ; si, ce soir, vous ne répondez pas à mon attente, je suis un homme perdu. Vous pourriez supposer, après ce préambule, que je suis sur le point de vous demander quelque chose de déshonorant. A vous d'en juger.

---

8. **to differ** [ˈdifər] **:** la consonne finale n'est pas redoublée (1 **r**) parce que l'accentuation ne porte pas sur la dernière syllabe ; comparer to prefer [priˈfər], preferred (2 r).
9. **or my left hand :** *ou ma main gauche* ; la main gauche, la main du cœur.
10. **to fail someone :** not to do what one expects you to do, to disappoint sb, *décevoir qqun.*
11. **to ask you for something dishonourable to grant :** *vous demander qqch. de déshonorant à accorder.*

I want you to postpone all other engagements for to-night[1] — ay, even if you were summoned to the bedside of an emperor ; to take a cab, unless your carriage should be actually[2] at the door ; and, with this letter in your hand for consultation, to drive straight to my house. Poole, my butler, has his orders ; you will find him waiting your arrival[3] with a locksmith. The door of my cabinet is then to be forced[4] ; and you are to go in alone ; to open the glazed press (letter E) on the left hand, breaking the lock if it be shut[5] ; and to draw out, *with all its contents as they stand,* the fourth drawer from the top or (which is[6] the same thing) the third from the bottom. In my extreme distress of mind, I have a morbid fear of misdirecting[7] you ; but even if I am in error, you may know the right drawer by its contents : some powders, a phial[8], and a paper book[9]. This drawer I beg of you to carry back with you to Cavendish Square exactly as it stands.

That is the first part of the service : now for the second. You should be[10] back, if you set out at once on the receipt of this, long before midnight ; but I will leave you that amount of margin, not only in the fear of one of those obstacles that can neither be prevented nor[11] foreseen, but because an hour when your servants are in bed is to be preferred[12] for what will then remain to do. At midnight, then, I have to ask you to be alone in your consulting-room, to admit with your own hand into the house a man who will present himself in my name, and to place in his hands the drawer that you will have brought with you from my cabinet.

---

1. **to-night :** *ce soir.*
2. **actually :** *vraiment, réellement* ; *actuellement* : **now, at present.**
3. **waiting your arrival :** lorsque le verbe **to wait** signifie *attendre* et *guetter qqch.*, on n'emploie pas la préposition **for**, habituellement usitée pour introduire le complément ; dans ce cas **to wait** est l'équivalent de to **await**, qui s'emploie toujours sans préposition.
4. **is then to be forced :** équivalent fort de **must be forced** avec la suggestion d'une conséquence inévitable.
5. **if it be shut :** subjonctif présent **(be)** après **if**, exprimant un fait hypothétique ; style très soutenu ; en anglais moderne on dirait simplement **if it's shut.**
6. **which is :** il y a une inversion : la proposition relative

Je veux que vous remettiez tout engagement que vous pourriez avoir pris pour la soirée — oui, même s'il s'agissait d'un empereur au chevet duquel vous seriez appelé ; que vous preniez un fiacre, à moins que votre voiture personnelle ne soit justement devant votre porte, et qu'avec cette lettre en main, dont vous suivrez les instructions, vous vous fassiez conduire directement chez moi. Poole, mon majordome, a reçu les ordres nécessaires ; vous le trouverez en compagnie d'un serrurier, attendant votre venue. Il faudra alors forcer la porte de mon cabinet, où vous devrez pénétrer seul, pour ouvrir, sur votre gauche, l'armoire vitrée (lettre E), en en fracturant la serrure si besoin est ; puis enlever, *avec tout ce qu'il contient, dans son état actuel,* le quatrième tiroir en partant du haut, ou bien (ce qui revient au même) le troisième en partant du bas. Dans l'extrême désarroi de mon esprit, j'ai une peur maladive de vous donner des indications erronées ; mais même si je me trompe, vous pourrez reconnaître le tiroir demandé à son contenu : diverses poudres, un flacon, et un cahier. C'est ce tiroir que je vous prie instamment de rapporter à Cavendish Square, dans l'état même où vous l'aurez trouvé.

Cela constitue la première partie du service que je vous demande ; passons maintenant à la seconde. Vous devriez être de retour longtemps avant minuit, si vous vous mettez en route dès réception de cette lettre ; mais je tiens à vous laisser cette marge de temps, non seulement par crainte de l'un de ces obstacles que l'on ne peut ni éviter ni prévoir, mais aussi parce qu'il vaut mieux, pour ce qui vous restera alors à faire, attendre le moment où vos domestiques seront couchés. Donc, je dois vous demander d'être seul, à minuit, dans votre cabinet de consultation, afin d'ouvrir vous-même votre porte à un homme qui se présentera de ma part, et de lui remettre, en main propre, le tiroir que vous aurez rapporté de mon cabinet.

---

introduite par **which is**... devrait être placée après **the third from the bottom** qui est son antécédent réel ; lorsque l'antécédent du relatif est une proposition, on emploie **which**, *ce qui.*
7. **misdirecting** [misdaiˈrektiŋ] **: mis**, *de travers, mal*, **directing**, de to direct, *diriger, renseigner.*
8. **phial :** petite bouteille de verre, *fiole.*
9. **paper-book :** en anglais moderne : **copy-book**, *cahier.*
10. **you should be :** marque la forte probabilité ; équivalent : **you ought to**, *vous devriez.*
11. **neither... nor :** double négation forte, toujours employée avec un verbe affirmatif (**can**), *ni... ni* ; on pourrait dire aussi : **that cannot (either) be prevented or...**
12. **preferred :** cf. p. 138, note 8.

Then you will have played your part and earned my gratitude completely. Five minutes afterwards, if you insist upon an explanation, you will have understood that these arrangements are of capital importance ; and that by the neglect of one of them, fantastic[1] as they must appear, you might have charged your conscience with my death or the shipwreck[2] of my reason.

Confident as I am[3] that you will not trifle with this appeal, my heart sinks and my hand trembles at the bare[4] thought of such a possibility. Think of me at this hour, in a strange place[5], labouring[6] under a blackness of distress that no fancy can exaggerate, and yet well aware that, if you will[7] but[8] punctually serve me, my troubles will roll away like a story that is told. Serve me, my dear Lanyon, and save

Your friend,
H.J.

P.S. — I had already sealed this up when a fresh[9] terror struck upon my soul. It is possible that the post office may fail me, and this letter not come[10] into your hands until to-morrow morning. In that case, dear Lanyon, do my errand when it shall be most[11] convenient for you in the course of the day ; and once more expect my messenger at midnight. It may then already be too late ; and if that night passes without event[12], you will know that you have seen the last of Henry Jekyll[13].

---

1. **fantastic** = unbelievable, tellement extraordinaire qu'on ne peut y croire.
2. **the shipwreck :** *le naufrage* ; image de marin ; s'emploie couramment au figuré.
3. **confident as I am** = although I am confident, *bien que j'aie confiance, que je sois sûr* ; **confident** est placé en tête de la phrase pour insister sur ce mot, capital, pour Jekyll-Hyde.
4. **bare** = the only, the mere thought, *la simple pensée.*
5. **in a strange place :** Jekyll a trouvé refuge dans un petit hôtel où il se cache.
6. **labouring :** *souffrant de, victime de.*
7. **if you will :** sens plein du verbe **will :** to show one's willingness to..., *montrer son désir, sa volonté, sa pleine acceptation de...*
8. **but** = only, *seulement.*

A ce moment-là vous aurez joué votre rôle, et mérité mon entière gratitude. Cinq minutes plus tard, si vous tenez à avoir une explication, vous aurez compris que ces arrangements étaient d'une importance capitale, et que, si vous aviez négligé n'importe lequel d'entre eux, quelque extravagants qu'ils aient dû vous paraître, vous auriez peut-être chargé votre conscience du poids de ma mort ou du naufrage de ma raison.

Tout en étant assuré que vous ne prendrez pas cet appel à la légère, je me sens envahi par le découragement, et ma main tremble à la seule idée d'une telle possibilité. Pensez à votre ami, actuellement dans un lieu inconnu, accablé par un noir désespoir que nulle imagination ne peut exagérer, et pourtant parfaitement conscient que si seulement vous acceptez de lui rendre ce service avec ponctualité, ses épreuves seront oubliées, comme un récit, une fois qu'on l'a raconté. Faites ce que je vous demande, mon très cher Lanyon, afin de sauver

Votre ami,
H.J.

P.-S. — J'avais déjà cacheté ce pli lorsque j'ai été saisi d'une nouvelle épouvante. Il est possible que la poste me trahisse, et que cette lettre ne vous parvienne que demain matin. Dans ce cas, cher Lanyon, accomplissez la mission dont je vous ai chargé, à l'heure qui vous conviendra le mieux au cours de la journée ; et de nouveau attendez mon émissaire demain à minuit. Peut-être sera-t-il déjà trop tard ; et si cette nuit-là s'écoule sans qu'il se passe rien, vous saurez que plus jamais vous ne reverrez Henry Jekyll.

---

9. **fresh :** ici, **new**, *nouvelle, jamais éprouvée auparavant.*
10. **not come :** sous-entendu **may (not come)**, *et que cette lettre ne vous parvienne (peut-être) pas.*
11. **when it shall be most :** futur d'insistance, **shall** (au lieu de **will**) ; il faut quand même me rendre ce service sans faute, même dans un futur plus lointain.
12. **without event :** *sans événement*, c.-à-d. la réception, avec vingt-quatre heures de retard, du messager de Jekyll.
13. *vous aurez eu la dernière vision de (vu pour la dernière fois) Jekyll.*

Upon the reading[1] of this letter, I made sure my colleague was insane; but till that was proved beyond the possibility of doubt, I felt bound to[2] do as he requested. The less I understood of this farrago, the less[3] I was in a position[4] to judge of its importance; and an appeal so worded could not be set aside without a grave responsibility. I rose accordingly from table, got into a hansom[5], and drove straight to Jekyll's house. The butler was awaiting my arrival; he had received by the same post as mine a registered letter of instruction, and had sent at once for a locksmith and a carpenter[6]. The tradesmen came while we were yet[7] speaking; and we moved in a body to old Dr Denman's[8] surgical theatre, from which (as you are doubtless aware) Jekyll's private cabinet is most conveniently entered. The door was very strong, the lock excellent; the carpenter avowed he would have great trouble, and have to do much damage[9], if force were to be used; and the locksmith was near despair. But this last[10] was a handy fellow, and after two hours' work[11], the door stood open. The press marked E was unlocked; and I took out the drawer, had it filled up[12] with straw and tied in a sheet, and returned with it to Cavendish Square.

Here I proceeded[13] to examine its contents. The powders were neatly enough made up, but not with the nicety of the dispensing chemist[14]; so that it was plain they were of Jekyll's private manufacture; and when I opened one of the wrappers, I found what seemed to me a simple crystalline salt of a white colour.

---

1. **upon the reading :** on est plus employé que **upon**, sauf d'ordinaire dans des expressions comme **upon my word !**, *ma parole !*; once upon a time, *il était une fois*; upon the reading = when reading, *à la lecture de*.
2. **bound to** = obliged to, *contraint de*; participe passé de to bind, bound, bound; dans le sens de *lier, contraindre*.
3. **the less... the less :** c'est ce qu'on appelle la progression parallèle du comparatif, ou le comparatif redoublé; *moins... moins*; **less** est la forme comparative irrégulière de little, adv. indéfini; superlatif : the least.
4. **to be in a position :** expression équivalente au défectif can, pour exprimer la conséquence d'un ensemble de circonstances.
5. **a hansom** ['hænsəm] (ou hansom-cab) **:** *cabriolet de louage*, tiré par un seul cheval, prenant deux clients, et où le cocher est assis derrière (1835-1915).

Après avoir lu cette lettre, je fus convaincu que mon confrère était fou ; mais jusqu'à ce que son état fût reconnu comme tel, sans le moindre doute possible je me sentis tenu de faire ce qu'il me demandait. Moins je comprenais ce méli-mélo, moins je me sentais capable d'en mesurer l'importance ; et un appel ainsi formulé ne pouvait être écarté sans que j'encourusse une grave responsabilité. Je me levai donc de table, montai dans un cab, et me fis conduire directement chez le Dr Jekyll. Le majordome m'y attendait ; il avait reçu par le même courrier que moi une lettre d'instructions recommandée, et avait immédiatement envoyé quérir un serrurier et un menuisier. Ces artisans se présentèrent tandis que nous étions encore en train de causer ; et tous ensemble nous nous dirigeâmes vers l'amphithéâtre du vieux Dr Denman, par où (comme vous le savez certainement) on gagne le plus facilement le cabinet personnel de Jekyll. La porte était très solide et la serrure excellente ; le menuisier nous avertit qu'il aurait bien du mal, et serait amené à faire beaucoup de dégâts s'il fallait employer la force ; le serrurier, lui, se désolait. Mais c'était un ouvrier habile, et au bout de deux heures de travail, il nous ouvrit la porte. L'armoire vitrée marquée de la lettre E n'était pas fermée à clé ; je sortis le tiroir, le fis remplir de paille et envelopper dans un drap, puis retournai avec à Cavendish Square.

Là, je me mis à en examiner le contenu. Les poudres étaient préparées avec assez de soin, mais sans que l'on y décelât le tour de main du pharmacien ; il était évident que c'était Jekyll lui-même qui les avait composées ; et lorsque j'ouvris l'un des sachets, j'y trouvai ce qui me parut être un simple sel cristallisé de couleur blanche.

---

6. **carpenter :** *charpentier* (celui qui construit toits et maisons), ici, ce serait plutôt un *menuisier* : **joiner**.
7. **yet :** adv. ; dans une phrase affirmative, **yet** peut remplacer **still** ; **don't hurry, there is yet plenty of time**, *ne vous bousculez pas, nous avons encore tout notre temps.*
8. **Dr Denman :** le chirurgien qui habitait et travaillait auparavant dans la maison de Jekyll.
9. **damage :** cf. p. 36, note 3.
10. **this last :** *ce dernier* (**the locksmith**) ; pour **the latter**.
11. **two hours' work :** le cas possessif s'emploie pour exprimer une idée de temps : *travail de deux heures.*
12. **had it filled up :** cf. **to have something done** : *faire faire qqch.*
13. **proceeded :** forme soutenue équivalente à **began, started**.
14. **dispensing chemist :** m. à m. le *chimiste qui prépare les médicaments* = *pharmacien.*

The phial, to which I next turned my attention, might have been about half-full of a blood-red liquor, which was highly pungent to the sense of smell[1], and seemed to me to contain phosphorus and some volatile ether. At the other ingredients I could make no guess. The book was an ordinary version book[2], and contained little but a series[3] of dates. These covered a period of many years, but I observed that the entries[4] ceased nearly a year ago and quite abruptly. Here and there a brief remark was appended[5] to a date, usually no more than a single word : "double" occurring[6] perhaps six times in a total of several hundred entries[7] ; and once very early in the list and followed by several marks of exclamation, "total failure ! ! !" All this, though it whetted[8] my curiosity, told me little[9] that was definite. Here were a phial of some tincture, a paper of some salt, and the record of a series of experiments that had led (like too many of Jekyll's investigations) to no end of practical usefulness. How could the presence of these articles in my house affect either[10] the honour, the sanity, or the life of my flighty[11] colleague ? If his messenger could go to one place, why could he not go to[12] another ? And even granting some impediment[13], why was this gentleman to be received by me in secret ? The more I reflected, the more convinced I grew that I was dealing with a case of cerebral disease ; and though I dismissed my servants to bed, I loaded an old revolver, that I might[14] be found in some posture of self-defence.

---

1. **highly pungent... smell :** *fortement irritante pour le sens de l'odorat.*
2. **version book :** (archaïque) sorte de *livre de bord journalier*, livre de comptes rendus, consignant les expériences du savant et leurs résultats.
3. **a series :** plur. series ['siəri:z], *une série.*
4. **the entries :** *les enregistrements, insertions, inscriptions.*
5. **was appended :** *était ajoutée à.*
6. **occurring :** ⚠ 2 **r** ; de to occur [ɔ'kəʳ] = to happen : *se présenter, se produire.*
7. **several hundred entries :** le mot **hundred** est adj. lorsqu'il est précédé de **several**.
8. **whetted :** de to whet, *aiguiser* (une lame de couteau, l'appétit, ou la curiosité).
9. **little :** adj. de quantité, *peu de* (quantité limitée) ; ⚠ a little : *un peu de* (quantité indéfinie).

La fiole, sur laquelle ensuite mon attention se porta, était presque à demi pleine d'une liqueur rouge sang qui irritait fortement le nez, et me sembla contenir du phosphore et un éther volatil. Je ne pus deviner quels en étaient les autres composants. Le cahier était un banal journal de laboratoire qui ne contenait pratiquement rien d'autre qu'une série de dates, lesquelles couvraient une période de plusieurs années ; mais je remarquai que ce relevé avait été interrompu environ une année auparavant de manière tout à fait inattendue. Çà et là une date était accompagnée d'une courte remarque, la plupart du temps ne dépassant pas un seul mot : le mot « double » qui ne se trouvait mentionné que six fois tout au plus sur un total de plusieurs centaines d'inscriptions ; et une fois, tout au début de la liste, et suivie de plusieurs points d'exclamation, la mention : « échec total ! ! ! »

Tout ceci, bien qu'éveillant ma curiosité, ne m'apprit pas grand-chose de précis. L'ensemble ne comprenait qu'une fiole d'une teinture quelconque, un paquet d'un certain sel, et le relevé d'une liste d'expériences qui (comme trop de recherches menées par Jekyll) n'avaient abouti à aucune application pratique. Comment la présence de ces objets chez moi pouvait-elle affecter l'honneur, la santé mentale ou encore la vie de mon fantaisiste confrère ? Si son messager pouvait se rendre à un endroit donné, pourquoi pas à un autre ? Et même en admettant que Jekyll se trouvât empêché, pourquoi ce monsieur devait-il être reçu par moi en secret ? Plus j'y réfléchissais, plus j'acquis la conviction que je me trouvais confronté à un cas de maladie cérébrale ; et bien que j'eusse envoyé mes domestiques se coucher, je chargeai un vieux revolver afin de me trouver prêt à me défendre.

---

10. **either :** le premier terme de l'alternance peut être sous-entendu dans la traduction qui, sinon, serait plus lourde que le texte anglais.
11. **flighty :** s'emploie surtout en parlant des femmes : *légères, volages, capricieuses* ; mais Jekyll fait montre de semblables défauts, aux yeux de Lanyon, lorsqu'il s'agit de recherche et de théories scientifiques.
12. **could he not go to :** pour couldn't he go to ; Lanyon écrit un anglais très classique.
13. **granting some impediment :** *admettant, supposant quelque empêchement.*
14. **that (I might) = in order that, so that** ; conjonction de but, commande le subjonctif passé, **might**, auxiliaire à ne pas confondre avec le défectif may *pouvoir.*

Twelve o'clock had scarce rung out over London, ere[1] the knocker sounded very gently on the door. I went myself at the summons, and found a small man crouching against the pillars of the portico[2].

"Are you come[3] from Dr Jekyll ?" I asked.

He told me "yes" by a constrained gesture ; and when I had bidden him enter[4], he did not obey me without a searching backward glance into the darkness of the square. There was a policeman not far off, advancing with his bull's eye open[5] ; and at the sight, I thought my visitor started and made greater haste.

These particulars[6] struck me, I confess, disagreeably ; and as I followed him into the bright light of the consulting-room, I kept my hand ready on my weapon. Here, at last, I had a chance of clearly seeing him. I had never set eyes on him before, so much was certain. He was small, as I have said ; I was struck besides with the shocking expression of his face, with his remarkable combination of great muscular activity and great apparent debility of constitution, and — last but not least[7] — with the odd, subjective disturbance caused by his neighbourhood. This bore some resemblance to incipient rigor[8], and was accompanied by a marked sinking[9] of the pulse. At the time, I set it down to some idiosyncratic[10], personal distaste, and merely wondered at the acuteness of the symptoms ; but I have since had reason to believe the cause to lie much deeper in the nature of man, and to turn on some nobler hinge[11] than the principle of hatred.

---

1. **ere** (littéraire) = **before**, conj., *(avant) que.*
2. **portico** [pɔːtikou] **:** *porche, portique.*
3. **are you come ?** pour **have you come** : le verbe *être* remplace le verbe *avoir* aux temps composés du passé pour exprimer l'état résultant d'une action (avec des verbes de mouvement, **to go, to come, to arrive**) ; ( = votre venue est bien la conséquence du désir du Dr Jekyll).
4. **bidden him enter :** **to bid, bid, bid** ou **to bid, bade, bidden** ; dans le sens *ordonner, demander instamment* ; le part. passé **bidden** est préféré. ⚠ Emploi de l'infinitif sans **to** après **to bid**.
5. **his bull's eye :** 1) (ici) une *lanterne* dont on peut cacher la lumière à volonté ; 2) le *centre de la cible* au tir à l'arc ; **open :** adj., *ouverte.*
6. **particulars** [pəˈtikjuləz] **:** nom plur. inv. dans le sens de *faits, détails.*

A peine les douze coups avaient-ils sonné sur la ville, que l'on cogna doucement du heurtoir à la porte. Je répondis moi-même à cet appel et découvris un homme de petite taille tapi contre les colonnes du porche.

« Vous venez de la part du Dr Jekyll ? » lui demandai-je.

Il me répondit par l'affirmative en prenant une attitude gênée ; et lorsque je l'eus prié d'entrer, il ne le fit qu'après avoir jeté un regard en arrière comme pour fouiller l'obscurité du square. Il y avait, non loin de nous, un agent de police qui avançait, sa lanterne sourde allumée ; il me sembla qu'à sa vue, mon visiteur tressaillit et se hâta d'entrer.

Ces détails firent sur moi, je l'avoue, une forte et désagréable impression ; et tandis que je le suivais et pénétrais dans la salle de consultation brillamment éclairée, je gardai la main sur mon revolver, prêt à toute éventualité. C'est là, enfin, que j'eus la possibilité de le voir nettement ; je n'avais jamais auparavant posé les yeux sur lui, de cela au moins j'étais sûr. Comme je l'ai déjà dit, c'était un homme de petite taille ; ce qui me frappa en outre, c'était l'expression choquante de son visage, la remarquable combinaison en lui d'une grande force musculaire et d'une évidente grande faiblesse de constitution, et — dernier détail mais non des moindres — le trouble singulier qu'éveillait en moi sa présence. Cela s'apparentait d'une certaine manière à la première manifestation d'une raideur, accompagnée d'un net ralentissement du pouls. A ce moment-là, je l'imputai à quelque répulsion caractéristique de ma personnalité, et m'étonnai purement et simplement de la violence de ces symptômes ; mais depuis j'ai eu de bonnes raisons de penser que leur origine était liée à quelque chose de plus profondément humain, et reposait sur un motif plus noble que le principe de la haine.

---

7. **last but not least :** 1) **last :** superlatif irrég. de **late**, *le dernier* ; 2) **least :** superlatif irrég. de **little**, *le moindre* ; phrase idiomatique courante, au terme d'une énumération.
8. **incipient** = **beginning**, *commençante* ; terme savant de médecine, de même que **rigor :** latin médical, *raideur, rigidité* ; cf. **rigor mortis**, la *rigidité cadavérique*. Lanyon, ne l'oublions pas, est médecin et il essaie d'analyser scientifiquement ses réactions en face de Hyde.
9. **sinking** = slowing down, *ralentissement*.
10. **idiosyncratic** [idiɔsin'kræetik] : de **idiosyncrasy, mode of expression, way of feeling peculiar to an individual**, *réaction personnelle d'un individu selon son caractère, son émotivité*.
11. m. à m. *tournait sur quelque axe (charnière) plus noble que...*

This person (who had thus, from the first moment of his entrance, struck in me what I can only describe as a disgustful curiosity) was dressed in a fashion that would have made an ordinary person laughable ; his clothes, that is to say, although they were of rich and sober fabric [1], were enormously too large for him in every measurement [2] — the trousers hanging on his legs and rolled up to keep them from the ground, the waist of the coat below his haunches [3], and the collar sprawling [4] wide upon his shoulders. Strange to relate, this ludicrous [5] accoutrement [6] was far from moving me to laughter. Rather, as there was something abnormal and misbegotten [7] in the very essence of the creature that now faced me — something seizing, surprising and revolting — this fresh disparity seemed but to fit in with and to reinforce it ; so that to my interest in the man's nature and character there was added a curiosity as to his origin, his life, his fortune and status in the world.

These observations, though they have taken so great a space to be set down in [8], were yet the work of a few seconds. My visitor was, indeed, on fire [9] with sombre excitement.

"Have you got it [10] ?" he cried. "Have you got it ?" And so lively was his impatience [11] that he even laid his hand upon my arm and sought to shake me.

I put him back conscious at his touch of a certain icy pang along my blood. "Come [12], sir," said I. "You forget that I have not yet the pleasure of your acquaintance. Be seated [13], if you please."

---

1. **fabric :** sorte de tissu ; silk fabric, *tissu de soie* ; synonymes : cloth, material, stuff : *étoffe*.
2. **in every measurement :** *dans toutes leurs mesures* ; cf. waist-measurement, *tour de taille*.
3. **haunches :** ce mot s'emploie surtout pour les animaux, pour les gens on emploie hip, mais hip concerne plutôt l'ossature et **haunch**, les muscles ; la *hanche* (en général).
4. **sprawling :** étalé de manière négligée et désordonnée.
5. **ludicrous :** *absolument ridicule* ; renforce l'idée contenue dans accoutrement.
6. **accoutrement** [əˈkutəmənt] **:** à l'origine, les vêtements et l'équipement du soldat ; puis sens péjoratif : *habillement étrange, oripeaux*.
7. **misbegotten :** de **mis** *(de travers, anormalement)*, et **begot-**

Cette personne (qui, dès son entrée, avait éveillé en moi ce que je me contenterai d'appeler une curiosité mêlée de dégoût) était habillée d'une manière qui aurait rendu risible tout individu ordinaire ; je veux dire que ses vêtements, bien qu'ils fussent taillés dans une étoffe d'un luxe discret, étaient bien trop grands pour lui, en tous sens — son pantalon lui dégringolait sur les jambes et avait été roulé et relevé pour l'empêcher de traîner par terre, la taille de sa veste descendait plus bas que ses hanches, tandis que son col s'étalait largement sur ses épaules. Aussi étrange que cela puisse paraître, cet accoutrement grotesque était loin de m'inciter à rire. Bien plutôt, comme il y avait quelque chose d'anormal et de difforme dans la nature même de la créature qui se tenait maintenant devant moi — quelque chose de saisissant, de surprenant et de révoltant à la fois —, cette anomalie supplémentaire semblait s'accorder avec le caractère du personnage qu'elle renforçait ; si bien qu'à l'intérêt que je ressentais pour la nature et le caractère de l'homme, venait s'ajouter un élément de curiosité quant à ses origines, son mode de vie, sa fortune et sa situation sociale.

Ces observations, bien que j'aie mis si longtemps à les consigner, je ne les ai faites, cependant, qu'en quelques secondes. Mon visiteur, effectivement, était en proie à une sombre excitation.

« L'avez-vous ? s'écria-t-il. Est-ce que vous l'avez ? » Et si vive était son impatience qu'il alla jusqu'à me prendre par le bras, cherchant à me secouer.

Je le repoussai, sentant à son contact un flot glacé courir dans mes veines. « Allons, monsieur, dis-je. Vous oubliez que je n'ai pas encore eu le plaisir de faire votre connaissance. Prenez un siège, je vous prie. »

---

**ten** (de to beget, begot, begotten, *engendrer, procréer*) ; *monstrueux, contrefait.*

8. **set down in** = in which to set them (observations) down ; to set down = to write, *écrire, consigner.*

9. **on fire** = burning, *en feu, en flammes, embrasé.*

10. **it** : le fameux tiroir que Lanyon est allé chercher chez Jekyll.

11. **so lively... impatience : so lively** est placé en tête pour donner plus de force à l'idée ; d'où l'inversion qui suit.

12. **come :** est ici une interjection exprimant la désapprobation, le mécontentement ; d'ordinaire, dans ce sens, le verbe est redoublé : **come, come !**

13. **be seated :** forme très cérémonieuse pour **sit down**.

And I showed him an example, and sat down myself in my customary seat[1] and with as fair an imitation of my ordinary manner to a patient, as the lateness of the hour, the nature of my pre-occupations, and the horror I had of my visitor would suffer me to muster[2].

"I beg your pardon, Dr Lanyon", he replied, civilly enough[3]. "What you say is very well founded[4]; and my impatience has shown its heels to my politeness[5]. I come here at the instance[6] of your colleague, Dr Henry Jekyll, on a piece of business of some moment[7]; and I understood..." he paused and put his hand to his throat[8], and I could see, in spite of his collected manner, that he was wrestling against the approaches of the hysteria — "I understood, a drawer..."

But here I took pity on[9] my visitor's suspense, and some perhaps on my own growing curiosity.

"There it is, sir," said I, pointing to the drawer where it lay[10] on the floor behind a table, and still covered with the sheet.

He sprang to it, and then paused, and laid his hand upon his heart; I could hear[11] his teeth grate with the convulsive action of his jaws; and his face was so ghastly[12] to see that I grew alarmed both for his life and reason.

"Compose yourself[13]," said I.

He turned a dreadful smile to me, and, as if with the decision of despair, plucked away the sheet. At sight of the contents, he uttered one loud sob of such immense relief that I sat petrified.

---

1. **my customary seat :** la place habituelle d'un médecin recevant un malade est derrière son bureau, face à celui-ci.
2. **to muster** = to gather, *réunir, adopter.*
3. **civilly enough : enough**, ici, a un sens fort : *très polie.*
4. **founded :** *fondé*, de to found, verbe régulier ; ⚠ ne pas confondre avec **to find, found, found**, *trouver.*
5. m. à m. *a montré les talons à ma politesse*, c.-à-d. *est passée avant.*
6. **at the instance :** ici, at the urgent request of ; du latin instantia, *supplication.*
7. **of some moment :** *de quelque importance* ; cf. a momentous decision, *une décision capitale.*
8. **put his hand to his throat :** l'emploi de l'adjectif possessif est de règle en anglais quand on désigne une partie du corps ou une pièce de l'habillement, alors que le français emploie, d'habitude, l'article défini.

Et je lui donnai l'exemple en m'asseyant à ma place accoutumée, adoptant mon attitude habituelle vis-à-vis d'un malade, aussi bien imitée que le permettaient l'heure tardive, la nature de mes préoccupations et l'horreur que m'inspirait mon visiteur.

« Veuillez me pardonner, docteur Lanyon, répliqua-t-il d'une manière fort polie. Ce que vous dites est fort justifié ; mon impatience a devancé ma civilité. Je viens vous trouver à la requête expresse de votre confrère le Dr Henry Jekyll, pour une affaire de quelque importance ; et j'avais cru comprendre... » — il s'interrompit et porta la main à la gorge, et je voyais que, bien qu'il eût repris son sang-froid, il luttait pour écarter la crise de nerfs qu'il sentait venir — « j'avais cru comprendre qu'un tiroir... »

A cet instant, l'attente angoissée de mon visiteur, et peut-être aussi ma propre curiosité croissante excitèrent ma pitié.

« Le voici, monsieur », dis-je, lui montrant du doigt le tiroir encore recouvert du drap, posé sur le plancher derrière une table.

Il bondit vers le tiroir, puis s'arrêta, portant la main à son cœur ; j'entendais ses dents grincer sous l'effet du mouvement convulsif de ses mâchoires ; et son visage était si décomposé que je commençais à m'inquiéter, et pour sa vie, et pour sa raison.

« Calmez-vous », lui dis-je.

Il se tourna vers moi en esquissant un affreux sourire, et, comme poussé par le désespoir, arracha le drap. A la vue du contenu du tiroir il laissa entendre un violent et unique sanglot provoqué par un soulagement si intense que je restai comme pétrifié.

---

9. **to take pity on somebody** = to feel pity for sb : *éprouver de la pitié pour qqun.*
10. **it lay :** prétérit de to lie, lay, lain : *être couché, reposer.*
11. **I could hear :** étant donné que can employé avec des verbes de sensation (hear, see, feel) n'ajoute rien à l'idée, on l'omet dans la traduction française : the sea can be seen from the terrace, *on voit la mer de la terrasse.*
12. **ghastly :** *horrible* ; de ghost, *fantôme.*
13. **compose yourself :** très littéraire pour calm yourself ; en anglais contemporain et familier, on dirait : take it easy ! *calmez-vous !*

And the next moment, in a voice that was already fairly[1] well under control, "Have you a graduated glass ?" he asked.

I rose from my place with something of an effort, and gave him what he asked.

He thanked me with a smiling nod, measured out a few minims[2] of the red tincture and added one of the powders. The mixture, which was at first of a reddish hue[3], began, in proportion as the crystals melted, to brighten in colour, to effervesce audibly, and to throw off small fumes[4] of vapour. Suddenly, and at the same moment, the ebullition ceased, and the compound[5] changed to a dark purple[6], which faded again more slowly to a watery green. My visitor, who had watched these metamorphoses with a keen eye, smiled, set down the glass upon the table, and then turned and looked upon me with an air of scrutiny.

"And now," said he, "to settle what remains. Will you be wise[7] ? will you be guided ? will you suffer me to take this glass in my hand, and to go forth from your house[8] without further parley[9] ? or has the greed of curiosity too much command of you ? Think before you answer, for it shall[10] be done as you decide. As you decide, you shall be left as you were before, and neither richer nor wiser, unless the sense of service rendered to a man in mortal distress may[11] be counted as a kind of riches[12] of the soul. Or, if you shall so prefer to choose, a new province of knowledge and new avenues to fame and power shall be laid open to you, here, in this room, upon the instant ; and your sight shall be blasted by a prodigy[13] to stagger the unbelief of Satan."

---

1. **fairly** = moderately, rather, *assez, plutôt.*
2. **a minim :** mesure d'apothicaire, *0,5 millilitre* ; c.-à-d. *une très petite quantité.*
3. **hue :** *couleur, teinte* ; synonymes : colour, tint, shade.
4. **fumes :** *fumées, gaz, vapeurs, dégagements,* que l'on peut voir et qui, ordinairement, ont une odeur caractéristique.
5. **compound :** *mélange* ou *combinaison* d'éléments chimiques ; on remarquera dans toute cette description la maîtrise de Stevenson dans le maniement de ce vocabulaire technique.
6. **purple :** d'un *rouge foncé tirant sur le violet.*
7. **wise :** *sage, avisé* ; ici, plutôt, *informé.*
8. **to go forth from your house :** forme très soutenue pour to leave your house ; **forth :** adv., *en avant.*
9. **parley :** sens d'origine : *réunion* entre ennemis pour négo-

Et tout de suite après, d'une voix qu'il contrôlait déjà assez bien, il me demanda : « Avez-vous un verre gradué ? »

Je me levai non sans effort, et lui tendit ce qu'il me demandait.

Il me remercia d'un signe de tête et d'un sourire, puis compta quelques gouttes de la teinture rouge, et y ajouta l'une des poudres. Le mélange, qui tout d'abord avait une coloration rougeâtre, se mit, au fur et à mesure que les cristaux fondaient, à prendre une teinte plus vive, à bouillonner de façon audible, et à dégager des petits nuages de vapeur. Brusquement, l'effervescence s'arrêta, et au même moment, le mélange vira au violet foncé, pour, progressivement et plus lentement, tourner au vert glauque. Mon visiteur, qui avait suivi ces transformations d'un œil passionné, sourit, posa le verre sur la table, puis se retourna et me considéra d'un regard interrogateur.

« Et maintenant, dit-il, décidons de ce qui reste à faire. Voulez-vous en savoir plus long ? voulez-vous être édifié ? me laisserez-vous prendre ce verre et quitter votre maison sans autre discussion ? ou bien êtes-vous dominé par une curiosité avide ? Réfléchissez avant de répondre, car il sera fait selon votre décision. Et selon votre décision, vous resterez tel que vous étiez auparavant, ni plus riche, ni plus avisé, à moins que le sentiment d'un service rendu à un homme mortellement désespéré ne vous soit peut-être compté comme un enrichissement de l'âme. Ou bien, si vous optez pour un autre choix, un nouveau domaine de la connaissance et de nouvelles avenues conduisant à la célébrité et à la puissance s'ouvriront devant vous, ici même, dans cette pièce, et à cet instant précis ; et vous verrez de vos propres yeux un prodige foudroyant capable d'ébranler l'incrédulité de Satan lui-même. »

---

cier la paix : *pourparlers* ; littér. et archaïque pour *conversation, discussion.*

10. **shall** (au lieu de **will**) **:** forme d'insistance du futur ; Hyde veut avertir Lanyon qu'une fois sa décision prise, rien ne pourra plus changer le cours des événements ; la même forme est répétée dans les lignes qui suivent.

11. **may :** défectif marquant l'éventualité, *peut être, puisse* (être compté).

12. **riches :** nom plur. inv. = **wealth**, *richesses.*

13. m. à m. *et votre vue sera foudroyée par un prodige.*

"Sir," said I, affecting a coolness that I was far from truly possessing, "you speak enigmas, and you will perhaps not wonder that I hear you with no very strong impression of belief. But I have gone too far in the way of inexplicable services to pause before I see the end."

"It is well," replied my visitor. "Lanyon, you remember your vows[1] : what follows is under the seal[2] of our profession. And now, you who have so long been bound to the most narrow and material views, you who have denied the virtue of transcendental[3] medicine, you who have derided[4] your superiors — behold[5] !"

He put the glass to his lips, and drank at one gulp. A cry followed ; he reeled, staggered, clutched at the table and held on, staring with injected eyes, gasping with open mouth ; and as I looked, there came, I thought, a change — he seemed to swell — his face became suddenly black, and the features seemed to melt and alter — and the next moment I had sprung[6] to my feet and leaped[7] back against the wall, my arm raised[8] to shield[9] me from that prodigy, my mind submerged in terror.

"O God !" I screamed, and "O God !" again and again ; for there before my eyes — pale and shaken, and half fainting, and groping before him with his hands, like a man restored from death — there stood Henry Jekyll !

What he told me in the next hour I cannot bring my mind to[10] set on paper. I saw what I saw, I heard what I heard, and my soul sickened at it ; and yet, now when that sight has faded from my eyes, I ask myself[11] if I believe it, and I cannot answer.

---

1. **vows :** serment prononcé par tout nouveau médecin et appelé *serment d'Hippocrate*, énonçant les principes de déontologie médicale, dont les principaux sont : interdiction de pratiquer l'euthanasie, l'avortement, et surtout respect absolu du secret professionnel.
2. **under the seal :** reprise de l'idée contenue dans vows, cf. note 1.
3. **transcendental :** une forme de médecine qui n'est pas fondée uniquement sur l'expérience ou la raison, mais connue plutôt par intuition.
4. **to deride** = to mock, *tourner en ridicule.*
5. **behold :** extrêmement solennel pour look ; en harmonie avec le « prodige » que Lanyon va découvrir dans quelques minutes.

« Monsieur », lui dis-je, en affectant un calme que j'étais loin de posséder vraiment, « vous parlez par énigmes, et vous ne serez sans doute pas surpris d'apprendre que je ne vous crois guère. Mais je me suis engagé trop loin sur la voie des services mystérieux que je vous ai rendus pour m'arrêter avant d'en voir la fin. »

« Fort bien, répliqua mon visiteur. Lanyon, vous vous rappelez votre serment : ce qui va suivre doit rester sous le sceau du secret de notre profession. Et maintenant, vous qui êtes depuis si longtemps enfermé dans les opinions les plus étroites et les plus matérialistes, vous qui avez refusé toute valeur à la médecine transcendentale, vous qui avez tourné en ridicule ceux qui vous étaient supérieurs — regardez ! »

Il porta le verre à ses lèvres, et le vida d'un trait. Puis il poussa un cri, tituba, chancela, empoigna la table et s'y cramponna ; les yeux fixes et injectés de sang, il haletait, la bouche ouverte ; puis tandis que je regardais, il se produisit, à ce qu'il me sembla, un changement — il parut enfler —, sa figure noircit brusquement ; on eût dit que ses traits se fondaient et se transformaient, et la minute d'après, me dressant d'un bond, je m'étais jeté en arrière contre le mur, le bras levé pour me protéger de ce prodige, l'esprit envahi par la terreur.

« Oh ! mon Dieu, oh ! mon Dieu ! » hurlai-je à plusieurs reprises ; car là, sous mes yeux — pâle et tremblant, à demi évanoui, tâtonnant pour avancer, comme un homme qui revient du royaume des morts —, là se tenait Henry Jekyll !

Tout ce qu'il me dit pendant l'heure qui suivit, je ne puis me résoudre à le consigner noir sur blanc. J'ai vu ce que j'ai vu, j'ai entendu ce que j'ai entendu, et mon âme en a été atteinte ; et pourtant, maintenant que ce spectacle s'est effacé de mes yeux, je me demande si j'y crois vraiment et ne puis trouver de réponse.

---

6. **sprung :** part. passé de **to spring, sprung, sprung**, *bondir, sauter* (en hauteur).
7. **leaped :** de **to leap**, *sauter* (en longueur) ; **the long leap**, *le saut en longueur.*
8. **raised :** de **ro raise**, transitif, *lever qqch.* **(my arm)**.
9. **to shield :** de **a shield**, *un bouclier.*
10. **bring my mind to :** *amener mon esprit à.*
11. **I ask myself :** expression moins employée que **I wonder**, mais correspondant mieux ici à l'intention de Stevenson qui veut exprimer, non pas l'étonnement, mais le désarroi de Lanyon.

My life is shaken to its roots; sleep has left me; the deadliest terror sits by me[1] at all hours of the day and night; I feel that my days are numbered, and that I must[2] die; and yet I shall die incredulous. As for the moral turpitude that man unveiled to me, even with tears of penitence[3], I cannot, even in memory, dwell[4] on it without a start of horror. I will say but one thing, Utterson, and that (if you can bring your mind to credit it[5]) will be more than enough. The creature who crept into my house that night was, on Jekyll's own confession, known by the name of Hyde and hunted for[6] in every corner of the land as the murderer of Carew.

HASTIE LANYON

## Henry Jekyll's Full Statement of the Case

I was born in the year 18— to a large fortune[7], endowed[8] besides with excellent parts[9], inclined by nature to industry[10], fond of the respect of the wise and good[11] among my fellow-men, and thus, as might have been supposed, with every guarantee of an honourable and distinguished future.

---

1. m. à m. *est assise à mes côtés.*
2. **must :** Lanyon a le pressentiment d'une mort inévitable et prochaine.
3. **with tears of penitence** = with Jekyll's tears of penitence (remorse, *contrition*).
4. **dwell :** 1) *habiter*; 2) (ici) *s'appesantir.*
5. **to credit it** = to accept as true, *accorder créance, ajouter foi.*
6. **hunted for :** to hunt (for), la préposition est facultative; verbe utilisé tout d'abord comme terme de chasse : **to hunt the deer**, *chasser le cerf*; lorsqu'il s'agit d'un malfaiteur, l'image a une grande force.
7. **fortune :** ici, wealth, la *richesse.*
8. **endowed** [en'daud] = **gifted**, *doué.*

Ma vie est ébranlée jusque dans ses fondements ; le sommeil m'a quitté ; la plus affreuse terreur m'habite à toute heure du jour et de la nuit ; je sens que mes jours sont comptés, et que je ne puis échapper à la mort ; et malgré tout je mourrai incrédule. Quant à la turpitude morale que cet homme m'a révélée, même noyée par les larmes de son remords, je ne puis, même dans ma mémoire, m'y arrêter sans un frisson d'horreur. Je n'affirmerai qu'une chose, Utterson, et cette chose (si vous pouvez arriver à y croire) sera largement suffisante. La créature qui cette nuit-là s'est glissée dans ma maison était, de l'aveu même de Jekyll, connue sous le nom de Hyde et traquée jusqu'au fin fond du royaume comme le meurtrier de Carew.

HASTIE LANYON

## *Henry Jekyll fait l'exposé complet de l'affaire*

Je suis né en l'année 18— le fils d'une famille très fortunée. En outre, exceptionnellement doué, naturellement porté à travailler, recherchant la considération des gens cultivés et bons, j'étais, par là même, comme on aurait pu le supposer, assuré d'un avenir honorable et brillant.

---

9. **parts :** (plur. inv. dans ce sens) = **abilities**, *talent*, *aptitude*, *intelligence*.
10. **industry :** en style soutenu, le *travail* et l'*effort* ; cf. **an industrious pupil**, *un élève travailleur*.
11. **the wise and the good :** adjectifs substantivés ; ils sont toujours précédés de l'article défini, toujours invariables et équivalent toujours à un pluriel (ex. **the great**, *les grands*. Ici, *les sages et les bons*) ; on ne peut pas les employer au cas possessif (**the palaces of the rich**, *les palais des riches*).

And indeed, the worst of my faults was a certain impatient gaiety of disposition, such as has made the happiness of many, but such as I found it hard to reconcile with my imperious desire to carry my head high, and wear a more than commonly grave countenance before the public. Hence it came about that I concealed my pleasures ; and that when I reached years of reflection, and began to look round me and take stock[1] of my progress and position in the world, I stood already committed to a profound duplicity of life. Many a man[2] would have even blazoned such irregularities as I was guilty of ; but from the high views[3] that I had set before me, I regarded and hid them with an almost morbid sense of shame. It was thus rather the exacting[4] nature of my aspirations, than any particular degradation in my faults, that made me what I was and, with even a deeper trench than in the majority of men, severed[5] in me those provinces of good and ill which divide and compound man's dual nature. In this case, I was driven to reflect deeply and inveterately[6] on that hard law of life which lies at the root of religion, and is one of the most plentiful springs of distress. Though so profound a double-dealer[7], I was in no sense a hypocrite : both sides of me were in dead earnest[8] ; I was no more myself when I laid aside restraint and plunged in shame, than when I laboured, in the eye of day[9], at the furtherance[10] of knowledge or the relief of sorrow and suffering[11]. And it chanced that the direction of my scientific studies, which led wholly towards the mystic[12] and the transcendental, reacted and shed a strong light on this consciousness of the perennial war among my members[13].

---

1. **to take stock :** expr. commerciale, *faire l'inventaire de...*
2. **many a man : many a** + un sing. s'emploie dans la prose littéraire ; plus simplement on dirait : many men, *plusieurs hommes, plus d'un homme.*
3. **views :** ici, l'*intention*, le *but* que l'on s'est fixé (set).
4. **exacting :** de to exact, *réclamer, exiger.*
5. **severed** ['sevə(r)d] **:** de to sever : *couper en deux, séparer, diviser* ; cf. The Severed Head *(La tête tranchée)*, roman de Iris Murdoch.
6. **inveterately :** 1) *enraciné, invétéré* ; 2) *acharné, obstiné.*
7. **a double-dealer :** une personne qui *joue* **(deal)** un *double* **(double)** jeu, d'où : *faux, hypocrite.*
8. **in dead earnest :** *avec le plus grand sérieux* ; **dead :** ici, *absolu, complet, total* ; **earnest :** *conviction, caractère sérieux.*

En vérité, le pire de mes défauts était une certaine et irrésistible inclination aux jouissances de l'existence, à laquelle beaucoup se sont laissés aller avec bonheur, mais qui pour moi était difficilement conciliable avec l'impérieux désir que j'avais de garder la tête haute, et de présenter en public une gravité hors du commun. J'en vins par conséquent à dissimuler mes plaisirs ; et lorsque vinrent les années de réflexion, lorsque je commençai à regarder autour de moi et à faire le point des progrès que j'avais accomplis et de ma position dans la société, j'étais déjà irrévocablement condamné à mener une vie double. Bien des hommes se seraient même vantés de ces mêmes extravagances de conduite dont j'étais coupable ; mais étant donné les buts élevés que je m'étais fixés, je considérais celles-ci, et partant les dissimulais, avec un sentiment de honte presque maladif. Ce fut donc bien plus la nature tyrannique de mes aspirations, que quelque aggravation particulière de mes vices qui m'a fait ce que je suis, et a creusé en moi un fossé bien plus profond que chez la plupart des hommes, entre les domaines du bien et du mal qui séparent et réunissent ces deux éléments de la nature humaine. De ce fait, je fus poussé à réfléchir profondément et avec acharnement à cette dure loi de la vie qu'on trouve à la racine de toute religion, et qui est l'une des sources les plus importantes de la détresse de l'homme. Tout en menant ce double jeu d'une manière aussi poussée, je n'étais en aucun sens un hypocrite ; les deux aspects de ma nature étaient absolument sincères ; j'étais tout autant moi-même lorsque je rejetais toute contrainte et me plongeais dans le vice, que lorsque je travaillais, au grand jour, aux progrès des connaissances ou au soulagement des souffrances morales et physiques. Et il se trouva que l'orientation prise par mes études scientifiques, qui tendaient entièrement vers le mystique et le transcendental, réagit sur la conscience que j'avais de la lutte permanente entre les éléments de ma personnalité, pour l'éclairer d'une puissante lumière.

---

9. **in the eye of day :** origine de l'expression (poétique) : *le soleil* ; c.-à-d. *pendant la journée, tandis que le soleil brille.*
10. **furtherance :** nom, *ce qui fait avancer la connaissance plus loin* (further).
11. **sorrow and suffering : sorrow :** le *chagrin* (moral) ; **suffering :** les *souffrances physiques* (maladie).
12. **the mystic :** cf. p. 158, note 11 ; l'adj. substantivé, qui représente le plus souvent un plur., peut être employé au sing. par ex. pour une qualité abstraite.
13. **my members : my different parts,** *les différentes composantes de ma personnalité.*

With every day, and from both sides of my intelligence, the moral and the intellectual, I thus drew steadily nearer to that truth by whose partial discovery I have been doomed to such a dreadful shipwreck : that man is not truly one, but truly two. I say two, because the state of my own knowledge does not pass beyond that point. Others will follow, others will outstrip[1] me on the same lines ; and I hazard the guess[2] that man will be ultimately known for a mere polity[3] of multifarious[4], incongruous[5] and independent denizens[6]. I, for my part[7], from the nature of my life, advanced infallibly in one direction and in one direction only. It was on the moral side, and in my own person, that I learned to recognise the thorough and primitive duality of man ; I saw that, of the two natures that contended[8] in the field of my consciousness, even if I could rightly be said to be either[9], it was only because I was radically both ; and from an early date, even before the course of my scientific discoveries had begun to suggest the most naked possibility of such a miracle, I had learned to dwell with pleasure, as a beloved daydream[10], on the thought of the separation of these elements. If each, I told myself, could but be housed in separate identities, life would be relieved of all that was unbearable ; the unjust might go his way, delivered from the aspirations and remorse of his more upright[11] twin ; and the just could walk steadfastly and securely on his upward[12] path, doing the good things in which he found his pleasure, and no longer[13] exposed to disgrace and penitence by the hands of this extraneous evil.

---

1. **to outstrip :** *aller plus vite que*, c.-à-d. *dépasser*, *doubler* (originellement, à la course).
2. **I hazard the guess :** *j'avance une solution possible*, avec une idée de doute, sans y croire vraiment (légèrement en contradiction avec la pensée de Jekyll).
3. **polity :** sens de base : *forme de gouvernement.*
4. **multifarious** [mʌlti'feəriəs] **:** sens double, *variées et multiples.*
5. **incongruous ▲ :** *qui n'est pas en harmonie*, *sans rapport avec* ; le français *incongru* se traduit par **unseemly**.
6. **denizens :** sens de base, habitant d'un certain lieu, mais provenant d'une autre région.
7. **I, for my part :** *quant à moi* ; synonymes : **I, for one ; as for me.**
8. **contended :** 1) ici, **to contend**, *lutter contre*, *s'opposer* ;

Chaque jour, sous les deux aspects de mon intelligence, le moral et l'intellectuel, je me rapprochais ainsi régulièrement de cette vérité, dont la découverte, même partielle, m'a condamné à une destruction aussi effroyable : à savoir que l'homme n'est pas une créature simple, mais en vérité, double. Je dis double, parce que l'état de mes propres connaissances ne me permet pas d'aller au-delà. D'autres me suivront, d'autres me dépasseront dans la même direction ; et je risque l'hypothèse que finalement l'homme se révélera être une simple organisation de diverses et nombreuses individualités, disparates et indépendantes. Quant à moi, étant donné la nature de mon existence, je progressais infailliblement dans une direction et une seule. C'est du point de vue moral, et en étudiant ma propre personne, que j'appris à reconnaître l'absolue et première dualité de l'homme ; je m'aperçus que, des deux natures qui s'opposaient dans le champ de ma conscience, même si je pouvais à juste titre prétendre appartenir à l'une *ou* à l'autre, c'était uniquement parce que j'étais fondamentalement à la fois l'une *et* l'autre ; et très tôt, avant même que les progrès de mes découvertes scientifiques aient commencé à me laisser entrevoir la plus incontestable possibilité d'un tel miracle, j'avais appris à m'attarder avec plaisir, comme dans une rêverie souvent caressée, sur l'idée de la séparation de ces éléments. Si l'on pouvait seulement, me dis-je, loger chacun d'eux dans une identité distincte, la vie serait débarrassée de tout ce qui en elle est insupportable ; l'homme inique pourrait aller son chemin, délivré des aspirations et des remords de son jumeau plus honnête ; et le juste pourrait gravir résolument et en toute sécurité le sentier de la vertu, accomplissant les bonnes actions dans lesquelles il met son bonheur, désormais à l'abri de la honte et du repentir provoqués par cette nature malfaisante qui lui est étrangère.

---

2) **to contend that**, *prétendre, soutenir que.*

9. **either :** adj., 1) *l'un et l'autre*, ex. : **on either side of the street**, *de l'un et de l'autre*, c.-à-d. *des deux côtés de la rue* ; (dans ce cas = **both**, en style soutenu) ; 2) *l'un ou l'autre* (ici) ; ex. : **either contestant will win**, *l'un ou l'autre des concurrents gagnera.*

10. **daydream :** le *rêve* que l'on fait éveillé, dans la journée = *rêverie, rêvasserie.*

11. **upright :** adj. 1) *vertical, debout* ; 2) (ici) qui respecte la morale sociale, *probe, droit.*

12. **upward :** adj., *qui s'élève* (moralement) *plus haut* ; ≠ **downward**, *descendant.*

13. **no longer :** de **long**, adv. de temps, *longtemps.*

It was the curse of mankind that these incongruous faggots[1] were thus bound together — that in the agonised womb[2] of consciousness these polar[3] twins should be continuously struggling. How, then, were they dissociated ?

I was so far in my reflections when, as I have said, a side light began to shine upon the subject from the laboratory table. I began to perceive more deeply than it has ever yet been stated, the trembling immateriality, the mist-like transience, of this seemingly so solid[4] body in which we walk attired[5]. Certain agents I found to have the power to shake and to pluck back that fleshly[6] vestment[7], even as[8] a wind might toss the curtains of a pavilion. For two good reasons, I will not enter deeply into this scientific branch of my confession. First, because I have been made to learn that the doom and burthen[9] of our life is bound[10] for ever on man's shoulders ; and when the attempt is made to cast it off, it but returns upon us with more unfamiliar and more awful pressure. Second, because, as my narrative will make, alas ! too evident, my discoveries were incomplete. Enough[11], then, that I not only recognised my natural body for the mere aura and effulgence[12] of certain of the powers that made up my spirit, but managed to compound[13] a drug by which these powers should be dethroned[14] from their supremacy, and a second form and countenance substituted, none the less[15] natural to me because they were the expression, and bore the stamp, of lower elements in my soul.

---

1. **faggots :** sens littéral, des *fagots* (de branches, de brindilles) ; image originale !
2. **womb** [wu:m] **:** encore une image : la *matrice*, le *ventre maternel*.
3. **polar :** *polaires*, c.-à-d. *diamétralement opposés* ; la langue philosophique de Stevenson est très imagée ; peut-être pour la rendre moins austère.
4. **solid :** *massif*, *plein* ; **solid oak**, du *chêne massif*.
5. **attired :** littéraire et précieux pour **dressed**, **clothed**.
6. **fleshly :** adj., *corporel*, opposé à spirituel ; ⚠ ne pas confondre avec **fleshy** : adj., *bien en chair*.
7. **vestment :** sens premier : *vêtements sacerdotaux* ; toujours dans la ligne littéraire.
8. **even as = exactly as, just as,** *tout comme*.
9. **the doom and burthen :** *la fatalité et le fardeau*.

C'est la malédiction de l'humanité que ce faisceau d'éléments disparates soit ainsi réuni — et qu'au sein de la conscience torturée, ces jumeaux opposés mènent une lutte qui jamais ne finit. Comment, par conséquent, les dissocier ?

J'en étais arrivé à ce stade de mes réflexions, lorsque, comme je l'ai déjà dit, jaillissant de ma paillasse, une étincelle m'a donné un premier aperçu sur ce sujet. Je commençai à percevoir, beaucoup plus profondément qu'on ne l'a jamais affirmé, l'immatérialité frémissante, le caractère éphémère et évanescent de ce corps apparemment si dense dont nous sommes parés tout au long de notre chemin. Je découvris que certains agents avaient le pouvoir de secouer et d'arracher cette enveloppe charnelle, tout comme un souffle de vent peut faire voltiger les rideaux d'une tente. J'ai deux bonnes raisons pour ne pas pénétrer plus avant dans ce domaine scientifique de ma confession. La première, c'est que j'ai appris par expérience que le destin accablant de notre vie repose pour toujours sur nos épaules ; et lorsque nous tentons de nous en libérer, ce n'est que pour le voir retomber sur nous d'un poids encore plus étrange et plus terrible. La seconde, parce que, comme mon récit le rendra, hélas ! trop évident, mes découvertes étaient limitées. Il suffit donc de dire que, non seulement j'ai accepté l'idée que mon corps naturel était la simple et rayonnante aura émanant de certaines forces composant mon esprit, mais aussi que j'ai réussi à préparer une drogue grâce à laquelle ces forces pouvaient être dépossédées de leur suprématie ; une deuxième forme corporelle et une nouvelle expression du visage pouvaient ainsi leur être substituées, non moins naturelles à mes yeux parce qu'elles procédaient des éléments vils de mon âme, dont elles portaient le sceau.

---

10. **is bound :** de to bind, bound, bound : *attacher*, *fixer*, *lier*.
11. **enough :** adv., équivalent à une interjection.
12. **the aura** [ˈɔːrə] **and effulgence** [eˈfʌldʒəns] **:** *l'aura et le rayonnement*.
13. **to compound :** *mélanger* et *combiner* des ingrédients chimiques pour obtenir une drogue.
14. **dethroned** [diˈθround] **:** toujours dans le même langage poétique : *détrôner* ; remarquer aussi la longueur des phrases, celle-ci comporte huit lignes.
15. **none the less :** *néanmoins* ; peut s'écrire en un seul mot : **nonetheless** ; synonyme : **nevertheless**.

I hesitated long before I put this theory to the test of practice. I knew well that I risked death ; for any drug that so potently controlled and shook the very fortress of identity, might by the least scruple[1] of an overdose or at the least inopportunity in the moment of exhibition[2], utterly blot out that immaterial tabernacle which I looked to it to change[3]. But the temptation of a discovery so singular and profound[4] at last overcame the suggestions of alarm. I had long since prepared my tincture ; I purchased at once[5], from a firm of wholesale[6] chemists, a large quantity of a particular salt, which I knew, from my experiments, to be the last ingredient required ; and, late one accursed[7] night, I compounded the elements, watched them boil and smoke together in the glass, and when the ebullition had subsided, with a strong glow of courage, drank off the potion.

The most racking[8] pangs succeeded : a grinding in the bones, deadly nausea, and a horror of the spirit that cannot be exceeded at the hour of birth or death[9]. Then these agonies[10] began swiftly to subside, and I came to myself as if out of a great sickness. There was something strange in my sensations, something indescribably new and, from its very novelty, incredibly sweet. I felt younger, lighter, happier in body ; within I was conscious of a heady[11] recklessness[12], a current of disordered sensual images running like a mill race in my fancy, a solution[13] of the bonds of obligation, an unknown but not an innocent freedom of the soul.

---

1. **scruple :** unité de poids (en chimie), *1,2 gr* : soit une très petite quantité.
2. **exhibition :** on part de l'idée que cette nouvelle drogue doit *démontrer* (to exhibit) son efficacité.
3. **I looked to it to change :** *je comptais* **(I looked to)** *sur elle* (la drogue) *pour qu'il* (le tabernacle) *change* **(to change)**.
4. **a discovery so singular and profound :** au lieu de so singular and profound a discovery ; Stevenson veut mettre, grâce à cette tournure littéraire, les adj. en relief.
5. **at once :** deux sens : 1) *immédiatement, sans attendre* ; 2) (ici) *en même temps, en une seule fois.*
6. **wholesale :** adj., terme commercial, *en gros* ; cf. **a wholesaler**, *un grossiste* ; ≠ **retail**, adj., *au détail* ; **a retailer**, *un détaillant.*
7. **accursed :** *maudit, damné* ; c'était en effet le début de l'épouvantable expérience de Jekyll.

J'hésitai longtemps avant de soumettre cette théorie à l'épreuve de la pratique. Je savais bien que je risquais la mort ; car toute drogue assez puissante pour dominer et ébranler la forteresse même de notre identité pouvait, si l'on dépassait la dose d'une quantité infinitésimale, ou si la moindre complication survenait au moment de son essai, totalement détruire ce tabernacle immatériel que, par elle, je m'efforçais de modifier. Mais la tentation d'une découverte aussi extraordinaire et d'une portée aussi considérable finit par l'emporter sur les représentations que je me faisais du danger. Il y avait longtemps que j'avais préparé ma teinture ; j'achetai en une seule fois, chez un grossiste en produits chimiques, une grosse quantité d'un sel particulier qui, je le savais grâce à mes expériences, était le dernier ingrédient nécessaire ; et, à une heure tardive, un certain soir maudit, je mélangeai les éléments, observai leur effervescence et leurs émanations dans le verre, puis, une fois l'ébullition terminée, avec un courage exalté par mon ardeur, j'avalai d'un trait la potion.

Les douleurs les plus atroces s'ensuivirent : mes os semblèrent se broyer, je ressentis une terrible nausée et une horrible angoisse qui ne peut être dépassée à l'heure de la naissance ou de la mort. Puis ces tortures commencèrent à s'apaiser rapidement, et je revins à moi comme au sortir d'une grave maladie. Il y avait quelque chose d'étrange dans mes sensations, quelque chose d'indiciblement nouveau, et, par le fait même de cette nouveauté, d'incroyablement agréable. Je me sentais physiquement plus jeune, plus léger et plus heureux ; tout au fond de moi j'avais conscience d'une insouciance enivrante, d'un courant d'images sensuelles désordonnées, coulant dans mon imagination comme dans le bief d'un moulin, d'une rupture des chaînes de la contrainte, et d'une liberté de l'âme inconnue mais non innocente.

---

8. **racking :** de **rack**, *chevalet de torture* du Moyen Age ; *déchirant, torturant* (physiquement, ici, ou moralement).
9. **at the hour of birth or death :** sous l'effet de la drogue on assiste chaque fois à la mort de Jekyll et à la naissance de Hyde.
10. **agonies ▲ :** terribles souffrances physiques ou morales ; l'*agonie*, **the pangs of death** ; *être à l'agonie*, *agoniser*, **to be at death door.**
11. **heady :** *qui monte à la tête* (**head**), *enivrant, troublant, entêtant.*
12. *recklessness :* nom, *insouciance*, de **reckless**, adj., *insouciant.*
13. **a solution :** ici, sens de *dissolution* ; cf. solution de continuité, interruption de la continuité.

I knew myself, at the first breath of this new life, to be more wicked, tenfold[1] more wicked, sold a slave to my original evil ; and the thought, in that moment, braced[2] and delighted me like wine. I stretched out my hands, exulting in the freshness of these sensations ; and in the act, I was suddenly aware that I had lost in stature.

There was no mirror, at that date, in my room ; that which stands beside me as I write was brought there later on, and for the very purpose of those transformations[3]. The night, however, was far gone into the morning — the morning, black as it was, was nearly ripe for the conception of the day — the inmates[4] of my house were locked in the most rigorous[5] hours of slumber[6] ; and I determined, flushed[7] as I was with hope and triumph, to venture in my new shape as far as to my bedroom[8]. I crossed the yard, wherein[9] the constellations looked down upon me[10], I could have thought, with wonder, the first creature of that sort that their unsleeping vigilance had yet disclosed to them ; I stole through the corridors, a stranger in my own house ; and coming to my room, I saw for the first time the appearance of Edward Hyde.

I must here speak by theory alone, saying not that which I know, but that which I suppose to be most probable. The evil side of my nature, to which I had now transferred the stamping efficacy[11], was less robust and less developed than the good which I had just deposed. Again[12], in the course of my life, which had been, after all, nine-tenths[13] a life of effort, virtue and control, it had been much less exercised and much less exhausted.

---

1. **tenfold** (littér.) = tentimes ; le suf. **fold** s'emploie dans ce sens à partir de three : **threefold**, *triple* ; cf. *une fois*, once ; *deux fois*, twice.
2. **to brace :** *stimuler*, *remonter* ; the bracing air of the mountains, *l'air vivifiant de la montagne*.
3. **the very purpose of those transformations** = the very purpose of watching *(observer)* those transformations.
4. **inmates :** les *habitants* d'un lieu que l'on se partage ; ici, puisque Jekyll est célibataire, il s'agit uniquement des domestiques.
5. **rigorous :** dans le sens de *absolu*, qui ne relâche pas sa tension.
6. **slumber** = sleep, *sommeil* (paisible et confortable). Stevenson par ces deux mots : **rigorous** et **slumber** montre que Hyde ne courait aucun risque d'être vu.

Je sus, dès le premier souffle de cette nouvelle vie, que j'étais plus pervers, dix fois plus pervers, et que je m'étais vendu comme esclave à ma dépravation première ; et cette pensée, à ce moment-là, me fortifia et me réjouit le cœur, à la manière d'un vin. J'étendis les mains, tout à la joie de ces sensations neuves ; et, ce faisant, je me rendis subitement compte que j'avais diminué de taille.

Il n'y avait pas, à cette date, de miroir dans mon cabinet ; celui qui se dresse à côté de moi tandis que j'écris y fut apporté plus tard, et dans le but même d'observer ces transformations. Toutefois, le matin avait presque succédé à la nuit — et tout sombre qu'il fût, était presque prêt à engendrer le jour —, toute la maisonnée était plongée dans le sommeil le plus profond ; et je décidai, tout excité par l'espoir et le triomphe, de me risquer, sous ma nouvelle forme, jusqu'à ma chambre à coucher. Je traversai la cour sous le regard des étoiles, qui s'émerveillaient de voir la première créature de ce genre que leur attention toujours en éveil leur eût jusqu'alors révélée ; je me glissai le long des couloirs, étranger dans ma propre demeure ; et lorsque j'eus atteint ma chambre, pour la première fois je vis l'image d'Edward Hyde.

Mon exposé doit ici être uniquement théorique, et se borner non à ce que je sais, mais à ce que je crois être le plus probable. Le mauvais côté de ma nature, auquel j'avais maintenant imprimé une forme pratique, était moins robuste et moins développé que le bon, qui lui, venait d'être écarté. Il faut dire, aussi, qu'au cours de mon existence, qui, après tout, avait été pour les neuf dixièmes une vie d'efforts, de vertu et de maîtrise de soi, cet aspect pervers avait été bien moins entraîné et bien moins surmené.

---

7. **flushed :** implique en même temps l'idée d'*excitation* et de la *rougeur* du visage (=**blush**) qui la trahit.
8. **as far as to my bedroom :** d'ordinaire on n'emploie pas la prép. **to** devant le nom : **as far as my bedroom**.
9. **wherein :** (très soutenu) pour **in which place (the yard)**, *à l'endroit où...*
10. **the constellations looked down upon me :** m. à m. *les étoiles* (en groupe, pour insister sur leur grand nombre) *plongeaient leurs regards sur moi.*
11. **stamping efficacy :** il y a dans **stamping** l'idée de donner une forme grâce à un moule (=la nouvelle apparence de Jekyll) ; **efficacy**, *efficace*, *vivante*, *pratique*, *qui pouvait agir.*
12. **again :** ici, further more, **besides**, *en outre*, *également.*
13. **nine-tenths :** le nombre ordinal **(tenth)** dans une fraction prend la marque du plur. lorsque le nominateur est sup. à 1.

And hence, as I think, it came about[1] that Edward Hyde was so much smaller, slighter, and younger than Henry Jekyll. Even as good shone upon the countenance of the one, evil was written broadly and plainly on the face of the other. Evil besides (which I must still believe to be the lethal side of man) had left on that body an imprint of deformity and decay. And yet when I looked upon that ugly idol[2] in the glass[3], I was conscious of no repugnance, rather of a leap of welcome. This, too, was myself. It seemed natural and human. In my eyes it bore a livelier image of the spirit, it seemed more express[4] and single, than the imperfect and divided countenance[5], I had been hitherto[6] accustomed to call mine. And in so far[7] I was doubtless[8] right. I have observed that when I wore the semblance of Edward Hyde, none could come near to me at first without a visible misgiving of the flesh. This, as I take it[9], was because all human beings, as we meet them, are commingled[10] out of good and evil : and Edward Hyde, alone, in the ranks of mankind, was pure evil.

I lingered but a moment at the mirror : the second and conclusive experiment had yet to be attempted ; it yet remained to be seen if I had lost my identity beyond redemption and must flee[11] before daylight from a house that was no longer mine ; and hurrying back to my cabinet, I once more prepared and drank the cup, once more suffered the pangs of dissolution, and came to myself once more with the character, the stature, and the face[12] of Henry Jekyll.

---

1. **it came about** = it happened, *il arriva.*
2. **idol :** sens plutôt rare de *fantôme, apparition* (surtout vu dans un miroir).
3. **glass** = looking-glass, mirror, *miroir.*
4. **express :** adj., plain, *simple, vrai.*
5. **countenance :** 1) *visage* (cf. troisième ligne, ci-dessus) ; 2) (ici) *maintien, contenance.*
6. **hitherto** [ˈhiðərˈtuː] : adv. litt. = up to that time, *jusqu'ici.*
7. **in so far** (ou insofar) = to that extent, *à ce point.*
8. **doubtless :** adv. = very probably, *fort probablement, certainement.*
9. **as I take it** = as I consider, assume : *comme je le suppose.*

C'est pourquoi, comme je le crois, Edward Hyde se trouva être beaucoup plus petit, plus frêle et plus jeune qu'Henry Jekyll. Tout comme le bien illuminait le visage de l'un, le mal était gravé ouvertement et manifestement sur la figure de l'autre. De plus, le mal (en lequel je ne puis m'empêcher encore de voir l'aspect létal de l'homme) avait laissé sur ce corps une empreinte de difformité et de corruption. Et malgré tout, lorsque je considérais dans le miroir cette horrible apparition, je ne ressentais à son égard aucun dégoût, mais l'accueillais au contraire avec un sursaut de joie. Car lui, c'était aussi moi. Il me semblait naturel et humain. A mes yeux il était une représentation plus animée de l'âme ; il semblait plus vrai et tout d'un bloc, alors que cette manière d'être, que jusqu'ici j'avais coutume d'appeler mienne, n'était qu'imperfection et division. Et, pour autant, j'avais indubitablement raison. J'ai observé que lorsque je revêtais l'aspect d'Edward Hyde, personne ne pouvait s'approcher de moi sans éprouver, de prime abord et dans tout son être, une appréhension visible. Ceci, selon moi, venait du fait que tous les êtres humains, lorsque nous faisons leur connaissance, sont un amalgame de bien et de mal : et Edward Hyde lui, et lui seul, parmi tous les humains, était le mal à l'état pur.

Je ne m'attardai qu'un instant devant le miroir : la seconde et concluante expérience restait à tenter ; il me fallait encore voir si je n'avais pas perdu à tout jamais mon identité, et si je ne serais pas contraint de m'enfuir avant le jour d'une maison qui ne m'appartiendrait plus : et retournant en hâte à mon cabinet, une fois de plus je préparai et bus le breuvage, et une fois de plus après avoir enduré les tourments affreux de la dissolution, je redevins moi-même, sous les traits et avec la taille et le caractère d'Henry Jekyll.

---

10. **commingled** = mixed (mingled) together (com-), *mêlés ensemble.*

11. **flee :** to flee, fled, fled, *s'enfuir en toute hâte.*

12. **the character, the stature, and the face... :** l'ordre des substantifs a été renversé dans la traduction.

That night I had come to the fatal cross roads[1]. Had I approached[2] my discovery in a more noble spirit, had I risked the experiment while under the empire of generous or pious aspirations, all must[3] have been otherwise[4], and from these agonies of death and birth I had come forth an angel instead of a fiend. The drug had no discriminating action ; it was neither diabolical nor divine ; it but shook the doors of the prisonhouse of my disposition[5] ; and, like the captives of Philippi[6], that which stood within ran forth. At that time my virtue slumbered ; my evil, kept awake by ambition, was alert and swift to seize the occasion ; and the thing that was projected was Edward Hyde. Hence, although I had now two characters as well as two appearances, one was wholly evil, and the other was still the old Henry Jekyll, that incongruous compound of whose reformation and improvement I had already learned to despair. The movement was thus wholly toward the worse.

Even at that time, I had not yet conquered my aversion to the dryness of a life of study. I would still be merrily disposed at times ; and as my pleasures were (to say the least) undignified, and I was not only well known and highly considered, but growing towards the elderly man, this incoherency of my life was daily growing more unwelcome. It was on this side[7] that my new power tempted me until I fell in slavery. I had but to drink the cup, to doff[8] at once the body of the noted[9] professor, and to assume[10], like a thick cloak[11], that of Edward Hyde.

---

1. **cross roads** (ou cross-roads) **:** l'endroit où deux routes, ou plus, se croisent, un *carrefour* ; dans ce sens, c'est un pluriel, qui s'emploie avec un verbe au sing. ; ex. : **this famous cross roads is always busy**, *il y a toujours beaucoup d'activité à ce fameux carrefour.*

2. **had I approached... =** if I had approached... Noter également que le verbe **to approach** se construit sans prép. ; *s'approcher de.*

3. **must :** ici, sens de probabilité ; ce sont des suppositions que Jekyll avance.

4. **otherwise :** adv., a ici un sens d'adj. = **different**, *différent.*

5. **disposition :** *qualités naturelles, humeur.*

6. **the captives of Philippi** [fili'pai] **:** *les prisonniers de Philippes* ; Philippes était une ville de Grèce, où Octave et Antoine vainquirent Brutus et Cassius en 42 avant J.-C. Il y a deux

Cette nuit-là j'étais arrivé à la fatale croisée des chemins. Si j'avais abordé ma découverte avec une tournure d'esprit plus noble, si j'avais osé faire cette expérience sous l'empire de généreuses ou pieuses aspirations, tout aurait été probablement différent, et je serais sorti, des affres de la mort et de la naissance, ange plutôt que démon. La drogue n'avait aucun pouvoir de discernement ; elle n'était ni diabolique ni divine ; elle ne faisait qu'ébranler les portes de la prison où ma nature était enfermée ; et, comme pour les prisonniers de Philippes, ce qui était retenu à l'intérieur s'évada. En ce temps-là ma vertu était en sommeil ; ma perversité, tenue en éveil par mon ambition, était sur le qui-vive, prompte à saisir l'occasion ; et la chose qui en sortit, ce fut Edward Hyde. Il s'ensuivit que, bien que j'eusse possédé maintenant deux natures, et partant, deux apparences, l'une était totalement mauvaise et l'autre restait le vieux Henry Jekyll, ce mélange disparate que, par expérience, je n'espérais plus voir s'amender ni s'améliorer. La tendance était ainsi orientée vers le pire.

Même à cette époque, je n'avais pas encore réussi à dominer mon aversion pour l'aridité d'une vie consacrée à l'étude. J'étais, par moments, encore porté vers une vie de plaisirs qui étaient (et c'est le moins qu'on puisse en dire) dégradants, et comme non seulement j'étais bien connu et jouissais de la grande considération de tous, mais que également j'approchais de l'âge mûr, cette incohérence de ma vie me devenait chaque jour plus pesante. C'est sous cet aspect que ma nouvelle puissance me tenta jusqu'à faire de moi son esclave. Je n'avais qu'à avaler le breuvage pour quitter sur-le-champ le corps du célèbre professeur, et revêtir, tel un épais manteau, celui d'Edward Hyde.

---

interprétations possibles de cette phrase : a) après la défaite et le suicide de Cassius, Brutus prit le commandement des troupes et « parmi ses prisonniers, les esclaves furent massacrés, mais la plupart des hommes libres purent s'enfuir » ; b) étant donné également que saint Paul y prêcha on relève dans les « Acts of the Apostles » chap. XVI, les versets suivants : à Phillipes, Paul et Silas furent jetés en prison ; un terrible tremblement de terre ouvrit les portes et défit les chaînes ; ainsi Paul et son compagnon purent quitter la cité.

7. **on this side :** du côté de la vie de plaisirs dégradants.
8. **to doff :** arch. = **to take off one's clothes**, *ôter ses vêtements.*
9. **noted :** adj. = **famous**, *éminent.*
10. **to assume** ≠ **de to doff**, *revêtir.*
11. **a thick cloak :** un manteau épais derrière lequel Jekyll peut dissimuler sa vie de plaisirs et de violence.

I smiled at the notion ; it seemed to me at the time to be humorous ; and I made my preparations with the most studious care. I took and furnished that house in Soho to which Hyde was tracked by the police ; and engaged as housekeeper a creature whom I well knew to be silent and unscrupulous. On the other side, I announced to my servants that a Mr Hyde [1] (whom I described) was to have full liberty and power about my house in the square ; and, to parry [2] mishaps [3], I even called and made myself a familiar object in my second character. I next drew up that will to which you so much objected ; so that if anything befell me in the person of Dr Jekyll, I could enter on that of Edward Hyde without pecuniary loss. And thus fortified, as I supposed, on every side, I began to profit by the strange immunities [4] of my position.

Men have before hired bravos [5] to transact their crimes, while their own person and reputation sat under shelter. I was the first that ever did so for his pleasures. I was the first that could thus plod [6] in the public eye with a load of genial [7] respectability, and in a moment, like a schoolboy, strip off these lendings [8] and spring headlong into the sea of liberty. But for me, in my impenetrable mantle [9], the safety was complete. Think of it — I did not even exist ! Let me but escape into [10] my laboratory door, give me but a second or two to mix and swallow the draught that I had always standing ready ; and, whatever he had done, Edward Hyde would pass away like the stain of breath [11] upon a mirror ; and there in his stead [12], quietly at home, trimming the midnight lamp in his study, a man who could afford to laugh at suspicion, would be Henry Jekyll.

---

1. **a Mr Hyde** = one Mr Hyde, « *un certain* »...
2. **to parry :** terme de boxe, *parer un coup.*
3. **mishaps :** de to happen, *arriver, se passer,* et **mis**, *mal, de travers* ; *accident, incident dû à la malchance.*
4. **immunities :** ⚠ le mot *immunité* a, en français, comme en anglais, des sens purement techniques dans le domaine légal ou médical : *immunité parlementaire, immunité naturelle.*
5. **hired bravos** ['brævouz] **:** 1) **to hire**, *engager une personne pour une tâche* ; 2) **a bravo**, *un bandit, un assassin à gages* (origine italienne).
6. **to plod :** *marcher d'un pas lourd, pesant.*
7. **genial** = friendly, *aimable, gentil* : our neighbours are quite genial, *nos voisins sont fort gentils.*

Cette idée me faisait sourire et à cette époque me semblait riche d'humour ; et je pris toutes mes dispositions avec le plus grand soin. Je louai et meublai cette maison de Soho où Hyde fut traqué par la police ; j'engageai comme gouvernante une créature que je connaissais pour sa discrétion et son manque de scrupules. D'autre part, j'informai mes domestiques qu'un certain Mr Hyde (dont je leur fis la description) devait avoir une liberté et une autorité totales dans ma maison sur la place ; et pour prévenir tout incident, j'allai jusqu'à m'y présenter sous ma seconde personnalité et m'y rendre familier. Ensuite je rédigeai ce testament contre lequel vous avez formulé tant d'objections, afin que, si quelque chose m'arrivait sous la forme du Dr Jekyll, je puisse assumer celle d'Edward Hyde sans me trouver démuni. Et ainsi bien armé, tout au moins je le supposais, contre toute éventualité, je commençai à tirer avantage des facilités peu courantes de cette situation.

Par le passé, des hommes ont loué les services de tueurs à gages pour mettre leurs crimes à exécution, tandis que leur propre personne ainsi que leur réputation restaient à l'abri. Je fus le premier à agir ainsi pour ses propres plaisirs. Je fus le premier à pouvoir ainsi aller et venir sous les regards de la foule, tout auréolé de cette respectabilité qui éveillait la sympathie ; puis, l'instant d'après, tel un écolier, dépouiller ces vêtements d'emprunt pour plonger la tête la première dans le flot de la liberté. Mais, dans mon cas, grâce à mon impénétrable manteau, la sécurité était totale. Pensez donc — je n'existais même pas ! Pourvu que je puisse fuir jusqu'à la porte de mon laboratoire, que je dispose d'une ou deux secondes pour mélanger et avaler la drogue que je tenais toujours prête, et, quoiqu'il eût fait, Edward Hyde disparaissait telle la buée sur un miroir, et là, à sa place, tranquillement assis chez lui, mouchant à minuit la lampe dans son bureau, se trouvait un homme qui pouvait se permettre de braver tout soupçon, le Dr Henry Jekyll.

---

8. **lendings :** image intéressante, Jekyll estime que notre astreignante enveloppe corporelle n'a rien de permanent, et peut être enlevée ou modifiée à notre gré (grâce à la science).
9. **mantle,** littér. = **cloak** ; Stevenson compare cette apparence impénétrable à un manteau à l'abri duquel Jekyll, sous les traits de Hyde, est libre de faire ce que bon lui semble.
10. **escape into :** marque ici la sécurité procurée à Jekyll par le fait que la porte de son laboratoire peut se refermer sur Hyde et l'y cacher.
11. **stain of breath :** *tache laissée par l'haleine* (sur un miroir).
12. **in his stead** = **in his place** ; équivalent de **instead of him**.

The pleasures which I made haste to seek in my disguise were, as I have said, undignified[1]; I would scarce use a harder term. But in the hands of Edward Hyde they soon began to turn towards the monstrous. When I would come back[2] from these excursions, I was often plunged into a kind of wonder at my vicarious[3] depravity. This familiar[4] that I called out of my own soul, and sent forth alone to do his good pleasure, was a being inherently malign and villainous ; his every act and thought centred on self ; drinking pleasure with bestial avidity from any degree of torture to another ; relentless[5] like a man of stone[6]. Henry Jekyll stood at times aghast before the acts of Edward Hyde ; but the situation was apart from ordinary laws[7], and insidiously relaxed the grasp of conscience. It was Hyde, after all, and Hyde alone, that was guilty. Jekyll was no worse ; he woke again to his good qualities seemingly unimpaired ; he would even make haste, where it was possible, to undo[8] the evil done by Hyde. And thus his conscience slumbered.

Into the details of the infamy at which I thus connived[9] (for even now I can scarce grant that I committed it[10]) I have no design of entering. I mean but to point out the warnings and the successive steps with which my chastisement approached. I met with[11] one accident which, as it brought on no consequence, I shall no more than mention.

---

1. **undignified :** Stevenson n'a jamais été jusqu'à préciser, décrire les plaisirs pervers imputés à Hyde ; il était sans doute retenu par le code de moralité victorien ; il n'a décrit que des actes de violence : l'épisode de la petite fille piétinée, l'assassinat de Sir D. Carew et quelques petits détails mineurs. Les metteurs en scène des différents films tirés de l'œuvre ont toutefois été un peu plus loin dans l'évocation perverse du milieu de Soho où Hyde évoluait.
2. **(when) I would come back :** forme fréquentative passée ; l'emploi de **would** (au lieu de **used to**) donne plus de force à l'idée de répétition, et fait de **when** une conjonction accentuée : *chaque fois que, aussi souvent que.*
3. **vicarious :** débauche qui est accomplie, appréciée, etc., *par l'intermédiaire de quelqu'un d'autre.*
4. **this familiar :** nom = intimate friend, *ami intime.*
5. **relentless :** adj. = who does not relent, *qui ne se laisse pas fléchir, inflexible, cruel.*

Les plaisirs que je me hâtais de rechercher sous mon nouveau masque étaient, comme je l'ai dit, abjects ; et ce terme n'est pas trop dur. Mais, entre les mains d'Edward Hyde, ils eurent tôt fait de tourner au monstrueux. Chaque fois que je rentrais de ces sorties, la dépravation de mon autre moi me plongeait souvent dans une sorte de stupéfaction. Le compagnon qui émanait de mon âme propre, et que j'envoyais seul prendre son plaisir à sa guise, était une créature fondamentalement nuisible et ignoble ; chacune de ses pensées, chacun de ses actes était centré uniquement sur lui-même ; il se repaissait de jouissances avec une avidité bestiale en infligeant à autrui tous les degrés possibles de la torture ; il était aussi impitoyable qu'une statue de pierre. Henry Jekyll à certains moments était frappé d'horreur devant les actes d'Edward Hyde ; mais cette situation échappait aux lois ordinaires, et insidieusement desserrait l'emprise de sa conscience. Après tout, le coupable c'était Hyde, et Hyde seul. Jekyll ne s'en portait pas plus mal ; à son réveil, il retrouvait ses excellentes qualités non affectées en apparence ; il se hâtait même, chaque fois que c'était possible, de réparer le mal fait par Hyde. Et ainsi sa conscience pouvait sommeiller.

Je n'ai pas l'intention d'entrer dans le détail des actions infamantes dont j'étais ainsi le complice (car même maintenant je ne peux guère reconnaître les avoir commises). Je veux seulement attirer l'attention sur les avertissements qui, par étapes successives, laissèrent prévoir que mon châtiment approchait. Je fus impliqué dans un certain accident que, comme il n'entraîna aucune conséquence, je me contenterai de mentionner.

---

6. **like a man of stone :** Stevenson a peut-être pensé à l'implacable Commandeur dans *Don Juan.*
7. **apart from ordinary laws :** oui, mais seulement jusqu'au meurtre de Sir Danvers Carew.
8. **to undo :** *défaire* ; de **to do**, *faire* ; ici, *annuler, remettre dans l'état antérieur, effacer les conséquences.*
9. **at which... connived : to connive at sth : to consent or approve tacitly,** *fermer les yeux devant qqch.*, parce qu'on y consent ou qu'on l'approuve tacitement.
10. **I committed it :** Jekyll rejette sur Hyde toute la responsabilité de ses mauvaises actions ; mais n'en jouissait-il pas ? et n'était-il pas responsable d'avoir créé son double ?
11. **to meet with :** lorsque le verbe **to meet** s'emploie avec la préposition **with**, il s'agit d'un événement malheureux, d'un accident : **to meet with difficulties**, *rencontrer des obstacles.*

An act of cruelty to a child[1] aroused against me the anger of a passerby, whom I recognised the other day in the person of your kinsman[2]; the doctor and the child's family joined him; there were moments when I feared for my life; and at last, in order to pacify their too just resentment, Edward Hyde had to bring them to the door, and pay them in a cheque drawn in the name of Henry Jekyll. But this danger was easily eliminated from the future by opening an account at another bank in the name of Edward Hyde himself; and when, by sloping my own hand backwards[3], I had supplied my double with a signature[4], I thought I sat beyond the reach[5] of fate.

Some two months before the murder of Sir Danvers, I had been out for one of my adventures, had returned at a late hour, and woke[6] the next day in bed with somewhat odd sensations. It was in vain I looked about me; in vain I saw the decent[7] furniture and tall proportions of my room in the square; in vain that I recognised the pattern[8] of the bed curtains and the design[9] of the mahogany frame; something still kept insisting[10] that I was not where I was, that I had not wakened[11] where I seemed to be, but in the little room in Soho where I was accustomed to sleep in the body of Edward Hyde. I smiled to myself, and, in my psychological way, began lazily to inquire into the elements of this illusion, occasionally, even as I did so, dropping back into a comfortable morning doze[12].

---

1. **a child :** *une enfant* qu'il avait renversée, puis foulée aux pieds ; cf. chap. 1 : « L'épisode de la porte ».
2. **kinsman :** *parents* ; de kin, *famille* ; cf. a next of kin, *un proche parent.*
3. m. à m. *en penchant ma propre écriture en arrière.*
4. **I had... signature :** ⚠ la construction du verbe to supply, *fournir* : to supply sb with sth, *fournir qqch. à qqun* ; to provide a le même sens et la même construction.
5. **beyond the reach :** au-delà de la portée ; ≠ within the reach, *à (la) portée de...*
6. **woke :** part. passé de to wake, woke, woke ou woken, *s'éveiller.*
7. **decent** ['di:sənt] **:** *assez beau, acceptable* ; Jekyll semble (faussement) modeste en parlant de son intérieur.
8. **pattern :** les *dessins* répétés, les *motifs* sur les rideaux du lit (à baldaquin).

Un acte de cruauté envers une enfant provoqua à mon égard la colère d'un passant, que j'ai reconnu l'autre jour comme étant l'un de vos parents ; le médecin et la famille de l'enfant se liguèrent avec lui contre moi ; à certains moments, j'ai craint pour ma vie ; et finalement, afin d'apaiser leur trop juste ressentiment, Edward Hyde se vit contraint de les conduire jusqu'à la porte de Henry Jekyll, et de leur offrir un chèque signé du nom de ce dernier. Mais ce danger se trouva facilement écarté à l'avenir, par l'ouverture d'un compte dans une autre banque, au nom d'Edward Hyde lui-même ; et lorsque, en couchant ma propre écriture dans le sens opposé, j'eus fourni à mon double une signature, je me crus hors de portée du destin.

Quelque deux mois avant le meurtre de Sir Danvers, après être sorti pour l'une de mes escapades, et rentré à une heure fort tardive, je me réveillai le lendemain dans mon lit, en proie à des sensations assez étranges. C'est en vain que je promenai mes regards autour de moi, en vain que je vis les beaux meubles et les vastes proportions de ma chambre dans la maison du square, et en vain que je reconnus les motifs des rideaux du lit et les lignes du bois d'acajou dont il était fait ; quelque chose continuait à prétendre que je n'étais pas là où je me trouvais, que je ne m'étais pas réveillé là où je croyais être, mais plutôt dans la petite pièce de Soho où j'avais coutume de dormir dans la peau d'Edward Hyde. Je souris en moi-même, et, selon ma tournure d'esprit habituelle, commençai paresseusement à examiner les éléments de cette illusion, tout en sombrant de temps à autre dans un douillet assoupissement matinal.

---

9. **design** [di'zain] **:** synonyme de **pattern**, lorsqu'il s'agit d'étoffes ou de papiers peints ; mais ici il s'agit de la forme des différentes parties des bois de lit.
10. **kept insisting :** le verbe **to keep**, dans le sens de *persister*, se construit normalement avec le gérondif ; on trouve aussi la construction avec la prép. **on** précédant le gérondif : **he kept on running**, *il continua à courir*.
11. **wakened :** de **to waken**, verbe trans. et intrans. : *s'éveiller* ou *réveiller qqun* ; même sens que **to wake** (cf. note 6).
12. **doze :** nom, *sommeil court et léger* (verbe **to doze** : *sommeiller*) ; synonyme : **nap**, nom.

I was still so[1] engaged when, in one of my more[2] wakeful moments, my eye fell upon my hand. Now[3], the hand of Henry Jekyll (as you have often remarked) was professional in shape and size ; it was large, firm, white and comely. But the hand which I now saw, clearly enough in the yellow light of a mid-London morning, lying half shut on the bed-clothes[4], was lean, corded[5], knuckly[6], of a dusky[7] pallor, and thickly shaded with a swart[8] growth of hair. It was the hand of Edward Hyde.

I must have stared upon it for near half a minute, sunk as I was in the mere stupidity[9] of wonder, before terror woke up in my breast as sudden and startling as the crash of cymbals ; and bounding from my bed, I rushed to the mirror. At the sight that met my eyes, my blood was changed into something exquisitely[10] thin and icy. Yes, I had gone to bed Henry Jekyll, I had awakened[11] Edward Hyde. How was this to be explained ? I asked myself ; and then, with another bound of terror — how was it to be remedied ? It was well on in the morning ; the servants were up ; all my drugs were in the cabinet — a long journey, down two pairs of stairs, through the back passage, across the open court and through the anatomical theatre, from where I was then standing horror-struck[12]. It might indeed be possible to cover my face ; but of what use was that[13], when I was unable to conceal the alteration in my stature ? And then, with an overpowering sweetness of relief, it came back upon my mind that the servants were already used to[14] the coming and going of my second self.

---

1. **so**=thus, *ainsi, de cette manière* (occupé à sommeiller).
2. **of my more :** équivaut à un superlatif : in one of my moments more wakeful (than the others), *dans un de mes moments les plus éveillés.*
3. **now :** adv., 1) *maintenant*; 2) *immédiatement*; 3) (pour expliquer, sans connotation de temps) *or*; redoublé, cet adv. a le sens de *tantôt... tantôt*; now he weeps, now he laughs, *tantôt il pleure, tantôt il rit.*
4. **bed-clothes :** comprend les draps et les couvertures.
5. **corded : de** cords, les *tendons.*
6. **knuckly :** adj., de knuckles, nom, les *articulations*, les *jointures* des doigts ; Stevenson a forgé lui-même l'adjectif.
7. **dusky :** de dusk, le *crépuscule*, l'*obscurité* ; sens premier de l'adj., *sombre, noirâtre.*

Encore dans cette disposition, au cours de l'un de mes moments d'éveil, mon regard s'arrêta sur l'une de mes mains. Or, les mains de Henry Jekyll (comme vous l'avez souvent remarqué) étaient, par leur forme et leur taille, celles d'un médecin, c'est-à-dire grandes, fermes, blanches et belles. Mais la main que je vis à ce moment-là, de façon assez distincte dans la lumière jaune d'un matin au cœur de Londres, reposant à demi fermée sur les draps, était maigre, marquée de gros tendons, avec de fortes articulations, d'une pâleur olivâtre, et recouverte d'une épaisse toison de poils bruns. C'était la main d'Edward Hyde.

J'ai dû fixer cette main pendant près d'une demi-minute, perdu comme je l'étais dans l'hébétude totale où me plongeait ce phénomène prodigieux, avant que la terreur ne s'éveillât dans ma poitrine, brutale et saisissante comme le fracas d'un coup de cymbales ; bondissant de mon lit, je me précipitai vers le miroir. Au spectacle qui s'offrit à mes yeux, mon sang se changea en quelque chose de douloureusement fluide et glacé. A coup sûr, je m'étais couché Jekyll et réveillé Hyde. Comment expliquer cela ? me demandai-je ; puis, saisi d'un nouveau sursaut de terreur — comment y remédier ? La matinée était déjà bien avancée ; les domestiques vaquaient à leurs occupations ; tous mes produits chimiques étaient dans le cabinet — m'y rendre représentait un long parcours que j'envisageais avec horreur ; il fallait descendre deux étages, suivre le corridor de derrière, traverser la cour découverte, et l'amphithéâtre d'anatomie. Je pouvais bien à la rigueur dissimuler mon visage ; mais à quoi cela servirait-il, puisqu'il m'était impossible de cacher l'altération de ma taille ? Puis avec un agréable et irrésistible soulagement, il me revint à l'esprit que les domestiques avaient déjà pris l'habitude des allées et venues de mon autre moi-même.

---

8. **swart :** adj., **=swarthy** ; style littéraire, pour **very dark**.
9. **stupidity :** ici, marque l'*ahurissement* de Jekyll ; sens fort, qui introduit **wonder**, l'*étonnement*, l'*incompréhension totale*.
10. **exquisitely :** dans le sens du français *douleurs exquises* : vives, et nettement localisées ; ex. « les blessures aiguës que la médecine nomme exquises » (Cocteau).
11. **awakened :** forme préférée à **to awake** au part. passé ; les verbes **to awake** et **to awaken** sont plus littéraires et souvent d'un emploi figuré : **he awoke to the beauties of painting**, *il s'est éveillé aux beautés de la peinture.*
12. *d'où je me tenais alors, frappé d'horreur.*
13. **but of what use was that = but what use was that.**
14. **used to (the coming...) :** dans le sens de *habitué à qqch.*, **used to** se construit avec un nom, ordinaire ou verbal.

I had soon dressed, as well as I was able, in clothes of my own size; had soon passed through the house, where Bradshaw[1] stared and drew back at seeing[2] Mr Hyde at such an hour and in such a strange array[3]; and ten minutes later, Dr Jekyll had returned to his own shape and was sitting down, with a darkened brow[4], to make a feint[5] of breakfasting.

Small indeed was my appetite. This inexplicable incident, this reversal of my previous experience, seemed, like the Babylonian finger on the wall[6], to be spelling out the letters of my judgment; and I began to reflect more seriously than ever before on the issues[7] and possibilities of my double existence. That part of me which I had the power of projecting had lately been much exercised and nourished; it had seemed to me of late as though[8] the body of Edward Hyde had grown in stature, as though (when I wore that form) I were[9] conscious of a more generous tide of blood; and I began to spy[10] a danger that, if this were much prolonged, the balance of my nature might be permanently overthrown, the power of voluntary change be forfeited[11], and the character of Edward Hyde become irrevocably mine. The power of the drug had not been always equally displayed. Once, very early in my career[12], it had totally failed me; since then I had been obliged on more than one occasion to double, and once, with infinite risk of death, to treble[13] the amount; and these rare uncertainties had cast hitherto the sole[14] shadow on my contentment.

---

1. **Bradshaw :** le valet de chambre de Jekyll.
2. **at seeing** = when seeing, *lorsqu'il vit.*
3. **array :** mot littéraire pour clothes, *vêtements.*
4. **brow** [brau] : *front*; synonyme : forehead ['fɔred].
5. **to make a feint of** = to pretend to (be breakfasting), *faire semblant (de déjeuner).*
6. **like the Babylonian finger on the wall :** « Le roi chaldéen Balthazar donna un grand festin pour ses seigneurs... Soudain apparurent les doigts d'une main humaine qui se mirent à écrire sur le mur du palais royal... Daniel interpréta l'inscription mystérieuse comme l'annonce d'une catastrophe prochaine... La nuit suivante, Balthazar fut assassiné. » (Ancien Testament, Livre de Daniel, chap. V.) Stevenson, par cette allusion biblique, commence à nous préparer à la fin tragique de son héros.
7. **issue(s)** ['iʃju:z] ou [isju:z] : *question(s) à discuter, problème(s).*

J'eus vite fait de m'habiller, du mieux que je pus, avec des vêtements de ma propre taille, et j'eus bientôt traversé la maison, où Bradshaw écarquilla les yeux et fit un pas en arrière en voyant Mr Hyde à une telle heure et accoutré d'aussi étrange façon ; et dix minutes plus tard, le Dr Jekyll avait recouvré sa forme propre, et assis, le front assombri, faisait semblant de prendre son petit déjeuner.

En fait, je n'avais guère d'appétit. Cet incident inexplicable, ce retournement de mon expérience antérieure semblaient, comme le doigt du Babylonien sur le mur, tracer les mots de ma condamnation ; et je me mis à réfléchir, plus sérieusement que jamais auparavant, sur les problèmes et les possibilités de ma double vie. Cette partie de moi-même que j'avais le pouvoir de faire naître avait été dernièrement grandement entraînée et sustentée ; il m'avait semblé ces temps derniers que le corps d'Edward Hyde avait grandi, et que (lorsque je revêtais cette forme) je sentais courir en moi un sang plus généreux ; et je commençai à entrevoir un danger dans le fait que, si je poursuivais longtemps cette expérience, l'équilibre de ma nature pouvait être à jamais détruit, le pouvoir de transformation volontaire perdu, et le personnage d'Edward Hyde devenir irrévocablement le mien. L'efficacité de la drogue ne s'était pas toujours montrée égale. Une fois, tout au début de mes expériences, elle m'avait totalement trahi ; depuis, en plus d'une occasion, j'avais été obligé de doubler la dose, et une fois, au risque considérable d'en mourir, de la tripler ; et ces rares incertitudes avaient, jusqu'alors, jeté la seule ombre que connût ma satisfaction.

---

8. **as though** = as if, *comme si* ; commande le subjonctif.
9. **I were :** subj. passé de **to be**, *être* ; amené par **as though**.
10. **to spy :** *observer avec attention, distinguer* ; cf. **a spy** : *un espion.*
11. **forfeited** ['fɔːrfitid] **:** de **to forfeit**, *subir la perte de...* (sous-entendu : comme châtiment d'une faute) ; étymologie française *forfait.*
12. **career** [kə'riə(r)] **:** le développement et le progrès pratique de ses recherches scientifiques dans le dédoublement de la personnalité ; (la voie expérimentale où il s'est engagé).
13. **to treble :** *tripler* ; de **treble**, adj., = **three times as much**, *triple.*
14. **the sole :** adj., *la seule* = **the only, the unique** (ce dernier ayant en plus la connotation de *rare, exceptionnel*).

Now, however, and in the light of that morning's accident[1], I was led to remark that whereas[2], in the beginning, the difficulty had been to throw off the body of Jekyll, it had of late gradually but decidedly transferred itself to the other side. All things therefore seemed to point to this : that I was slowly losing hold of my original and better self, and becoming slowly incorporated with[3] my second and worse.

Between these two I now felt I had to choose. My two natures had memory in common, but all other faculties were most unequally shared between them. Jekyll (who was a composite[4]) now with the most sensitive apprehensions, now[5] with a greedy gusto[6], projected and shared in[7] the pleasures and adventures of Hyde ; but Hyde was indifferent to Jekyll, or but remembered him as the mountain bandit remembers the cavern in which he conceals himself from pursuit[8]. Jekyll had more than a father's interest ; Hyde had more than a son's indifference. To cast in my lot[9] with Jekyll was to die to[10] those appetites which I had long secretly indulged and had of late[11] begun to pamper[12]. To cast it in with Hyde was to die to a thousand interests and aspirations, and to become, at a blow[13] and for ever, despised and friendless. The bargain might appear unequal ; but there was still another consideration in the scales[14] ; for while Jekyll would suffer smartingly in the fires of abstinence, Hyde would be not even conscious of all that he had lost.

---

1. **that morning's accident :** le cas possessif s'emploie avec une idée de temps (ici) ou de distance : **a mile's walk**, *une promenade de deux kilomètres.*
2. **whereas** [hweər'æz] **:** conj., marque une opposition entre deux états de choses (la difficulté était, jadis, de se débarrasser de Jekyll, au contraire, maintenant, de rejeter Hyde...) ; = *alors que.*
3. **incorporated with :** *s'unir et devenir un seul corps, se fondre dans un tout.*
4. **a composite :** ce qui est composé de plusieurs parties différentes, *un composé.*
5. **now :** cf. p. 180, note 3.
6. **a greedy gusto :** il y a une redondance dans l'emploi de ces deux termes accolés ; en effet, **gusto** = *désir avide* et **greedy**, adj. =, *avide, vorace.*
7. **shared in : to share** marque la division, *partager, diviser* ;

Maintenant, toutefois, à la lumière de l'accident de ce matin-là, je fus conduit à remarquer que, alors qu'au début, la difficulté avait été de me défaire du corps de Jekyll, dernièrement, au contraire, elle s'était inversée d'une manière progressive mais très nette. Tout par conséquent semblait indiquer que j'étais lentement en train de perdre le contrôle de cette partie première, et la meilleure, de ma personnalité, pour m'incorporer lentement à la seconde, de beaucoup la pire.

Entre ces deux moi je sentis maintenant qu'il me fallait choisir. Mes deux natures avaient en commun la mémoire, mais se partageaient toutes les autres facultés de la façon la plus inégale. Jekyll (caractère complexe), tantôt avec les appréhensions les plus vives, tantôt avec un enthousiasme avide, se transportait jusque dans les plaisirs et aventures de Hyde et les partageait ; mais Hyde, lui, ne se souciait guère de Jekyll, ou se contentait de se le rappeler comme le bandit de la montagne se souvient de la grotte où il se dissimule à ses poursuivants. Jekyll lui témoignait plus que l'intérêt d'un père, Hyde, plus que l'indifférence d'un fils. Décider de partager le sort de Jekyll c'était renoncer à ces appétits que j'avais si longtemps satisfaits en secret et dont j'avais récemment commencé à me délecter. Accepter d'être Hyde c'était mourir à mille sujets d'intérêt, à une foule d'aspirations, et devenir, d'un seul coup et à tout jamais, un homme méprisé et sans amis. Cela pouvait paraître un marché de dupes ; mais une autre considération encore pesait dans les plateaux de la balance ; car tandis que Jekyll souffrirait mille morts dans les flammes de l'abstinence, Hyde ne se rendrait même pas compte de tout ce qu'il aurait perdu.

---

**to share in :** *participer à, s'associer à.*
8. **from pursuit :** allusion à la chasse à l'homme menée contre Hyde, après le meurtre de Sir Danvers.
9. **to cast in my lot with Jekyll :** décider de partager le sort de Jekyll ; **the lot** : l'objet (par exemple un dé, un bulletin) que l'on utilise pour décider, par le hasard, de qqch.
10. **to die to :** *devenir insensible, indifférent à* ; cf. **to die to the world**, *renoncer au monde.*
11. **of late :** littéraire, pour **lately**, *dernièrement, ces derniers temps.*
12. **to pamper :** *apprécier, jouir de... démesurément, avec excès, se gorger de* ; cf. **to pamper a child**, *gâter un enfant.*
13. **at a blow** (ou at one blow) **:** *d'un seul coup, en une seule fois.*
14. **in the scales :** dans les deux *plateaux* de la balance ; ⚠ ne pas confondre avec **scale**, 1) *échelle* ; 2) *écaille.*

Strange as my circumstances were, the terms of this debate are as old and commonplace as man ; much the same inducements and alarms cast the die[1] for any tempted and trembling sinner ; and it fell out[2] with me, as it falls with so vast a majority of my fellows, that I chose the better part[3] and was found wanting[4] in the strength to keep to it.

Yes, I preferred the elderly and discontented doctor, surrounded by friends and cherishing honest hopes ; and bade a resolute farewell[5] to the liberty, the comparative youth, the light step, leaping pulses and secret pleasures, that I had enjoyed in the disguise of Hyde. I made this choice perhaps with some unconscious reservation[6], for I neither gave up the house in Soho, nor destroyed the clothes of Edward Hyde, which still lay ready in my cabinet. For two months, however, I was true to my determination ; for two months I led a life of such severity as I had never before attained to[7], and enjoyed the compensations of an approving conscience. But time began at last to obliterate[8] the freshness of my alarm ; the praises of conscience began to grow into a thing of course[9] ; I began to be tortured with throes and longings, as of Hyde[10] struggling after freedom ; and at last, in an hour of moral weakness, I once again compounded and swallowed the transforming draught.

I do not suppose that when a drunkard[11] reasons with himself upon his vice, he is once out of five hundred times[12] affected by the dangers that he runs through his brutish physical insensibility ;

---

1. **to cast the die :** *jeter le dé*; le plur. irrég. de **die** est dice.
2. **it fell out** = it happened, *il arriva que...*
3. **the better part :** *le meilleur rôle* **(part)**, celui d'être Jekyll, plutôt que Hyde, celui de la vertu, plutôt que du vice.
4. **wanting in** = missing, lacking, not having ; le verbe **to want** a trois sens principaux : 1) *désirer, vouloir* ; b) *avoir besoin de* ; c) et seulement à la forme progressive, *ne pas avoir, manquer de...* (ici).
5. **bade... farewell :** de to bid, bade, bidden, ou bid, bid ; dans ce sens, to bid exprime un vœu, un souhait ; to bid welcome, *souhaiter la bienvenue* ; to bid farewell, *dire adieu, en finir avec.*
6. **reservation :** le refus d'exprimer ce que l'on a à l'esprit, *réserve.*
7. **attained to = reached, arrived at** ; *atteinte* ; l'emploi d'un

Quelque étrange que fût ma situation, les termes de ce débat sont aussi anciens et banals que l'homme lui-même ; les mêmes incitations et les mêmes inquiétudes décident, en grande partie, du sort de n'importe quel pécheur en proie à la tentation et à l'angoisse ; et il advint dans mon cas, comme dans celui d'une si vaste majorité de mes semblables, que je choisis la solution la meilleure, sans avoir la force nécessaire pour m'y tenir.

Certes, je donnai la préférence au médecin d'âge mûr, insatisfait, entouré de ses amis, et caressant des espoirs honnêtes, pour dire résolument adieu à la liberté, la relative jeunesse, la démarche légère, les impulsions bondissantes et les plaisirs secrets dont j'avais joui sous le déguisement de Hyde. Je fis mon choix peut-être avec une certaine arrière-pensée inconsciente, car d'une part je n'abandonnai pas la maison de Soho, ni, d'autre part, ne détruisis les vêtements d'Edward Hyde qui étaient toujours là, prêts à servir, dans mon cabinet. Pendant deux mois, toutefois, je m'en tins fidèlement à ma détermination ; pendant deux mois je menai une vie d'une austérité que je n'avais jamais connue auparavant, en appréciant les compensations que me procuraient les approbations de ma conscience. Mais le temps se mit, à la fin, à atténuer la vivacité de mes inquiétudes ; les louanges de ma conscience commencèrent à paraître tout à fait normales et je devins la proie d'angoisses et de désirs, comme si Hyde eût lutté en moi pour conquérir sa liberté ; et finalement, dans un moment de relâchement moral, à nouveau je mélangeai et avalai le breuvage transformateur.

Je ne crois pas que, lorsqu'un ivrogne raisonne avec lui-même sur son vice il soit, une fois sur mille, affecté par les dangers que lui fait courir son bestial abrutissement physique ;

---

mot littéraire donne plus de profondeur, de sérieux à la confession de Jekyll.

8. **to obliterate ▲ :** *effacer, détruire* ; *oblitérer un timbre* : to cancel a stamp.

9. **a thing of course :** *une chose naturelle, évidente, normale* ; cf. of course, *naturellement.*

10. **as of Hyde [struggling after** (for) **freedom]** = as if Hyde had been (struggling for freedom).

11. **a drunkard :** *un homme qui s'enivre régulièrement.*

12. **once out of five hundred times :** *une fois sur cinq cents* : lorsque, en français ou en anglais, on veut exprimer l'idée que qqch. se produit très rarement, on préfère employer l'adj. numéral mille : une fois sur mille ; cf. **five children out of every thousand**, *cinq enfants sur mille* ; Stevenson ne s'est pas conformé à l'usage.

neither had I, long as I had[1] considered my position, made enough allowance for the complete moral insensibility and insensate[2] readiness to evil which were the leading characters of Edward Hyde. Yet it was by these that I was punished. My devil had been long caged, he came out roaring. I was conscious, even when I took the draught, of a more unbridled, a more furious propensity to ill. It must have been this, I suppose, that stirred in my soul that tempest of impatience with which I listened to the civilities of my unhappy victim[3] ; I declare at least, before God, no man morally sane could have been guilty of that crime upon so pitiful a provocation ; and that I struck in no more reasonable spirit than that in which a sick child may break a plaything[4]. But I had voluntarily stripped myself of all those balancing instincts by which even the worst of us continues to walk with some degree of steadiness among temptations ; and in my case, to be tempted, however slightly[5], was to fall.

Instantly the spirit of hell awoke in me and raged. With a transport of glee[6], I mauled[7] the unresisting body, tasting delight from every blow ; and it was not till weariness had begun to succeed that I was suddenly, in the top fit of my delirium[8], struck through the heart by a cold thrill of terror. A mist dispersed ; I saw my life to be forfeit[9] ; and fled from the scene of these excesses, at once glorying and trembling, my lust[10] of evil gratified[11] and stimulated, my love of life[12] screwed to the topmost peg[13].

---

1. **long as I had considered my position** = though I had considered my position for a long time, *bien que j'eusse réfléchi longtemps sur ma situation.*
2. **insensate** [in'senset] **:** *dépourvu de tout sens du raisonnable.*
3. **my unhappy victim :** il s'agit évidemment de Sir D. Carew.
4. **a plaything** = a toy, *un jouet* ; a souvent un sens figuré que toy n'a pas : the raft was the plaything of the waves, *le radeau était le jouet des vagues.*
5. **however slightly :** *quelque légèrement que ce fût* = slightly though it may have been, *si légèrement que j'aie pu avoir été tenté, quelque légère qu'ait pu être ma tentation.*
6. **glee :** nom de style littéraire, = mirth, joy ; *grande joie.*
7. **I mauled** [mɔːld] = to beat, to batter (with a hammer), *frapper avec violence (avec un marteau)* ; origine : mail, *maillet.*
8. **delirium :** manifestation violente et irrépressible d'un trouble mental, *délire.*

moi non plus, je n'avais pas, de tout le temps où j'avais réfléchi sur ma situation, assez tenu compte de la complète insensibilité morale et de la folle propension au mal, qui étaient les caractéristiques prépondérantes d'Edward Hyde. Et c'est bien par celles-ci que je fus puni. Mon démon, après avoir longtemps été emprisonné, sortit de sa cage en rugissant. J'eus conscience, au moment même où j'absorbais la drogue, d'une propension au mal encore plus déchaînée, encore plus enragée. Ce fut probablement ceci, je crois, qui souleva dans mon âme ce tourbillon d'impatience que provoquèrent, tandis que je les écoutais, les formules de civilité de mon infortunée victime. Je tiens du moins à affirmer devant Dieu qu'aucun homme moralement sain n'aurait pu être coupable d'un tel crime, poussé par un mobile aussi insignifiant ; et que je frappai cet homme dans un état d'esprit aussi peu raisonnable que celui d'un enfant malade lorsqu'il brise son jouet. Mais je m'étais volontairement débarrassé de tous ces instincts pondérateurs grâce auxquels même le pire d'entre nous continue à avancer au milieu des tentations, avec un certain degré d'équilibre ; et dans mon cas particulier, céder, si peu que ce fût, à la tentation, c'était la chute.

Immédiatement l'esprit infernal s'éveilla en moi et se déchaîna. Animé d'un transport de joie, je mutilai ce corps qui ne se défendait pas, goûtant un plaisir intense à chaque coup porté ; et ce fut seulement quand la fatigue commença à se faire sentir, que, soudain, au paroxysme de mon accès de délire, je fus frappé jusqu'au cœur d'un frisson glacé de terreur. Une brume se dissipa en moi ; je me rendis compte que ma vie était en danger ; et je m'enfuis du lieu de ces excès, à la fois exultant et tremblant, mon désir de faire le mal satisfait et excité, et mon amour de la vie exalté au plus haut degré.

---

9. **forfeit :** adj. **forfeited** ; cf. p. 182, note 11.
10. **lust :** *désir violent*, souvent à connotation sexuelle, et qui doit être *assouvi* (**gratified**) quelles qu'en soient les conséquences.
11. **to gratify :** *faire plaisir*, *satisfaire* ; synonyme : **to indulge in...**, *céder à ses désirs.*
12. **my love of life :** dès qu'il sent sa vie menacée par l'éventuel châtiment de son crime, Hyde, encore malgré tout la proie de ses désirs, sent son amour pour la vie renforcé.
13. m. à m. *vissé, attaché à la plus haute cheville, au plus haut cran = au plus haut niveau.*

I ran to the house in Soho, and (to make assurance doubly sure) destroyed my papers ; thence [1] I set out through the lamplit streets, in the same divided [2] ecstasy of mind, gloating on my crime, light-headedly devising others in the future [3], and yet still hastening and still harkening in my wake for the steps of the avenger [4]. Hyde [5] had a song upon his lips as he compounded the draught, and as he drank it pledged the dead man [6]. The pangs of transformation had not done tearing [7] him, before Henry Jekyll, with streaming tears of gratitude and remorse, had fallen upon his knees and lifted his clasped hands to God. The veil of self-indulgence was rent [8] from head to foot, I saw my life as a whole : I followed it up from the days of childhood, when I had walked with my father's hand, and through the self-denying toils [9] of my professional life, to arrive again and again, with the same sense of unreality, at the damned horrors of the evening [10]. I could have screamed aloud ; I sought with tears and prayers to smother down the crowd of hideous images and sounds with which my memory swarmed against me ; and still, between the petitions [11], the ugly face of my iniquity stared into my soul. As the acuteness of this remorse began to die away, it was succeeded by a sense of joy. The problem of my conduct was solved. Hyde was henceforth impossible ; whether I would [12] or not, I was now confined to the better part of my existence ; and, oh, how I rejoiced to think it ! with what willing humility I embraced anew the restrictions of natural life ! with what sincere renunciation I locked the door by which I had so often gone and come, and ground the key under my heel !

---

1. **thence :** littér. et archaïque, = **from that place**, *de ce lieu, de là.*
2. **divided :** il est partagé entre la pernicieuse jouissance de son crime et la peur du « justicier ».
3. **devising others in the future :** ce n'est toutefois pas la peur de la potence qui l'empêche de vouloir récidiver.
4. **avenger :** image poétique du *vengeur*, c.-à-d. de la police.
5. **Hyde :** il faut noter le mélange (volontaire) des personnalités, que Stevenson exprime, dans cette confession ; au début de la page, Jekyll semble personnellement vivre le crime de Hyde : **I ran to the house...** puis c'est Hyde qui prépare le breuvage qui va le faire disparaître, et Jekyll reparaît : **H. Jekyll had fallen...**
6. **pledged the dead man :** to pledge, *boire* (au cours d'un

Je courus jusqu'à la maison de Soho, et (pour renforcer ma sécurité) je détruisis mes papiers ; de là je filai le long des rues, à la lumière des réverbères, en proie à la même extase partagée de mon esprit, savourant mon crime, et, d'un cœur léger, en projetant d'autres pour l'avenir, et pourtant me hâtant sans cesse, et sans cesse prêtant l'oreille aux pas du justicier à mes trousses. Hyde, une chanson aux lèvres, prépara le breuvage qu'il but en portant un toast au mort. Les affres de la métamorphose avaient à peine fini de le déchirer que Henry Jekyll, des larmes de gratitude et de remords ruisselant de ses yeux, était tombé à genoux levant ses mains jointes vers Dieu. Le voile de la jouissance égoïste se déchira de bout en bout, et je revis tout le cours de mon existence, que je suivis depuis les jours de mon enfance, au temps où je marchais donnant la main à mon père ; ensuite, accomplissant les pénibles tâches de ma vie professionnelle dans l'abnégation, pour revenir encore et toujours, avec le même sentiment d'irréalité, aux diaboliques horreurs de ce soir-là. Je me retenais pour ne pas hurler ; je cherchai par les larmes et les prières à effacer les images et les bruits odieux qui, en foule, venaient assaillir ma mémoire ; et pourtant, au milieu de mes supplications, le visage hideux de mon acte d'iniquité hantait les profondeurs de mon âme. Lorsque la violence de ce remords commença à s'apaiser, un sentiment de joie lui succéda. J'avais résolu le problème de ma conduite. Désormais il ne pouvait plus être question de Hyde ; que je le veuille ou non, j'étais maintenant limité à cette meilleure moitié de ma personnalité ; et combien je m'en réjouissais rien que d'y penser ! Avec quelle humilité j'acceptai à nouveau les restrictions d'une vie normale ! Avec quel renoncement sincère je fermai à clé la porte par laquelle j'étais si souvent entré et sorti, et écrasai la clé sous mon talon !

---

repas de fête) à la santé d'une personne que l'on veut honorer ; ici, sans commentaire !

7. **not done tearing :** to do a le sens de **to finish**, et se construit de la même façon, avec le gérondif.

8. **rent :** part. passé de **to rend, rent, rent** : *déchirer violemment, brutalement.*

9. **toil :** *travail dur, pénible* ; cf. **to toil**, *peiner, se donner du mal.*

10. **at the... evening :** il faut se rappeler ici que Jekyll nous a déjà dit que Hyde et lui ont en commun la mémoire.

11. **petitions** = earnest requests, *ardentes prières, réclamations.*

12. **I would** = I wanted ; will, **would**, peuvent exprimer la volonté, ou même l'obstination.

The next day came the news that the murder had been overlooked[1], that the guilt of Hyde was patent to the world, and that the victim was a man high in public estimation[2]. It was not only a crime, it had been a tragic folly. I think I was glad to know it ; I think I was glad to have my better impulses thus buttressed[3] and guarded by the terrors of the scaffold[4]. Jekyll was now my city of refuge ; let but Hyde peep out[5] an instant, and the hands of all men would be raised to take and slay[6] him.

I resolved in my future conduct to redeem[7] the past ; and I can say with honesty that my resolve was fruitful of some good. You know yourself how earnestly in the last months of last year I laboured[8] to relieve suffering ; you know that much was done for others, and that the days passed quietly, almost happily for myself. Nor can I truly say[9] that I wearied of this beneficent and innocent life ; I think instead that I daily enjoyed it more completely ; but I was still cursed with my duality of purpose ; and as the first edge[10] of my penitence wore off[11], the lower side of me, so long indulged, so recently chained down, began to growl[12] for licence. Not that I dreamed of resuscitating Hyde ; the bare[13] idea of that would startle me to frenzy[14] : no, it was in my own person that I was once more tempted to trifle with my conscience ; and it was as an ordinary secret sinner that I at last fell before the assaults of temptation.

---

1. **overlooked :** littéralement, *vu d'une certaine hauteur* ; en effet, c'est une jeune servante qui avait, de sa fenêtre sous les toits, été témoin du meurtre de Sir Danvers (cf. « L'affaire du meurtre de Sir Carew »).
2. **estimation :** dans le sens de *estime*, ce nom est moins courant que **esteem**.
3. **buttressed** [ˈbʌtresd] **:** soutenu par des **buttresses**, des *arcs-boutants*.
4. **scaffold :** l'*échafaud* qui attendait Jekyll s'il était pris ; *échafaud* est le plus souvent en français l'équivalent du mot « guillotine », alors qu'en Angleterre on pendait les criminels.
5. **to peep out :** *jeter un regard rapide*, en prenant toutes précautions utiles pour ne pas se faire voir.
6. **to slay, slew, slain :** littér. *tuer, assassiner, avec violence* ; cf. Caïn slew his brother Abel, *Caïn tua son frère Abel*.
7. **to redeem :** *racheter, payer pour les fautes du passé* ; cf. the Redeemer, *le Rédempteur* (Jésus-Christ).

Le lendemain on sut que le meurtre avait eu un témoin, que la culpabilité de Hyde était manifeste aux yeux de tous, et que la victime était un homme que le public tenait en haute estime. Ce n'était pas seulement un crime, cela avait été un égarement tragique. Je crois avoir été heureux d'apprendre cela ; je crois avoir été heureux de sentir que mes élans vers le bien étaient ainsi soutenus et protégés par la terreur de l'échafaud. Jekyll était maintenant mon havre de sécurité ; si Hyde se montrait, ne serait-ce qu'un instant, toutes les mains se lèveraient pour se saisir de lui et le mettre à mort.

Je résolus, par ma conduite future, de racheter le passé ; et je puis dire en toute sincérité que ma résolution fit mûrir une moisson de bienfaits. Vous savez vous-même avec quelle application sérieuse je fis tout ce qui était en mon pouvoir, durant les derniers mois de l'année passée, pour soulager la souffrance ; vous savez que j'ai beaucoup œuvré pour mon prochain, que mes jours s'écoulèrent calmement, et que je vécus presque heureux. Je ne peux pas vraiment dire non plus que je me lassai de cette vie passée à faire le bien sans penser au mal ; je crois au contraire que, chaque jour, je l'appréciai plus complètement ; mais la malédiction de la dualité de mes desseins pesait encore sur moi ; et lorsque l'acuité de mon repentir commença à s'émousser, le côté pervers de ma personnalité, si longtemps flatté et si récemment enchaîné, se mit à grogner pour réclamer sa liberté. Ce n'est pas que je songeais à ressusciter Hyde ; cette simple idée me mettait hors de moi : non, c'est en ma propre personne que je fus encore une fois tenté de prendre des libertés avec ma conscience ; et ce fut un pécheur ordinaire et secret qui finit par succomber aux assauts de la tentation.

---

8. **I laboured = I worked hard**, *je travaillai dur, je me donnai beaucoup de mal pour...*
9. **nor can I truly say = and I cannot truly say either**, *et je ne puis pas vraiment dire non plus* ; **nor** remplace **neither**, en entraînant de la même façon l'inversion parce que placé en tête de phrase.
10. **first edge :** *le premier tranchant* ; **the edge of a blade**, *le fil, le tranchant d'une lame* (ici, le repentir).
11. **wore off :** de **to wear off**, *s'atténuer, disparaître* ; pour le tranchant d'une lame, *s'émousser*.
12. **to growl** [graul] **:** *gronder* (comme un chien) ; les bas instincts de Jekyll ont quelque chose d'animal.
13. **the bare :** adj. = **the mere, the only**, *la simple, la seule* (idée).
14. m. à m. *me portait à un état de frénésie* (de *folie*).

There comes an end to all things; the most capacious measure[1] is filled at last; and this brief condescension to my evil finally destroyed the balance of my soul. And yet I was not alarmed; the fall seemed natural, like a return to the old days before I had made my discovery. It was a fine, clear January day, wet under foot where the frost had melted, but cloudless overhead; and the Regent's Park[2] was full of winter chirrupings and sweet with Spring odours. I sat in the sun on a bench; the animal within me licking the chops[3] of memory; the spiritual side a little drowsed[4], promising subsequent penitence, but not yet moved to begin. After all, I reflected, I was like my neighbours; and then I smiled, comparing myself with other men, comparing my active goodwill with the lazy cruelty of their neglect. And at the very moment of that vainglorious[5] thought, a qualm[6] came over me, a horrid nausea and the most deadly shuddering. These passed away, and left me faint; and then as in its turn the faintness subsided, I began to be aware of a change in the temper of my thoughts, a greater boldness, a contempt of danger, a solution[7] of the bonds of obligation. I looked down; my clothes hung formlessly on my shrunken limbs; the hand that lay on my knee was corded and hairy. I was once more Edward Hyde. A moment before I had been safe of[8] all men's respect, wealthy, beloved — the cloth laying[9] for me in the dining-room at home; and now I was the common quarry[10] of mankind, hunted, houseless, a[11] known murderer, thrall to the gallows[12].

---

1. **measure** = container, *récipient*.
2. **the Regent's Park :** l'art. déf. n'est plus employé dans cette désignation d'un lieu connu de Londres.
3. **licking the chops : to lick,** *lécher*; **the chops** (ou chaps), *les mâchoires, la gueule* d'un animal ; en fait, en français, on *se lèche les babines* en anticipation d'un grand plaisir.
4. **drowsed :** de to drowse, *s'assoupir, tomber dans un sommeil léger*; drowsy, adj., *assoupi, somnolant*; a drowsy afternoon, *un après-midi lourd*.
5. **vainglorious** = full of vainglory, *plein de vanité*; vainglory a le même sens que **vanity**, mais est un peu plus littéraire et accentué.
6. **qualm** [kwɔːm] = nausea, *nausée*; une sensation de *malaise* (sickness) dans l'estomac.

Toutes les choses ont une fin. Le plus grand des vaisseaux finit par se remplir ; et cette brève concession à ma perversité finalement détruisit l'équilibre de mon âme. Toutefois je ne nourrissais aucune crainte ; cette chute semblait naturelle, une sorte de retour au bon vieux temps qui avait précédé ma découverte. C'était un beau jour clair de janvier ; le sol était humide sous les pieds, là où le givre avait fondu ; mais un ciel sans nuages s'étendait sur les têtes. Regent's Park bruissait du gazouillis que font les oiseaux en hiver et était parfumé des senteurs du printemps. J'étais assis au soleil sur un banc ; la bête en moi se léchait les babines en évoquant ses souvenirs ; le côté spirituel de ma nature, un peu engourdi, s'engageait à une pénitence ultérieure, peu décidé pour le moment à passer à l'acte. Après tout, méditais-je, je suis semblable à mes voisins ; et je souris alors, de me comparer à d'autres hommes, de comparer ma bonne volonté efficace à la cruauté paresseuse de leur négligence. Et au moment même où je m'abandonnais à cette vaniteuse pensée, je fus pris d'un haut-le-cœur, d'une horrible nausée suivie de tremblements mortels. Ces troubles se dissipèrent et me laissèrent sans force ; et puis comme à son tour cette faiblesse disparaissait, je commençai à me rendre compte d'un changement dans la qualité de mes pensées, d'une plus grande hardiesse, d'un mépris du danger, d'un relâchement des liens de la contrainte. Je baissai les yeux et vis que mes vêtements pendaient sans aucune tenue sur mes membres rapetissés ; la main qui reposait sur mon genou était couverte de tendons apparents et de poils. Une fois encore j'étais Edward Hyde. L'instant d'avant je pouvais compter sur le respect de tous, j'étais riche, aimé — la table était mise pour moi dans la salle à manger de ma demeure ; et voilà que je n'étais plus qu'un vulgaire gibier traqué par tous, sans foyer, meurtrier reconnu voué à la potence.

---

7. **solution :** de to solve, *dissoudre* (cf. *solution de continuité*).
8. **safe of** = certain of, *sûr de...*
9. **laying :** d'ordinaire on emploie le part. passé ; **the cloth was laid for me**, *la table était mise pour moi.*
10. **quarry :** le *gibier* poursuivi à la chasse (au sens propre et au sens figuré) ; ▲ ne pas confondre avec **the quarry**, *la carrière* (d'où l'on extrait la pierre).
11. **a (known murderer) :** l'art. indéf. s'emploie devant un nom singulier en apposition.
12. **thrall to** = slave to, *esclave de...* ; **the gallows :** *la potence* où l'on pendait les meurtriers.

My reason wavered, but it did not fail me utterly[1]. I have more than once observed that, in my second character, my faculties seemed sharpened to a point and my spirits more tensely elastic ; thus it came about that, where Jekyll perhaps might[2] have succumbed, Hyde rose to the importance of the moment. My drugs were in one of the presses of my cabinet : how was I to reach them ? That was the problem that (crushing[3] my temples[4] in my hands) I set myself to solve. The laboratory door I had closed. If I sought[5] to enter by the house, my own servants would consign[6] me to the gallows. I saw I must employ another hand, and thought of Lanyon. How was he to be reached ? how persuaded ? Supposing that I escaped capture in the streets, how was I to make my way into his presence ? and how should I, an unknown and displeasing visitor, prevail on[7] the famous physician[8] to rifle[9] the study of his colleague, Dr Jekyll ? Then I remembered that of my original character, one part remained to me : I could write my own hand ; and once I had conceived that kindling[10] spark, the way that I must follow became lighted up from end to end.

Thereupon, I arranged my clothes as best[11] I could, and summoning a passing hansom, drove to an hotel[12] in Portland Street, the name of which I chanced to remember. At my appearance (which was indeed comical enough, however tragic a fate[13] these garments covered) the driver could not conceal his mirth.

---

1. **utterly :** adv., de **utter**, comparatif irrég. de **out** dans le sens de **complete**, *total, complet.*
2. **perhaps might : might** exprimant déjà, à lui tout seul, l'éventualité, le problématique, **perhaps** est une sorte d'accentuation de l'idée ; d'ordinaire l'insistance avec les défectifs **can** et **may** est marquée par l'adv. **possibly : I'll do all I possibly can,** *je ferai tout mon possible.*
3. **crushing :** la force du verbe (*écraser* jusqu'à la rupture) correspond à la difficulté du problème que Jekyll a à résoudre.
4. **temples :** les *tempes.*
5. **I sought :** de **to seek, sought, sought** = **to try**, *chercher à, essayer de...*
6. **consign :** à l'origine, terme commercial : *expédier* (des marchandises) ; **a consignment**, *un envoi* ; ici, *me remettre entre les mains de la justice, du bourreau.*
7. **to prevail on sb** = **to persuade sb**, *persuader qqun.*

Ma raison chancela sans m'abandonner totalement. J'ai plus d'une fois observé que, dans mon second personnage, mes facultés semblaient, dans une certaine mesure, avivées et mon esprit plus souple quoique plus tendu ; il se trouva ainsi que, là où Jekyll aurait pu ne pas être à la hauteur des circonstances, Hyde sut faire face à la situation. Mes produits se trouvaient dans l'une des armoires de mon cabinet : comment faire pour me les procurer ? Tel était le problème que (serrant ma tête entre mes mains) je me mis en devoir de résoudre. J'avais fermé la porte du laboratoire à clé. Si j'essayais d'y pénétrer en passant par la maison, mes propres domestiques me livreraient au bourreau. Je me rendis compte qu'il me fallait employer un intermédiaire, et je pensai à Lanyon. Mais comment l'atteindre ? comment le persuader ? A supposer que je pusse éviter d'être pris dans les rues, comment me glisser jusqu'à lui ? et comment, moi, visiteur inconnu et déplaisant, convaincrais-je ce célèbre médecin d'aller fouiller dans le bureau de son confrère, le Dr Jekyll ? Alors il me revint à l'esprit que, de mon personnage premier, j'avais gardé une particularité : je pouvais écrire de ma propre écriture ; et une fois que j'eus fait jaillir cette illuminante étincelle, la voie qu'il me fallait suivre s'éclaira du début à la fin.

Sur quoi j'arrangeai mes vêtements de mon mieux et, hélant un cab qui passait par là, je me fis conduire à un hôtel de Portland Street dont par hasard j'avais retenu le nom. A mon aspect (qui, à la vérité, était fort comique, quelque tragique que fût le destin dissimulé sous cet accoutrement) le cocher ne put réprimer son hilarité.

---

8. **physician :** *médecin* (à différencier de **surgeon**, *chirurgien* ; quelques décennies auparavant, les deux professions ne se distinguaient pas) ; *un physicien* : **a physicist**.
9. **to rifle** ['raïfl] **:** *fouiller, mettre sens dessus dessous*, surtout en parlant d'un cambrioleur ; (opposition entre **famous physician** et l'idée apportée par **to rifle**).
10. **to kindle :** trans. = **to light a fire**, *allumer un feu* ; intrans. = **to catch (fire)**, *s'allumer, prendre*.
11. **as best :** adv., = **in the best way I could**, *du mieux que je le pouvais*.
12. **an hotel :** il y a deux prononciations de ce mot : (ici) ['ɔtel] ou ['həu'tel] ; celle sans **h** aspiré est employée par les gens du peuple, Hyde n'est pas cultivé, d'où l'emploi de l'art. indéfini.
13. **however tragic a fate : however**, dans ce sens, se construit comme **so** : **so tragic a fate**, *quelque tragique que fût son destin...*

I gnashed my teeth upon him with a gust of devilish fury; and the smile withered[1] from his face — happily for him — yet more happily for myself, for in another instant I had certainly dragged him from his perch[2]. At the inn, as I entered, I looked about me with so black a countenance as made[3] the attendants[4] tremble; not a look did they exchange in my presence; but obsequiously took my orders, led me to a private room, and brought me wherewithal[5] to write. Hyde in danger of his life was a creature new to me; shaken with inordinate anger, strung to the pitch of murder, lusting to inflict pain. Yet the creature was astute; mastered his fury with a great effort of the will; composed his two important letters, one to Lanyon and one to Poole, and, that he might[6] receive actual[7] evidence of their being posted, sent them[8] out with directions that they should[9] be registered.

Thenceforward[10], he sat all day over the fire in the private room, gnawing his nails; there he dined, sitting alone with his fears, the waiter visibly quailing before his eye; and thence, when the night was fully come, he set forth in the corner of a closed cab, and was driven to and fro about the streets of the city. He, I say — I cannot say, I[11]. That child of Hell had nothing human; nothing lived in him but fear and hatred. And when at last, thinking the driver had begun to grow suspicious, he discharged the cab and ventured on foot[12], attired in his misfitting clothes, an object marked out for observation, into the midst of the nocturnal passengers, these two base passions[13] raged within him like a tempest.

---

1. **withered :** *se flétrit, se fana*; se dit de plantes, de fleurs qui se dessèchent.
2. **his perch :** *son perchoir*; il faut se rappeler que le cocher d'un **hansom-cab** était assis très haut à l'arrière, pour voir par-dessus la cabine où étaient les clients.
3. **so black a countenance as made** = so black a countenance that it made; **countenance** a ici le sens de mine, *expression du visage.*
4. **the attendants :** the servants, the employees, *le personnel* (hôtel, musée, théâtre, cinéma, laboratoire).
5. **wherewithal to** ['weə'wiðɔːl] **:** (littéraire) adv. = **wherewith; what was necessary to,** *ce qu'il fallait pour...*; ce mot existe aussi comme nom avec une légère connotation humoristique : **I haven't got the wherewithal to go for a journey,** *je n'ai pas de quoi partir en voyage.*

Je grinçai des dents, pris à son égard d'un accès de rage diabolique qui chassa tout sourire de son visage — heureusement pour lui — et plus heureusement encore pour moi, car, une seconde de plus et je l'eusse certainement fait dégringoler du siège où il était juché. Au petit hôtel où je pénétrai, je promenai mes regards autour de moi, avec une mine si sinistre que les employés en tremblèrent ; ils n'échangèrent pas un seul regard en ma présence ; mais, obéissant obséquieusement à mes ordres, me conduisirent à un salon particulier où ils m'apportèrent de quoi écrire. Hyde, en danger de mort, se révéla une créature nouvelle à mes yeux : tremblant d'une colère immodérée, tendu au point d'être capable d'un meurtre, dévoré du désir de faire souffrir, il n'en était pas moins rusé, et, dominant sa furie par un grand effort de volonté, il rédigea deux lettres capitales, l'une à Lanyon et l'autre à Poole, et afin d'obtenir la preuve tangible de leur expédition, dépêcha les employés en leur prescrivant de les envoyer en recommandé.

Dès lors, il resta assis toute la journée à se ronger les ongles devant le feu dans le petit salon ; c'est là qu'il dîna, seul avec ses craintes, tandis que le garçon visiblement tremblait devant son regard ; de là, quand l'obscurité totale fut venue, il partit, enfoncé dans le coin d'un cab aux rideaux tirés, et se fit conduire sans but le long des rues de la cité. Je dis « il » — je ne puis me résoudre à dire « je ». Cette créature née de l'enfer n'avait rien d'humain ; rien ne l'animait sinon la peur et la haine. Et lorsque enfin, pensant que le cocher avait commencé à donner des signes de méfiance, il renvoya la voiture et s'aventura à pied, vêtu de ses habits qui lui allaient si mal, objet tout désigné à la curiosité des passants nocturnes, ces deux passions abjectes faisaient rage en lui comme un ouragan.

---

6. **might :** auxiliaire du subj. passé après la conj. de *but*, that.
7. **actual ▲ :** *réelle*, *concrète* ; *actuel* : =present.
8. **them :** the attendants, *les employés*.
9. **should :** auxil. du subj. passé, introduit par directions that, *des ordres pour que...*
10. **thenceforward :** adv. littéraire = from that time onwards, ou henceforth, *à partir de ce moment*.
11. **I cannot say I :** toujours la même confusion provoquée par la double personnalité Jekyll-Hyde ; cf. p. 190, note 5.
12. **on foot :** walking, *en marchand à pied*.
13. **two base passions :** fear and hatred, *peur* et *haine*.

He walked fast, hunted by his fears, chattering to himself, skulking[1] through the less frequented thoroughfares[2], counting the minutes that still divided him from midnight[3]. Once a woman spoke to him, offering, I think, a box of lights[4]. He smote[5] her in the face, and she fled.

When I came to myself at Lanyon's, the horror of my old friend perhaps affected me somewhat[6] : I do not know ; it was at least but a drop in the sea to the abhorrence[7] with which I looked back upon these hours. A change had come over me. It was no longer the fear of the gallows, it was the horror of being Hyde that racked me. I received Lanyon's condemnation partly in a dream ; it was partly in a dream that I came home to my own house and got into bed. I slept after the prostration of the day, with a stringent[8] and profound slumber which not even the nightmares that wrung[9] me could avail[10] to break. I awoke in the morning shaken, weakened, but refreshed. I still hated and feared the thought of the brute that slept within me, and I had not of course forgotten the appalling dangers of the day before ; but I was once more at home, in my own house and close to[11] my drugs ; and gratitude for my escape shone so strong in my soul that it almost rivalled the brightness of hope.

I was stepping leisurely across the court after breakfast, drinking the chill of the air with pleasure, when I was seized again with those indescribable sensations that heralded[12] the change ; and I had but the time to gain the shelter of my cabinet, before I was once again raging[13] and freezing with the passions of Hyde.

---

1. **skulking :** cf. to move furtively, *se déplacer furtivement.*
2. **thoroughfare** ['θʌrəfeə] **:** large *avenue* très fréquentée ; cf. no thoroughfare, *rue barrée*, ou *impasse.*
3. **midnight :** c'est à minuit que Hyde devait aller chercher, chez Lanyon, le tiroir qui contenait ses drogues.
4. **a box of lights** = a box of matches, *une boîte d'allumettes* ; cf. to strike a light, *gratter une allumette* (allusion à **to strike a flint**, *faire jaillir une étincelle d'un silex*).
5. **smote :** prétérit de **to smite, smote, smitten** (arch. et litt.), *frapper violemment* (concret ou figuré).
6. **somewhat** = rather, to some extent, *quelque peu, plutôt.*
7. **to the abhorrence** = compared to the abhorrence, *à côté de la répulsion.*
8. **stringent** ['strindʒənt] **:** ici, *strict, sévère* en parlant des lois ; c.-à-d. ce à quoi l'on ne peut résister.

Il marchait vite, poursuivi par ses angoisses, jacassant tout seul, se glissant le long des avenues les moins fréquentées et comptant les minutes qui le séparaient encore de minuit. Il arriva qu'une femme lui adressa la parole pour lui proposer, je crois, une boîte d'allumettes. Il la frappa au visage, et elle s'enfuit.

Lorsque, chez Lanyon, je fus redevenu moi-même, l'horreur que mon vieil ami manifesta m'affecta peut-être à un certain degré : je n'en sais trop rien ; ce n'était, du moins, qu'une goutte dans cet océan de répulsion que me causa la vision de ces heures passées. Un changement s'était opéré en moi. Ce n'était plus la crainte d'être pendu, mais l'horreur d'être Hyde, qui me torturait. La condamnation de Lanyon me parvint presque comme dans un rêve, et ce fut comme dans un rêve que je rentrai chez moi dans ma propre résidence et me mis au lit. Après l'abattement de cette journée, je dormis d'un sommeil si irrésistible et si profond que même les cauchemars qui me déchirèrent ne réussirent pas à l'interrompre. Le lendemain matin je me réveillai moulu, affaibli, mais reposé. Je détestais et redoutais toujours l'idée de la brute qui sommeillait au plus profond de moi, et je n'avais pas, bien entendu, oublié les effroyables dangers que j'avais courus la veille ; mais j'étais de nouveau chez moi, dans ma propre maison, mes produits chimiques à portée de la main ; et la gratitude que je ressentais pour l'avoir échappé belle illuminait mon âme jusqu'à rivaliser presque avec l'éclat de l'espoir.

J'étais en train de me promener tranquillement dans la cour intérieure, après mon petit déjeuner, goûtant avec plaisir la froidure de l'air, lorsque je fus saisi à nouveau par ces sensations indescriptibles qui annonçaient ma transformation ; et j'eus tout juste le temps de gagner le refuge de mon cabinet, avant d'être une fois de plus la victime brûlante et glacée des passions de Hyde.

---

9. **wrung :** de to **wring, wrung, wrung,** *tordre, accabler de douleur.*
10. **to avail** [ə'veil] **: to be of some help, to suffice,** *servir, être efficace* ; cf. l'expression avec le nom **avail** : **of no avail,** *sans effet.*
11. **close** [klous] **: very near,** *tout près de* ; insistance pour indiquer combien Jekyll est rassuré maintenant par la proximité de ses drogues.
12. **heralded** ['herəldid] **: to herald = to announce the coming of,** *proclamer l'arrivée de,* comme *le héraut* **(the herald)** annonçait la venue d'un grand personnage.
13. **raging :** idée de *fureur* **(rage)** ; ce qui fait bouillir de colère.

It took on this occasion a double dose to recall me to myself ; and alas[1], six hours after, as I sat looking sadly in the fire, the pangs returned, and the drug had to be re-administered. In short, from that day forth it seemed only by a great effort as of gymnastics[2], and only under the immediate stimulation of the drug, that I was able to wear the countenance[3] of Jekyll. At all hours of the day and night I would be taken[4] with the premonitory shudder ; above all, if I slept, or even dozed for a moment in my chair[5], it was always as Hyde that I awakened. Under the strain of this continually impending doom and by the sleeplessness[6] to which I now condemned myself[7], ay, even beyond what I had thought possible to man, I became, in my own person, a creature eaten up and emptied by fever, languidly weak both in body and mind, and solely occupied by one thought : the horror of my other self. But when I slept, or when the virtue of the medicine wore off, I would leap almost without transition (for the pangs of transformation grew daily less marked) into the possession of a fancy brimming[8] with images of terror, a soul boiling with causeless hatreds, and a body that seemed not strong enough to contain the raging energies of life. The powers of Hyde seemed to have grown with the sickliness[9] of Jekyll. And certainly the hate that now divided them was equal on each[10] side. With Jekyll, it was a thing of vital instinct.

---

1. **alas** [ə'læs] **:** interjection exprimant la déception, le chagrin ; on trouve aussi la forme archaïque **alack** [ə'læk] avec le même sens.
2. **as of gymnastics :** comme les efforts exigés par des exercices violents de gymnastique qui aidaient sans doute la drogue à exercer un peu plus longtemps son effet.
3. **to wear the countenance** = to have a certain look on one's face, *garder un certain aspect, un air sur son visage* ; ici, *garder l'apparence de Jekyll.*
4. **I would be taken :** forme fréquentative au passé = **I used to** be taken ; en français, l'imparfait du verbe principal **(be taken)** suffit.
5. **in my chair** = in my arm-chair, *dans mon fauteuil* ; s'il s'était agi d'une chaise, nous aurions : **on my chair**, *sur ma chaise.*
6. **the sleeplessness :** *le manque de sommeil, l'insomnie.*
7. **condemned myself :** puisque sa transformation involontaire

Cette fois-ci il me fallut doubler la dose pour redevenir moi-même ; mais hélas ! six heures plus tard, alors que j'étais assis à regarder tristement le feu, les angoisses réapparurent, et la drogue dut être administrée à nouveau. Bref, à partir de ce jour, il sembla que ce ne fût qu'au prix de grands efforts, par exemple d'exercices physiques, et seulement sous l'effet immédiat de la drogue, que je pusse garder l'apparence de Jekyll. A toutes les heures du jour et de la nuit j'étais saisi du frisson prémonitoire ; c'est surtout lorsque je dormais, ou seulement somnolais un moment dans mon fauteuil, que je me réveillais à tout coup sous les traits de Hyde. Sous la tension nerveuse provoquée par l'imminence constante de cette fatalité, et par la privation de sommeil que je m'imposai alors, oui, au-delà même de ce que j'avais cru qu'un homme pût supporter, je devins, dans mon être même, une créature rongée et vidée par la fièvre, par une langueur affaiblissante du corps comme de l'esprit, et uniquement habitée par une seule pensée : l'horreur de mon autre moi-même. Mais lorsque je dormais, ou lorsque l'effet du médicament s'atténuait, presque sans transition (car les souffrances de la métamorphose devenaient moins fortes chaque jour), je me trouvais doué d'une imagination riche en images de terreur, d'une âme brûlant de haines irraisonnées et d'un corps qui semblait trop faible pour abriter les énergies déchaînées de la vie. Les forces de Hyde semblaient avoir profité de la faiblesse maladive de Jekyll. Et certainement la haine qui maintenant les opposait semblait égale de part et d'autre. Chez Jekyll, ce n'était qu'un instinct vital.

---

en Hyde se produisait pendant son sommeil, Jekyll avait décidé de dormir le moins possible.

8. **brimming (with) = full to the brim (with)**, *plein à ras bord* ; **the brim** : *le bord d'un verre, d'une tasse.*

9. **sickliness :** de **sickly**, adj., *maladif, faible* ; ⚠ ne pas confondre avec **sickness**, de **sick**, adj., *malade* ; **sickliness** fait allusion à une sorte d'état maladif permanent.

10. **on each (side) : each**, *chaque* ; alors que **every**, *chaque*, se rapporte à un ensemble de gens, **each** se réfère à des individus pris séparément : **in this family, each child has his personality**, *dans cette famille chaque enfant a sa propre personnalité* ; **he brought a cake back for every child in the family**, *il a rapporté un gâteau à chaque enfant de la famille* (tous en ont eu).

He had now seen the full deformity of that creature that shared with him some of the phenomena[1] of consciousness, and was co-heir[2] with him to death : and beyond these links of community, which in themselves made the most poignant part of his distress, he thought of Hyde, for all his energy of life, as of something not only hellish but inorganic[3]. This was the shocking thing ; that the[4] slime of the pit[5] seemed to utter cries and voices ; that the amorphous dust gesticulated and sinned ; that what was dead, and had no shape, should usurp the offices of life. And this again, that that insurgent horror was knit[6] to him closer than a wife, closer than an eye ; lay caged in his flesh, where he heard it mutter and felt it struggle to be born ; and at every hour of weakness, and in the confidences of slumber[7], prevailed against him, and deposed him out of life[8]. The hatred of Hyde for Jekyll was of a different order. His terror of the gallows drove him continually to commit temporary suicide[9], and return to his subordinate station of a part instead of a person[10] but he loathed the necessity, he loathed the despondency into which Jekyll was now fallen, and he resented the dislike with which he was himself regarded[11]. Hence the ape-like tricks that he would play me, scrawling in my own hand blasphemies on the pages of my books, burning the letters and destroying the portrait of my father ; and indeed, had it not been for his fear of death, he would long ago have ruined himself in order to involve me in the ruin.

---

1. **phenomena** [fi'nɔmənə] **:** nom plur., le sing. est : **phenomenon**, *phénomène* ; d'origine grecque ; cf. **automaton**, *automate*, pl. automata ; criterion, *critère*, pl. **criteria** [krai'tiəriə].
2. **co-heir** [kɔ'ɛər] **: co,** préfixe **:** *avec, ensemble* ; **heir :** *héritier.*
3. **inorganic :** n'ayant pas de structure physique organisée, ne participant pas à la substance d'un corps vivant. Hyde n'avait pas, tout au moins au début, de vie propre.
4. **the :** ici l'art. défini équivaut au démonstratif péjoratif **that**, *ce, cette.*
5. **the pit :** *la fosse*, et, plus vraisemblablement, en langage biblique, *l'enfer.*
6. **knit :** de **to knit, knotted, knitted**, ou **knit, knit**, *tricoter, tisser* ; ne forme qu'une texture, une trame impossible à défaire.
7. **confidences of slumber :** *alors qu'il s'abandonnait (faisait confiance) au sommeil*, même celui-ci le trahissait ; le plur. semble exprimer le retour fréquent de ce phénomène.

Il avait maintenant perçu l'entière monstruosité de cette créature avec laquelle il avait en commun certains phénomènes de la conscience, et devait tout partager jusqu'à la mort : et au-delà de ces liens de communauté qui représentaient la part la plus poignante de sa détresse, il voyait Hyde, en dépit de toute son énergie vitale, comme une chose non seulement infernale mais inorganique. L'élément choquant, c'était bien que cette vase des abîmes infernaux semblât faire entendre des cris et des voix ; que cette poussière amorphe gesticulât et péchât ; que ce qui était mort et informe usurpât les fonctions de la vie. Et aussi, que cette horreur rebelle lui fût plus intime qu'une épouse, plus attachée que la prunelle de ses yeux ; qu'elle fût là, emprisonnée dans sa chair, où il l'entendait marmonner et se débattre pour naître ; et que, à chaque heure de faiblesse, et lorsqu'il se laissait aller au sommeil, elle prît l'avantage sur lui pour le rejeter hors de la vie. La haine que Hyde nourrissait à l'égard de Jekyll était d'un ordre différent. Sa terreur de la potence le poussait continuellement à commettre un suicide temporaire, et à retourner à la situation subordonnée d'une partie au lieu d'une personne ; mais il abhorrait cette nécessité, il abhorrait l'accablement où Jekyll était maintenant tombé, et il s'indignait de l'aversion que lui-même inspirait. D'où les mauvais tours, dignes d'un singe, qu'il me jouait, griffonnant de ma propre écriture des blasphèmes sur les pages de mes livres, brûlant les lettres de mon père et détruisant son portrait ; et vraiment, n'eût été sa peur de la mort, il se serait depuis longtemps détruit, afin de m'entraîner dans sa perte.

---

8. **deposed him out of life :** Hyde profitait de cet instant où Jekyll s'abandonnait au sommeil pour (sans même qu'il soit besoin de drogue) prendre sa place et le rejeter hors de sa vie.
9. **temporary suicide :** chaque fois que Hyde voulait bien disparaître, ce n'était que temporairement **(temporary)** et de son plein gré, sans doute par peur du châtiment suprême.
10. **a part instead of a person :** lorsque Hyde avait laissé la place à Jekyll, il n'était plus qu'une partie (cachée) de ce dernier et avait abandonné sa personnalité.
11. **with which... regarded : to regard,** *considérer*. Hyde détestait Jekyll pour toutes les raisons énumérées plus haut et aurait aimé ne pas inspirer d'aversion à Jekyll. D'ailleurs Jekyll avoue un peu plus loin (p. 206, ligne 5) que par certains côtés, il va jusqu'à prendre le monstre en pitié.

But his love of life is wonderful ; I go further : I, who sicken and freeze at the mere thought of him, when I recall the abjection and passion of this attachment[1], and when I know how he fears my power to cut him off by suicide[2], I find it in my heart to pity him.

It is useless, and the time awfully fails me[3], to prolong this description ; no one has ever suffered such torments, let that suffice[4] ; and yet even to these, habit brought — no, not alleviation — but a certain callousness of soul, a certain acquiescence of despair ; and my punishment might have gone on for years, but for[5] the last calamity which has now fallen, and which has finally severed me[6] from my own face and nature. My provision of the salt, which had never been renewed since the date of the first experiment, began to run low[7]. I sent out for a fresh supply, and mixed the draught ; the ebullition followed, and the first change of colour, not the second ; I drank it, and it was without efficiency. You will learn from Poole how I have had London ransacked[8] ; it was in vain ; and I am now persuaded that my first supply was impure, and that it was that unknown impurity which lent efficacy to the draught.

About a week has passed, and I am now finishing this statement under the influence of the last of the old powders. This, then, is the last time, short of a miracle[9], that Henry Jekyll can think his own thoughts or see his own face (now how sadly altered !) in the glass. Nor must I delay too long to bring my writing to an end[10] ; for if my narrative has hitherto escaped destruction, it has been by a combination of great prudence and great good luck.

---

1. **this attachment** = this attachment to life, *cette affection, cette passion pour la vie.*
2. **to cut him off by suicide :** il est toujours bon de se rappeler que, à la fin, c'est Hyde qui, se sentant pris, s'est lui-même empoisonné (cf. chap. 8, « The last night »).
3. **time fails me** = I have not enough time, *le temps me manque.*
4. **let that suffice :** impératif 3^e^ personne du singulier, *que cela suffise, qu'il suffise de dire.*
5. **but for** = if it had not been because of..., *n'eût été la dernière calamité.*
6. **severed me :** cf. p. 160, note 5.
7. **to run low** = to run short, to go short = to become insufficient, *ne plus suffire.*

Mais son amour de la vie est merveilleux ; j'irai même plus loin : moi, qui me sens malade et glacé rien qu'à penser à lui, lorsque je me rappelle l'abjection et la passion de cet attachement à l'existence, et lorsque je sais à quel point il craint le pouvoir que j'ai de le supprimer par mon propre suicide, je sens monter en mon cœur une grande pitié pour lui.

Prolonger cette description est inutile, et le temps m'en fait terriblement défaut ; il suffira de dire que personne n'a jamais enduré pareils tourments ; et pourtant, même à ceux-là, l'habitude apporta — non pas un soulagement, non certes, mais un certain endurcissement de l'âme, une certaine acceptation du désespoir ; et mon châtiment aurait pu durer encore des années, sans la dernière calamité qui vient maintenant de fondre sur moi, et qui finalement m'a privé de mon visage et de ma nature propres. Ma provision de ce sel, qui n'avait jamais été renouvelée depuis la date de ma première expérience, a commencé à s'épuiser. J'en ai envoyé chercher une nouvelle livraison, j'ai préparé le breuvage ; l'effervescence a bien eu lieu, ainsi que le premier changement de couleur, mais le second ne s'est pas produit ; j'ai avalé la drogue et cela a été sans effet. Poole vous apprendra comment j'ai fait mettre tout Londres sens dessus dessous, mais en vain ; et je suis maintenant persuadé que mon premier approvisionnement n'était pas pur, et que c'est l'impureté ignorée de ce sel qui a donné à la potion son efficacité.

Une semaine environ s'est écoulée depuis, et je suis aujourd'hui en train de clore ce récit sous l'influence de ce qui me reste des anciennes poudres. C'est donc, à moins d'un miracle, la dernière fois que Henry Jekyll peut exprimer ses propres pensées ou voir, dans le miroir, son propre visage (combien ravagé à l'heure actuelle !). Il ne faut pas non plus que je tarde trop à conclure mon exposé ; car si, jusqu'à présent, ma narration a échappé à la destruction, ce n'est que grâce à la conjonction d'une grande prudence et d'une chance extraordinaire.

---

8. **I have had London ransacked :** traduction du français *faire* + infinitif *(j'ai fait retourner tout Londres)*. Dans ce cas, le verbe français a un sens passif : c'est Londres qui est retournée ; la structure est alors : **to have** + nom + part. passé ; ex. : *j'ai fait réparer ma voiture*, **I have had my car repaired**. 2<sup>e</sup> cas : *je fais travailler les élèves*. Le verbe *travailler* a un sens actif : ce sont les élèves qui travaillent ; la structure est alors : **to make** + nom + infin. sans **to** : **I make the pupils work**.

9. **short of a miracle** = unless a miracle happens, *à moins qu'un miracle ne se produise.*

10. **to bring my writing to an end :** *à mener mon récit à sa fin.*

Should the throes[1] of change take me in the act of writing it, Hyde will tear it in pieces[2] ; but if some time shall have[3] elapsed after I have laid it by, his wonderful selfishness and circumscription to the moment will probably save it once again from the action of his ape-like spite[4]. And indeed the doom that is closing on us both has already changed and crushed him. Half an hour from now, when I shall again and for ever reindue[5] that hated personality, I know how I shall sit shuddering and weeping in my chair, or continue, with the most strained and fearstruck ecstasy of listening, to pace up and down this room (my last earthly refuge) and give ear to every sound of menace. Will Hyde die upon the scaffold ? or will he find the courage to release himself[6] at the last moment ? God knows ; I am careless[7] ; this is my true hour of death[8], and what is to follow concerns another than myself. Here, then, as I lay down the pen, and proceed to seal up my confession, I bring the life of that unhappy Henry Jekyll to an end.

---

1. **throes :** substantif généralement employé au plur., *vives douleurs* (de l'enfantement ou de l'agonie) ; se rappeler que Jekyll parlait toujours de ses transformations comme d'une naissance et d'une mort.
2. **tear it in pieces :** *mettre en pièces* ; l'expression habituelle est to tear, to pull sth to pieces.
3. **shall have :** forme d'insistance du futur ; *si, par une faveur du destin, un certain temps pouvait s'écouler, ...*
4. **ape-like spite :** a) **spite :** *méchanceté* ; b) **ape-like :** adj. composé, *semblable à un singe* (**ape :** famille des grands singes anthropoïdes, gorille, chimpanzé, orang-outan).
5. **reindue** = to indue (or endue) once more, *vêtir à nouveau, revêtir.*

Si les affres de la transformation me surprenaient pendant que je la rédige, Hyde la déchirerait en mille morceaux ; mais si, après que je l'aurai mise de côté, un certain temps peut s'écouler, son extraordinaire égoïsme et le fait qu'il se cantonne au moment présent sauveront probablement, une fois encore, mon manuscrit des entreprises de ce singe malfaisant. En fait, la fatalité, qui de plus en plus resserre sur nous deux son étreinte, l'a déjà changé et vaincu. D'ici une demi-heure, lorsque à nouveau et pour toujours, je revêtirai cette personnalité haïe, je sais bien que, assis dans mon fauteuil, je serai là à trembler et à pleurer, ou bien que je continuerai, dans la panique et la tension nerveuse, à arpenter la pièce (mon dernier refuge sur cette terre) et à guetter, l'ouïe exacerbée, le moindre bruit menaçant. Hyde périra-t-il sur l'échafaud ? Ou bien trouvera-t-il en lui, au dernier moment, le courage nécessaire pour en finir ? Dieu seul le sait ; cela ne m'intéresse pas ; pour moi, l'heure véritable de ma mort c'est cette minute même, et ce qui doit advenir par la suite concerne un autre que moi. C'est ici donc, alors que je pose ma plume et commence à cacheter ma confession, que je mets un terme à la vie de cet infortuné Henry Jekyll.

---

6. **to release himself :** *pour se libérer* (de la menace du châtiment).
7. **I am careless :** ici plutôt dans le sens de **I don't care**, *je m'en moque*.
8. **this is my true hour of death :** au moment même où, dans quelques minutes, Jekyll deviendra Hyde, ce sera définitif, sans espoir de retour, puisqu'il n'a plus de drogue ; c'est alors qu'il mourra, et son récit sera son testament moral.

# INDEX

Le vocabulaire de l'étonnante histoire du « Dr Jekyll et de Mr Hyde ».
Approfondissez vos connaissances du vocabulaire à l'aide de ces mots répertoriés, en vous reportant aux pages indiquées après chaque mot.

D



E

M



N



O



P

## Q



## R



## S

**scared (to be)** : *être effrayé, affolé,* **50**

**scores of** : *des tas de, un grand nombre de,* **52**

**scream (to)** : *hurler,* **18**

**scroll** : *rouleau,* **36**

**seal (to)** : *cacheter, sceller,* **62**

**search** : *recherche, quête,* **30**

**selfishness** : *égoïsme,* **78**

**set forth (to)** : *se mettre en route,* **32**

**settle down (to)** : *s'installer,* **66**

**shadow** : *ombre,* **40**

**shady** : *louche,* **46**

**shake (hands) (to) with** : *serrer la main de,* **28**

**share** : *partager,* **92**

**shatter (to)** : *briser,* **62**

**sheet (of paper)** : *feuille de papier,* **84**

**shine (to)** : *briller,* **60**

**shoulder** : *épaule,* **42**

**show (to)** : *montrer,* **76**

**shudder** : *frisson, tremblement,* **48**

**shutter** : *volet,* **16**

**sick** : *malade,* **76**

**sight** : *vue, spectacle,* **18**

**silvery** : *argenté,* **68**

**sin** : *péché,* **50**

**sink (to)** : *enfoncer, plonger,* **180**

**sit (to)** : *être assis,* **24**

**slay (to)** : *tuer, mettre à mort,* **192**

**slight** : *léger, petit,* **18**

**slouch (to)** : *se traîner, avancer en traînant les pieds,* **16**

**smooth (to)** : *adoucir,* **68**

**sneer (to)** : *ricaner,* **20**

**soften (to)** : *s'adoucir, s'atténuer,* **82**

**solve (to)** : *résoudre un problème,* **44**

**spare (to)** : *éviter, épargner,* **90**

**spark** : *étincelle,* **50**

**spell (to)** : *écrire, épeler,* **182**

**spring up (to)** : *se lever d'un bond,* **32**

**square** : *place, square,* **24**

**stamp (to)** : *taper du pied, trépigner,* **62**

**stare (to)** : *regarder fixement, dévisager,* **42**

**startling** : *surprenant, saisissant,* **58**

**stay (to)** : *rester, demeurer,* **92**

**stealthily** : *furtivement, à pas de loup,* **38**

**stick** : *canne, gourdin,* **62**

**storey** : *étage,* **16**

**story** : *histoire, récit, épisode,* **12**

**straight** (adv.) : *droit, directement,* **42**

**strew (to)** : *joncher,* **74**

**strike (a match)** : *gratter une allumette,* **16**

**student** : *étudiant,* **74**

**study (to)** : *étudier, examiner,* **26**

**sufferings** : *souffrances,* **92**

**sullenness** : *(mauvaise) humeur,* **28**

**sunset** : *soleil couchant,* **98**

**surgeon** : *chirurgien,* **74**

**surroundings** : *environs, cadre,* **66**

**suspect (to)** : *soupçonner, avoir dans l'idée,* **90**

**suspense** : *inquiétude, attente angoissante,* **120**

**suspicion** : *soupçon,* **70**

**swart** : *noir,* **180**

**swear (to)** : *jurer,* **76**

**sweat** : *transpiration,* **18**

**swell (to)** : *grossir, augmenter,* **32**

**swiftly** : *rapidement,* **36**

# Y

*Impression réalisée par*

53766 – La Flèche (Sarthe), le 31-07-2009
Dépôt légal : janvier 2007
Suite du premier tirage : août 2009

POCKET – 12, avenue d'Italie - 75627 Paris cedex 13

*Imprimé en France*